À ma femme Colette
Pour son soutien sans faille,
À mes filles Chloé et Charlotte,
En les remerciant de ne pas avoir porté plainte
Pour le temps que je leur ai volé...

Remerciements

Je tiens à dire « Merci » :

– À Robert Galisson qui m'a toujours assuré de son amitié fidèle et sans qui ce livre ne serait qu'un rêve ;

– À Francis Debyser, sans lequel les simulations globales ne seraient pas (et il me manquerait quelque chose !). Il m'a tant donné que je lui devais bien « ça » ;

– À Jean-Marc Caré qui m'a si souvent et si généreusement – en mes débuts au BELC – tenu le stylo et à qui je dois beaucoup ;

– À tous mes collègues du BELC (présents et passés) qui m'ont aidé dans ma tâche ; à Patrick Faugères pour son précieux concours ;

– À « mes » stagiaires et néanmoins amis : Michèle Bourdeau, Michèle Bouygue, Chantal Cali, Emmanuel Capdepont, Mireille Cheval-Müllner, Jean-Jacques Gatein, Emmanuel Rey, qui ont bien voulu se prêter au jeu des entretiens ;

– À mes amis de toujours...

TABLE DES MATIÈRES

LES SIMULATIONS GLOBALES

mode d'emploi

Francis Yaiche

Maître de conférence à la Sorbonne-Paris V

HACHETTE F.L.E.
58, rue Jean-Bleuzen
92170 VANVES

Les simulations globales...
Pour qui ?   Comment ?   Pourquoi ?

AVEC CETTE NOUVELLE COLLECTION, VOUS AVEZ TOUS LES ATOUTS EN MAIN POUR MIEUX CONNAÎTRE ET PRATIQUER FACILEMENT LES SIMULATIONS GLOBALES.

● **UN MODE D'EMPLOI COMPLÉTÉ D'UN HISTORIQUE ET D'UNE ANALYSE**

– Les simulations globales, mode d'emploi

Francis Yaiche

● **DES SIMULATIONS FONCTIONNELLES**

– La conférence internationale

Chantal Cali, Mireille Cheval, Antoinette Zabardi

– L'hôtel

Alain Pacthod

– L'entreprise

Corine Bombardieri, Philippe Brochard, Jean-Baptiste Henry

● **DES SIMULATIONS GÉNÉRALISTES**

– L'immeuble

Francis Debyser

– Le cirque

Jean-Marc Caré, Carmen Mata Barreiro

Réalisation PAO : Mediamax
Couverture : Jean-François Maniglier.
Illustrations : Gaëlle Ferté, pp. 30, 32, 34, 38, 134, 162.
Photos : Francis Yaiche.

ISBN : 2-01-155025.4
ISSN : 1269 - 9470
© Hachette Livre, 1996 – 43 quai de Grenelle, 74905 Paris cedex 15.

DEUXIÈME PARTIE
LES ENJEUX D'UN JEU

TROISIÈME PARTIE
L'ANIMATION D'UNE SIMULATION GLOBALE

CHAPITRE 1. L'ENSEIGNANT EN QUESTION **102**
1. L'animateur dans tous ses états 102
    a. L'expert
    b. La personne-ressource
    c. L'animateur
    d. Le modèle
    e. Le médiateur
2. De l'autonomie de l'apprenant 105
    a. Le risque de l'autonomie
    b. La simulation globale : une pédagogie de l'autonomie
3. De l'autonomie de l'enseignant 108

CHAPITRE 2. TECHNIQUES ET DISPOSITIFS D'ANIMATION **109**
    A. Quelques conseils pratiques
1. La préparation et la gestion des conditions matérielles d'une simulation 109
    a. L'aménagement la classe
    b. Les matériels
    c. L'archivage des productions
2. Les techniques d'animation 113
    a. Le panel de recherche d'idées en groupe
    b. La constellation de mots
    c. Le rêve éveillé dirigé
3. Les techniques d'argumentation 119
    a. La résolution de problèmes et l'étude de cas
    b. Les grilles de recherche d'idées et d'argumentation
4. Les techniques d'invention et de narration 123
    a. La fixation de règles et de contraintes
    b. La grille ARTAIR
    c. La technique des « petits papiers »
    d. L'enrichissement de textes
    e. Les outils de narration
5. L'utilisation de matrices 129
    a. La matrice de fiche zoologique
    b. La matrice de roman d'amour
    c. La matrice de discours politique
    d. Des matrices de dessins
6. Les techniques d'organisation du travail en groupe 137
    a. L'animation de groupe par les « gammes Philipps 6/6 »
    b. La « tortue »
    c. La « pyramide »

    B. Quelques points clés
7. Comment commencer ? 138
    a. Le choix initial du réalisme ou de l'imaginaire absolu ?
    b. L'ordre des activités
8. La synergie lecture-écriture 142
    a. Lire pour écrire

INTRODUCTION

▶ *Des îles*

« L'Angleterre est une île », écrivait Jules Michelet dans son *Histoire de France*. La complexité de l'histoire de ce pays est tout entière contenue dans cette simple équation. « Une langue étrangère est une île », pourrait-on dire en deuxième équation. Mais certaines de ces îles nous sont proches et familières alors que d'autres sont tellement lointaines qu'on a le sentiment en les abordant d'être perdu, sans repères, tel un naufragé accroché à un rocher en plein océan Pacifique. Apprendre l'italien ou le chinois n'est pas pour un Français la même expédition. Et les préparatifs seront différents selon que l'on partira pour une expédition épuisante dans une jungle riche et difficilement pénétrable ou pour un safari de rêve dans une nature accueillante et prodigue. Une langue étrangère (non transparente) peut donc apparaître pour un apprenant aussi incompréhensible que l'Angleterre l'était aux yeux des Français et historiens du XIXe siècle.
« La simulation globale est une île », pourrait-on poser en troisième équation. D'abord, parce que, historiquement, la première à avoir été imaginée le fut sur ce thème – et il y a là manière de symbole – ensuite parce que la plupart des autres simulations globales fonctionnent comme des îles ou îlots : L'IMMEUBLE, LE VILLAGE, LE CIRQUE sont des lieux clos que l'on peut choisir d'ouvrir ou de fermer. Jeter des ponts, creuser des tunnels ou fermer portes et volets, interdire l'accès aux « étrangers » relève alors de l'envie que l'on peut avoir de se couper du reste du monde ou au contraire d'entretenir un commerce avec lui. On retrouve là aussi tout le débat sur l'ouverture ou la fermeture de l'école…

Les simulations globales sont des îles et ces îles ont des noms : au fur et à mesure de leur découverte elles ont été baptisées par leurs découvreurs. Il nous appartenait alors d'établir leur carte d'identité, d'en écrire la biographie, de dresser la carte de leurs rivages escarpés et dangereux comme de leurs plages accessibles et reconstituantes.

Il était sans doute temps de faire le point sur les simulations globales. Depuis quelques années déjà, surgissaient çà et là des travaux épars autorisés par la faible production éditoriale du BELC en la matière. Il paraissait alors naturel qu'un tel travail soit fait par quelqu'un qui avait participé à une partie de l'aventure tant il peut être difficile de bien saisir les difficultés, les pièges, les plaisirs, les vertiges en restant simple observateur de l'activité. En effet, la simulation est aussi une expérience humaine et l'on sait certainement mieux communiquer ses réserves ou ses enthousiasmes quand on a été plongé dans l'action et dans la réflexion, à la condition toutefois d'ériger en instruments de travail la mise à distance de l'objet par rapport à soi et la critique par l'humour ou l'ironie.
En somme, ce « mode d'emploi » propose le point de vue d'une certaine sociologie : celui de l'observation participante.

▶ *Le choix d'une méthode*

Un sujet aussi fécond que les simulations globales ne se serait pas accommodé d'une méthodologie fondée sur une enquête avec questionnaires, indicateurs et analyse de discours à l'appui. L'appareillage aurait été trop lourd et n'aurait pas constitué un travail crédible compte tenu du nombre considérable de paramètres. Au mieux aurait-on pu démontrer *in fine* que de nombreux enseignants ont aujourd'hui recours à la simulation globale (ou à quelque chose qui lui ressemble !) et que quelques manuels commencent à intégrer des « faits » de simulation globale (mini-parcours de canevas d'invention). Toutes choses que l'on sait déjà !

Notre réflexion se fonde essentiellement sur :
– l'analyse des vingt heures d'entretiens avec les concepteurs des simulations globales et avec des praticiens chevronnés. Ces témoignages sont donc précieux et riches d'enseignements ;

p. 186

– la mise à l'épreuve de nombreuses simulations globales en différents contextes ;
– l'analyse critique des articles écrits sur le sujet ;
– les dix années passées avec Francis Debyser et Jean-Marc Caré à imaginer des approches pédagogiques et des techniques d'animation susceptibles de faire fonctionner au mieux les différentes simulations sorties des ateliers du BELC pour les circuits généralistes et professionnels.

Il ne s'agira donc pas de prouver ici par des tableaux statistiques que la simulation globale est un *super-learning*, comme certains auteurs ont pu être tentés de le faire pour des approches non conventionnelles (la suggestopédie, en Allemagne, notamment) mais de rappeler que :
– l'on a souvent eu recours par le passé aux techniques de simulation pour enseigner quelque chose à quelqu'un (l'art de la guerre, par exemple) ;
– de très nombreuses disciplines scolaires ont, depuis cinquante ans, développé les techniques de simulation pour des publics universitaires ou non scolaires : sciences, économie, gestion, technologie, politique, négociation, communication, etc. ;
– et que par conséquent, ce qui est bon pour les autres disciplines, mériterait d'être étudié pour l'apprentissage d'une langue étrangère.
La démarche adoptée est une démarche pragmatique dans ce sens où elle procède de l'empirisme dans l'ordre de la connaissance et de l'utilitarisme dans l'ordre de l'action.

▶ *Composition*

Cet ouvrage comprend trois parties :
1. Une première partie :
a) décrit six simulations globales généralistes et quatre simulations globales sur objectifs spécifiques ; partie indispensable pour :
– informer sur une pratique qui n'est pas toujours bien connue dans son déroulement,
– ancrer la partie historique et la réflexion pédagogique sur des éléments concrets,
– repérer les itérations et les différences,
– donner la liberté à l'enseignant de pouvoir inventer d'autres canevas ;
b) situe l'émergence des simulations globales dans un contexte idéologique, social, politique, philosophique et culturel. L'on y découvrira aussi les prometteuses perspectives d'évolution.

2. Une deuxième partie fait le point sur les questions afférentes au jeu quand celui-ci est invité à se produire dans le cadre de la classe et qu'il passe par une mise en jeu identitaire : tabous et dérapages psycho-dramatiques.

3. Une troisième partie recense les questions pratiques et psychopédagogiques qu'un enseignant se pose lorsqu'il met en œuvre une simulation globale. Celle-ci est en effet un concentré des problèmes abordés par des disciplines comme les théories de la communication, les sciences de l'éducation, la psychologie, la sociologie, l'analyse de discours, la docimologie, la créativité, etc.
C'est ainsi qu'il nous a paru utile d'accorder une place privilégiée au rôle de l'enseignant, aux techniques d'animation, à la correction et à l'évaluation des productions et à leur insertion dans un cadre institutionnel.

▶ *De la thèse à la publication*

Ce livre, *Les Simulations globales, mode d'emploi* est une publication reprenant l'essentiel d'une thèse soutenue en Sorbonne, en juin 1993, sous le titre *Les Simulations globales*. Le titre de cet ouvrage est avant tout un clin d'œil à l'œuvre de Georges Perec. Qu'on ne se méprenne donc pas. Il ne s'agit pas de recenser ici la totalité des modes d'utilisation des simulations globales existant aujourd'hui. Ceux-ci sont tellement nombreux, divers et évolutifs que la tâche mériterait sans doute un, voire plusieurs tomes supplémentaires...

Qu'on ne pense pas non plus que nous avons voulu figer ici les modes d'emploi des simulations globales en indiquant une *doxa* pédagogique grâce à la force de l'écrit éditorial, ou bien encore « verrouiller » les expériences passées, présentes et futures. Les simulations globales sont des produits libres qui appartiennent à celui qui voudra les faire siennes.

Nous avons voulu, avant tout, aider l'enseignant qui découvre l'univers des simulations globales, en partant d'une interrogation sur ses besoins. Ceux-ci sont à notre sens, au nombre de trois. Il a besoin :

1. de connaître des canevas d'invention de façon à faire le choix le plus approprié au contexte dans lequel il enseigne. Le nombre et la variété des canevas proposés permettent de mieux comprendre leur fonctionnement et leur mode de construction ;

2. de techniques d'animation et de pratiques puisqu'elles sont l'élément moteur des simulations globales. Les propositions présentées permettent de ne pas tomber en panne ;

3. d'éléments de réponse à des questions psycho-pédagogiques de façon à comprendre ce que l'on va faire et à ne pas se lancer dans le vide. Prendre la mesure des risques encourus est donc un élément fondamental du mode d'emploi.

Ce livre, qui aurait pu prosaïquement s'appeler *Théories et Pratiques de la Simulation Globale*, vient compléter une série de productions éditoriales : *L'Immeuble, Le Cirque, L'Hôtel, La Conférence internationale et L'Entreprise*. Il a pour ambition de démontrer que la simulation globale :

– est une pratique de classe qui dépasse le cadre et la fonction qu'on lui avait assignés initialement, à savoir le cadre de la classe de français langue étrangère et la fonction de complément méthodologique ;

– favorise l'expression de l'individu dans le groupe et celle du groupe-classe par rapport aux autres groupes ;

– permet l'édification d'un lieu-thème sur lequel pourra se construire l'édification de l'identité et se régler le rapport identité-altérité ;

– crée un espace commun, une aire de projection de l'imaginaire collectif permettant l'expression des représentations, voire des fantasmes individuels et collectifs ;

– facilite l'apprentissage des langues en traitant le phénomène de la « schizie de l'apprentissage » grâce à la transition par l'identité fictive.

Si la simulation globale rencontre aujourd'hui un intérêt croissant et soutenu, c'est qu'elle assure un « chaînage » des activités de classe créant, de la sorte cohérence et cohésion du projet pédagogique général et, de ce fait, du groupe-classe.

PREMIÈRE PARTIE

PRÉSENTATION des SIMULATIONS GLOBALES

CHAPITRE

1

LES SIMULATIONS GLOBALES : TOUTE UNE HISTOIRE

1. QU'EST-CE QU'UNE SIMULATION... GLOBALE ?

On parle beaucoup aujourd'hui de simulations globales dans les domaines de la didactique des langues, du français langue étrangère, du français langue seconde, du français langue maternelle comme dans le domaine de la formation des adultes. ÎLES, L'IMMEUBLE, LE CIRQUE, LE VILLAGE, mais aussi L'HÔTEL, LA CROISIÈRE, LE QUARTIER, L'HÔPITAL, L'AUTOCAR, L'EXPÉDITION sont des simulations globales de plus en plus pratiquées, dans des contextes pédagogiques très différents et sur lesquelles commence à exister une littérature abondante constituée pour la plus grande part de récits d'expériences ou de productions d'élèves. Mais qu'est-ce qu'une simulation globale ?

Une première approche conduit à énoncer deux principes fondamentaux. Pour entreprendre une simulation globale, il faut :
– construire un « lieu-thème » ;
– construire des identités fictives.

►►► ■ A. Construire un « lieu-thème »

Construire un « lieu-thème » consiste à faire « débarquer » l'imaginaire d'un groupe d'élèves sur un lieu qui fonctionne comme un milieu et comme un thème : une île, un immeuble, un village, un hôtel, une entreprise, une conférence internationale, etc. Ce lieu-thème permet alors de convoquer et de fédérer toutes les activités d'expression écrite et d'expression orale traditionnellement faites dans la classe de façon atomisée, de les coordonner les unes aux autres, que ces activités soient des activités de réflexion, de débat, de créativité ou qu'elles soient des activités linguistiques et grammaticales ; l'objectif étant de leur donner un sens, une dynamique, « la dynamique combinatoire et cumulative »[1] suivant l'expression de Francis Debyser, de la construction collective d'un univers dans lequel chacun sera partie prenante. En réalité « *il s'agit de l'extension de la simulation, pratique pédagogique commune à de nombreux apprentissages ; cette technique est particulièrement utile en didactique des langues vivantes où l'acquisition d'une compétence de communication en langue étrangère passe par la simulation de situations de communication. Par rapport à des simulations simples, telles que simuler un échange conversationnel, une transaction, une prise de décision, voire une négociation, la simulation globale est plus ambitieuse : il s'agit de créer progressivement avec le groupe-classe un univers du discours complet, avec son cadre, ses personnages, leur vécu individuel et collectif et leurs relations, leurs interactions ; c'est la construction collective d'un monde vécu, d'une symbolique et donc d'une culture partagée,... en langue étrangère* »[2].

---

1. DEBYSER Francis, « Les Simulations globales », *Éducation et Pédagogies*, Éd. CIEP, n° 10, mai 1991, p. 81.
2. *Ibid.*

Ainsi le lieu-thème de la simulation globale sera non seulement le lieu où viendront se chaîner les différentes activités de classe mais aussi où se relieront les expériences et les cultures des individus. Le lieu-thème est le lieu de toutes les projections et de tous les possibles. C'est aussi un lieu idéal de rendez-vous avec l'autre.

B. Construire des identités fictives

Construire des identités fictives consiste à mettre entre parenthèses son identité réelle pour se glisser dans la peau d'un personnage que l'on va incarner, « animer » au sens étymologique du terme de donner une âme.

La simulation globale va donc consister à « faire comme si » à deux niveaux :
– à faire **comme si l'on vivait autre part** que dans l'univers scolaire, et par un mouvement paradoxal de va-et-vient, à sortir de cet univers par la puissance de l'imagination et à importer dans l'enceinte de la classe le lieu-thème choisi ;
– à faire **comme si l'on était quelqu'un d'autre** en allant chercher en soi les ressources permettant de rendre crédible le personnage investi et géré ; et par un mouvement paradoxal de va-et-vient entre soi et l'inconnu de soi-même (cet autre moi constitué par l'identité fictive) en arriver à pouvoir davantage s'exprimer que si l'on était resté dans le cadre contingent de sa véritable identité.
Autrement dit, une simulation globale est une manière de faire entrer le réel dans l'univers de la classe, ce réel qui est le plus souvent laissé à la porte de la classe et qui n'apparaît que d'une façon fantomatique, au mieux épisodique et donc désarticulée au gré d'exercices ou de débats faits autour de questions existentielles.

2. LES DOMAINES D'APPLICATION

La simulation globale peut être utilisée de façon privilégiée en deux situations : avec des objectifs linguistiques ou pour la formation aux relations humaines.

A. La formation linguistique

▶ *En français langue étrangère*

Matrice permettant à l'enseignant d'élaborer sa propre méthode, la simulation globale est susceptible d'adaptations en fonction du niveau des apprenants et du type d'enseignement, généraliste ou professionnel :
– avec des débutants, on peut travailler sur les premières phases d'une simulation : invention d'espaces et de personnages (cette activité n'est d'ailleurs pas sans rapport avec les premières leçons de méthodes) ;
– en perfectionnement linguistique, on peut aller jusqu'à la rédaction collective d'un roman.

Il est à noter que certaines simulations globales ont été inventées pour un enseignement du français sur objectifs spécifiques : L'HÔTEL pour le français de l'hôtellerie et du tourisme, L'ENTREPRISE pour le français des affaires, LA CONFÉRENCE INTERNATIONALE pour le français comme langue diplomatique, L'HÔPITAL pour le français de la médecine. Elles offrent l'avantage de mettre en place un cadre qui dépasse le simple jeu de rôles et d'ouvrir sur des situations de communication authentiques.

▶ *En français langue maternelle*

C'est une expérience de classe intensive ou extensive qui peut convenir à la fin du cycle primaire et au premier cycle du secondaire. La spécificité de certains exercices

p. 156

(rédaction de biographies, fiches descriptives, inventaires, fabrication de plans et de cartes) place cette expérience à la croisée de disciplines diverses, en faisant ainsi un tremplin vers l'interdisciplinarité. Les activités et les modalités de travail relèvent de pédagogies actives où études de milieu et activités d'éveil trouvent leur juste place. Enfin, les réinvestissements en lecture sont nombreux.

▶▶▶ ■ B. La formation aux relations humaines

Les simulations globales ne sont pas exclusivement utilisées dans le cadre de l'apprentissage des langues. En formation d'adultes, elles ont pour objectifs de développer les aptitudes à la créativité, au travail en groupe, à la prise de décision. Elles permettent d'éviter l'effet de saupoudrage inévitable lorsque des techniques de ce genre sont pratiquées de façon isolée.

Pour des groupes hétérogènes pluriculturels, la possibilité de vivre une expérience commune favorise aussi les échanges interculturels entre participants.

3. NAISSANCE DE LA SIMULATION GLOBALE

Raconter la naissance de la simulation globale est toute … une histoire. Cela pourrait être même l'objet d'un « roman » tant elle s'identifie à l'histoire du BELC et à l'état d'esprit qui y régnait au milieu des **années 1970**.

▶▶▶ ■ A. 1970 : l'émergence

Lieu de recherche-action nourri des thèses des théoriciens auxquels se référait la didactique des langues d'alors (Chomsky, Jakobson, Austin, Alston, Benveniste, Morris, Searle, Grize, etc.), le BELC est agité par les courants idéologiques et littéraires qui, d'un côté (les surréalistes), prônent la liberté totale comme condition de la créativité, et de l'autre côté (les oulipiens), font valoir que la règle et la contrainte peuvent constituer des auxiliaires précieux pour l'épanouissement de l'imaginaire.

Les simulations globales ne sont donc pas nées par hasard : elles sont le point de rencontre et la synthèse d'idées, d'attitudes, de pratiques d'une époque.

Francis Debyser, directeur-adjoint, puis directeur du BELC depuis 1965, explique bien d'ailleurs que l'on cherchait, dans ces années-là, le moyen de coordonner toutes les pratiques proposées en créativité pour que cela ne confine pas à un catalogue de fiches pédagogiques. Les simulations globales constitueront ce ciment qui permettra de construire des projets pédagogiques, sans que les élèves et les enseignants aient l'impression de faire des expériences de laboratoire sans lendemain.

▶▶▶ ■ B. 1973-1974 : un pavé dans la mare, « la mort du manuel »

En 1973-1974, Francis Debyser, directeur du BELC, publie coup sur coup trois articles qui font date et seront, d'une certaine manière, fondateurs des simulations globales.
– Dans le numéro 100 du *Français dans le Monde* (1973), il proclame « *la mort du manuel et le déclin de l'illusion méthodologique* », dresse un constat d'échec pour toutes les méthodes d'enseignement du français langue étrangère et prône l'utilisation de la simulation en classe de langue. Il fait de plus remarquer que les enseignants comme les apprenants rejettent les « *ensembles méthodologiques préréglant à l'avance les contenus (choix des éléments) et les procédés didactiques (organisation de la classe et nature des exercices)* ».

– Dans les numéros 104 et 106 (1974), il explique l'intérêt de recourir aux techniques de simulation dans les classes de niveau 1, puis propose une approche de l'apprentissage du subjonctif présent à partir d'une suite de simulations de situations de communication. Dans une optique communicative, pour apprendre une langue, il est essentiel de mettre en pratique ses connaissances, de les utiliser en situation. Comme on a besoin d'être dans l'eau pour apprendre à nager et non sur un coussin, l'on a besoin d'être en situation de communication pour apprendre une langue. Dans ce cas, la connaissance de la linguistique n'est pas plus utile que la connaissance des règles de fonctionnement de l'anatomie humaine pour le nageur !

Les premières simulations préconisées dans ces articles sont des simulations très pré-contraintes car Francis Debyser reste soucieux de ne pas opérer un démarquage brutal vis-à-vis des méthodes audiovisuelles auxquelles il attribue même d'une certaine façon la paternité des simulations. Comme Alan Maley, du British Council, qui s'inté-resse, lui, à l'utilisation du *role-playing* dans l'enseignement de l'anglais langue étrangère, il préfère alors répondre à « l'illusion du réel » par « la réalité de l'illusion » et recourir à la fiction, plus réelle en fin de compte que les caricatures réductionnistes, voire hyper-réalistes des méthodes. Il est vrai que, depuis longtemps, les didactiques des langues sont confrontées au problème du réel qu'elles essaient d'intégrer dans le monde clos de la classe, sans pour autant jamais recourir aux techniques de simulation.

Historiquement, l'idée de simulation globale est donc née avec l'idée que le manuel allait (et devait) disparaître. L'expression même de « simulation globale » a été, quant à elle, proposée par le BELC lorsqu'il y a eu le souci de passer de situations brèves de simula-tion ou de déclencheurs de communication à des simulations plus longues dans le temps et engageant de façon beaucoup plus complète la pluralité des aspects communicatifs.

C. 1974-1979 : le recours au jeu

L'idée de fédérer toutes les activités d'expression sur un lieu imaginaire comme une île ou un immeuble est progressivement mise au point dans des ateliers de créativité des stages d'été du BELC, par Jean-Marc Caré, Francis Debyser et Christian Estrade. De nombreux débats agitent alors le BELC sur les questions du plaisir et de la motivation dans l'apprentissage. Des recherches sont menées du côté de la psychologie appliquée et de l'heuristique et on lit *La Pensée latérale* d'Edward De Bono et *L'Imagination constructive* d'Alex Osborn.

Avec les simulations globales, on introduit enfin dans la classe une nouvelle dimension, celle du jeu, voire du grand jeu ; ce qui n'est pas sans importance à l'heure où la société s'oriente délibérément vers la société de loisirs, à l'heure surtout où le jeu est réhabilité comme activité noble et que l'école songe « sérieusement » à s'ouvrir à ce nouvel état d'esprit. Les premiers à être autorisés à jouer en situation de formation sont – non pas les enfants – mais, paradoxalement, les adultes en formation. Pour les séduire et pour éviter de réveiller des souvenirs pénibles, les animateurs rangent leurs exercices par trop rébar-batifs et leur proposent de plus en plus de jeux ou de simulations.

Les élèves, quant à eux, devront attendre encore. C'est qu'en effet, l'intrusion du jeu à l'école en désoriente plus d'un, aussi bien du côté des enseignants que du côté des élèves ou de leurs parents. Le jeu, pour l'heure, paraît pour le moins incompatible d'avec l'ob-jectif premier du couple enseignant-enseigné, qui est de travailler et faire travailler, sur-tout si l'on se réfère à l'étymologie éloquente du verbe qui est « torturer avec un tripal ». Inutile de dire, qu'à ce compte, le plaisir du jeu et la torture du travail semblent inconci-liables. Et le divorce est à ce point profond que quinze ans après le début de l'intro-duction de la créativité à l'école, rien n'est encore gagné et que ses détracteurs les plus virulents clament aujourd'hui qu'on y perd de vue les objectifs d'instruction de l'école républicaine et qu'il y a là une manière de « défaite de la pensée »[3].

3. FINKIELKRAUT Alain, *La Défaite de la pensée*, Éditions Gallimard, 1987.

p. 156

D. 1980 : les simulations, une collection de grands et petits écrits

Au début des années 1980, les simulations globales « généralistes » se multiplient et prennent de l'assurance. LE VILLAGE, initié dans le stage d'été de Saint-Nazaire en 1981, par Jean-Marc Caré est expérimenté par Rémy Stœckle et Jean-Claude Bourguignon, en Alsace, dans des classes d'école primaire, en milieu non francophone. Des retours d'expérimentations ont été opérés par des enseignants, l'expérience du réel (sans jeu de mots paradoxal) a été faite et ce qui était en son début une simulation essentiellement composée d'activités orales et de jeux de rôle se trouve alors traversé par un courant littéraire en plein essor : l'Oulipo (l'Ouvroir de Littérature Potentielle) de Queneau, Le Lionnais, Perec, Roubaud, etc. La rencontre est importante car la manière dont ce mouvement conçoit la création littéraire est particulièrement bien adaptée à ce qui est demandé aux élèves d'une classe de langue (maternelle et même étrangère). C'est alors la totalité d'un univers qui est visé dans son quotidien ordinaire comme dans ses développements extraordinaires, à l'oral comme à l'écrit.

De plus en plus, la simulation globale va s'appuyer sur des textes littéraires et faire produire des textes, qu'ils soient minimalistes (dictons, proverbes, devises, publicités, lettres, petits poèmes, définitions) ou ambitieux (nouvelles, contes, romans), en s'attachant à décrire et raconter la vie, en en fournissant parfois un « mode d'emploi », cette vie que l'on va pouvoir confesser en la couchant sur le papier car même les « petits papiers » peuvent constituer des « morceaux » de littérature.
Une simulation globale est, à sa manière, une collection de grands et de « petits papiers » : un mot écrit sur une ardoise de cuisine, quelques phrases griffonnées sur un « aide-mémoire », des souvenirs, une lettre, un message glissé sous une porte, une petite annonce, une carte postale, un pense-bête peuvent constituer de délicieux morceaux de littérature que l'on consommera comme les chocolats d'une belle et grande boîte (de celles qui ont plusieurs étages, bien sûr).

L'on a souvent dit à propos de la littérature oulipienne qu'elle avait inventé une manière d'écrire mais aussi une nouvelle manière de lire et un nouveau comportement de lecteur. Comme cette littérature, la simulation globale est une construction textuelle « en kit », à monter soi-même, une mosaïque dont le tableau final constitue une œuvre que l'on pourrait sous-titrer « Faites vous-même votre roman », pour reprendre les titres des manuels du parfait bricoleur, ou encore pour reprendre l'accroche des romans d'arcanes dits aussi « romans arborescents ».

E. Les décennies 1980-1990 : une reconnaissance transversale

p. 51

Dans les années 1980-1990, les simulations globales vont bénéficier peu à peu d'une reconnaissance de plus en plus large. D'abord converties au français sur objectifs spécifiques, elles vont devenir un outil transférable à bien d'autres disciplines que l'apprentissage des langues étrangères. Certaines tentatives dans le domaine des matières scientifiques commencent à poindre par le biais des sollicitations faites pour engager un travail interdisciplinaire. C'est notamment le cas de la simulation globale LE VOYAGE INTERPLANÉTAIRE. Issue de la recherche scientifique, la simulation globale y retournerait donc. Beau parcours et juste retour des choses. Cette décennie est également marquée par une production éditoriale tout d'abord axée sur les simulations globales généralistes – L'IMMEUBLE et LE CIRQUE – puis sur les simulations sur objectifs spécifiques – LA CONFÉRENCE INTERNATIONALE, L'HÔTEL et L'ENTREPRISE.

4. LES PERSPECTIVES DE DÉVELOPPEMENT DES SIMULATIONS GLOBALES

Cinq directions majeures occupent aujourd'hui les recherches :

1. L'idée de **simultanéité entre invention et apprentissage**, couple que l'on tâche de concilier depuis 1968 et dont l'enjeu est de réussir à introduire enfin le jeu dans la classe et au-delà, bien sûr, le principe de plaisir à l'école. Il s'agit aussi de faire fonctionner, dans le domaine de l'enseignement des langues, d'une façon constante sur une année scolaire, une activité de jeu ou d'invention avec une activité d'apprentissage.

2. La nécessité de **concevoir une formation** pour les enseignants de français langue étrangère qui ne soit pas seulement une formation aux canevas d'invention, aux techniques d'animation, aux aspects linguistiques ou culturels, mais qui soit une formation qui prenne en compte la dimension éthique et esthétique de l'enseignant, c'est-à-dire sa capacité à prévenir ou à intervenir de façon responsable dans la production lorsqu'il est confronté à des situations imprévues.

3. La nécessité de **développer des canevas d'invention et des matériels complémentaires** (linguistiques et culturels) pour les simulations globales proposées en apprentissage de français de spécialité.

4. L'**utilisation des nouvelles technologies** pour gérer des informations utiles à la mise en œuvre d'une simulation globale (CD Rom, vidéodisque) ou pour résoudre certaines difficultés de liaison entre les actes « inventer et apprendre ».

5. La nécessité d'**ouvrir le champ de la simulation à d'autres disciplines** ou à d'autres problématiques d'apprentissage. Les perspectives d'avenir sont prometteuses car l'institution scolaire semble aujourd'hui s'intéresser de plus près à ces techniques : des expérimentations sont entreprises dans des cadres encore inexplorés et de nouveaux canevas d'invention voient le jour, notamment :
– L'AUTRE PLANÈTE, simulation engagée dans une perspective interdisciplinaire de sciences et de techniques ;
– la simulation historique, calée sur l'étude de documents, par exemple ceux réunis par Emmanuel Leroy Ladurie dans *Montaillou, village occitan*, ceux possédés sur les *Révoltés du Bounty*, ou ceux au fondement de *La Controverse de Valladolid* ;
– la simulation LA RUE D'ARTISANS (ou LE GROUPEMENT DE PME), envisagée dans le cadre de l'enseignement dual, alternant des périodes d'apprentissage en entreprise ou chez un artisan et des périodes en établissement scolaire. La simulation intervient alors comme une propédeutique permettant aux apprenants de pénétrer un lieu et surtout un milieu inconnus et dans lesquels ils vont devoir un jour entrer par la force de l'imaginaire ;
– la simulation à visée interculturelle pour « approcher » l'autre, apprendre à entrer dans une culture étrangère, que l'on soit enfant de migrant, désorienté par un parachutage brutal dans un pays d'accueil, que l'on soit touriste ou élève participant à un échange ou à un voyage scolaire, que l'on soit élève engagé dans une recherche – ou dans la construction ! – d'une citoyenneté européenne.

□ □ □ □ □

Les simulations globales font plus qu'être dans l'air du temps ; elles épousent leur époque dans ce sens où elles sont susceptibles de transformer une discipline scolaire en un grand jeu à visée spectaculaire.
Plus encore que les championnats d'orthographe, et autres défis mathématiques ou informatiques, elles permettent aux apprenants d'être les acteurs véritables – et dans tous les sens du terme – de leur apprentissage.

2

LA SIMULATION : TOUR D'HORIZON D'UNE PRATIQUE ANCIENNE ET DIVERSE

Il peut paraître banal de dire que les simulations globales appartiennent à la grande famille des simulations, et au-delà, à l'espèce des jeux. Pourtant souligner cette filiation et ce genre permet d'expliquer bien des choses, en particulier le fait qu'elles sont marquées d'un double sceau :
– celui du pragmatisme comme objectif et comme moyen pédagogiques (appréhender le réel en en apprenant les lois) ;
– et celui du plaisir comme mode d'apprentissage.
Les nombreux membres de la famille des simulations se ressemblent souvent et il est diffi-cile de mettre des noms sur les différents éléments de cette fratrie : simulations scienti-fiques, sociales, politiques, jeux d'affaires, jeu de rôle, psychodrame, sociodrame, dramati-sation, mimodrame, étude de cas, etc. , autant d'appellations qui circulent et de réalités qui peuvent bien souvent être confondues. L'on verra alors que la simulation globale qui reven-dique la globalité, voire la totalité des actes simulés dans un espace donné, touche à tout et emprunte potentiellement à chacun, tel Maître Jacques capable de coiffer, à l'envi, les casquettes de l'écrit, de l'oral, de la production littéraire ou du jeu de rôle professionnel.

1. QUI SIMULE QUOI ? QUAND ? POURQUOI ?

►►► ■ A. Simuler ou porter le masque

La simulation fait partie des rites d'interaction de l'homme, rite fondateur et struc-turant des sociétés et des individus. La simulation, dont l'une des expressions est le masque, existe depuis l'origine de l'humanité, y compris dans les sociétés les plus pri-mitives ne connaissant ni le feu ni la roue. Le masque, et au-delà l'acte de simulation, sont au cœur de la problématique du « jeu » et du « je », interrogation sur le rôle, le statut, l'identité, la multiplicité des aspects d'un « individu » ; car simuler c'est faire comme si ; c'est aussi faire semblant, feindre :
– une émotion : la surprise, la colère, la joie, la peur, etc.
– un sentiment : l'affection, la haine, le mépris, etc.
– un état : la maladie, l'ivresse, la mort, l'agressivité, etc.
– un acte : l'attaque, la retraite, l'esquive, etc.
– un rôle : jouer au papa et à la maman, aux cow-boys et aux Indiens, etc.

►►► ■ B. Simuler : un code à décoder

Suivant les circonstances, le contexte social ou institutionnel, l'âge ou le statut des personnes, la simulation aura une valeur positive, négative ou une forme de neutralité.

Simuler une heureuse surprise (« Quelle bonne surprise de vous rencontrer ! ») ou la joie (« Je suis très heureux et très ému d'être parmi vous ce soir. ») sont très souvent des embrayeurs de relations sociales dictés par les « convenances », et ce code étant partagé par le plus grand nombre, nul n'aura l'idée de s'insurger contre l'hypocrisie de celui qui l'utilise. Néanmoins personne n'est dupe et chacun décode cette simulation pour ce qu'elle est, ne serait-ce que parce que le simulateur laisse percer dans ce cas-là – sinon une contradiction – du moins une différence d'intensité d'entre le langage verbal (les mots sont hyperboliques : « l'immense joie ») et le langage non verbal (les manifestations de la joie sont mesurées, contrôlées : esquisse de sourire, regard terne, etc.).

▶ ▶ ▶ ■ C. Simuler : un stratagème pour éprouver la réalité

Quand les premiers hommes partaient à la chasse, ils se peignaient le visage et le corps, figeant leurs traits en des masques terrifiants de sauvagerie. Il s'agissait alors d'impressionner les animaux qu'on allait combattre, en figurant un aspect censé effrayer l'adversaire et peut-être même s'impressionner soi-même et se donner du courage en sortant des limites de son apparence ordinaire. Simuler la sauvagerie c'était aller chercher en soi – pour la faire apparaître aux yeux des autres – la face cachée de l'homme, le *blind spot*, la zone aveugle de soi-même.

Quand les parents font les gros yeux à des enfants turbulents, ils simulent la colère pour des besoins de régulation familiale ou sociale. Ils ajustent alors leur masque de « père sévère » à des fins éducatives.

Quand un enfant simule occasionnellement une maladie pour ne pas aller à l'école, il y a dissimulation de la vérité mais ce petit mensonge est souvent regardé comme un péché véniel par des parents qui ne sont pas dupes mais qui voient là un art de la relation – comme si simuler était une étape importante dans la compréhension des rapports sociaux. Mais si l'enfant utilise à répétition ce stratagème, les parents commencent à s'inquiéter, à l'accuser de mensonge ou à craindre l'hypocondrie. Un adulte qui ferait de même ne bénéficierait d'ailleurs pas de la même indulgence sociale s'il était démasqué : s'il simulait la maladie, l'amnésie ou la folie, nul doute que l'on considérerait qu'il y a état pathologique. Faire croire aux autres quelque chose sur soi, les tromper, soit ; mais croire soi-même, se tromper soi-même, voilà la limite à ne pas franchir. Et certaines personnes – tellement confortées par le regard des autres – finissent par croire au personnage qu'elles jouaient par jeu ou par nécessité.

Simuler, c'est aussi « déguiser un acte sous l'apparence d'un autre » *(Petit Larousse)* et l'on touche ici aux frontières de la dissimulation, du théâtre, de la stratégie, du mensonge, de l'hypocrisie ou de la fausseté. Simuler une attaque ou une retraite peut être – en arts martiaux, en stratégie militaire (*cf.* Clausewitz), ou en diplomatie – un art suprême destiné à préserver un équilibre ou au contraire à le rompre à son avantage (*cf.* Machiavel). L'histoire est pleine de récits de batailles gagnées grâce à la simulation d'un acte : telle armée fait semblant de battre en retraite pour mieux attirer l'armée ennemie dans un guet-apens, « la mener doucement où nous avons envie de la faire venir » comme dit aussi Dom Juan, à propos de ses conquêtes amoureuses.

▶ ▶ ▶ ■ D. Simuler : une procédure naturelle de régulation sociale

L'amour – cet autre divertissement suprême (au sens pascalien du terme) – est le lieu par excellence de l'expression de la simulation. Il suffit de regarder les pièces des grands classiques du XVIIe siècle français, Molière, Racine, Corneille, ou celles des XVIIIe et XIXe siècles, de Marivaux à Musset, pour se convaincre que l'on développe ici l'art de la simulation et de la dissimulation. Le marivaudage du *Jeu de l'amour et du hasard*, ou des *Caprices de Marianne* mettent en scène des simulations d'identités ou de conditions, des échanges de rôles, voire de véritables saturnales. Le badinage, l'humour mais aussi l'antiphrase ou l'ironie seront alors les moyens, voire les armes de cette simulation.

La simulation quand elle n'est pas jeu délibéré (on simule l'ivresse, par exemple, pour amuser la galerie ou imiter quelqu'un dont on cherche à se moquer) fonctionne souvent comme un compromis – au sens freudien du terme – c'est-à-dire comme la possibilité de vivre autrement une réalité que l'on est dans l'impossibilité de vivre ; elle fonctionne aussi comme une réaction de défense sociale au même titre que les évitements, les intimidations, les attaques, les blocages, les rétractions, les soumissions, les justifications, les séductions.

Les sociétés modernes ont mis en place à travers des fêtes ou rites (saturnales, carnavals) des procédures de régulation sociale où le rêve peut devenir réalité l'espace d'un moment, ou le valet peut devenir le maître et prendre ses atours, où le maître peut endosser la livrée du domestique et éprouver les charges mais aussi les avantages du rôle.

Pénétrer dans le monde de l'autre, se mettre dans sa peau, sortir de soi, réaliser son rêve, mais aussi faire baisser la pression des rapports sociaux, telles sont les fonctions de ces simulations ou simulacres (« *action par laquelle on fait semblant d'exécuter une chose : simulacre de république, simulacre de combat* »[4]). Simuler, c'est entrer dans le champ des possibles, dans un monde d'hypothèses, dans une arborescence de vie.

2. L'IMITATION

L'imitation est souvent prise pour la simulation ; or selon Groos, « *il y a imitation lorsqu'un être vivant se modèle en un acte ou une attitude sur un autre être semblable, la perception de l'action d'autrui réglant l'exécution de la sienne propre ; autrement dit tous les actes se subornent à l'exemple d'autrui* »[5].

▶▶▶ ■ A. Un support de l'apprentissage

« *L'imitation redouble l'objet imité*, explique, quant à lui, René Girard ; *elle engendre un simulacre qui pourrait faire l'objet d'entreprises magiques* »[6] ; et de fait beaucoup de conduites imitatives sont taboues dans de nombreuses sociétés : copier les comportements, imiter les voix ou répéter les propos de quelqu'un du groupe. Mais, explique-t-il, nous voyons malheureusement dans l'imitation une « *cause de conformisme et d'esprit grégaire. Au lieu de la redouter, nous la méprisons. Nous sommes toujours "contre" l'imitation mais d'une façon très différente de Platon ; nous l'avons chassée d'un peu partout, même de notre esthétique. Notre psychologie, notre psychanalyse et même notre sociologie ne lui font place qu'à regret. Notre art et notre littérature s'acharnent à ne ressembler à rien ni à personne, mimétiquement* »[7].

Il faut dire et redire, faire et refaire les mêmes choses quitte à se condamner au rôle de Sisyphe de père en fils. Il faut rouler toujours les mêmes rochers, exploiter les mêmes mythes, copier ou réécrire les prototextes. Molière, Racine ou Corneille avaient compris tout le parti qu'ils pouvaient tirer en reprenant les textes des Anciens ; puis après eux Giraudoux ou Anouilh. « *Il n'y a pas d'intelligence humaine, il n'y a pas d'apprentissage culturel sans mimésis. La mimésis est la puissance essentielle d'intégration culturelle* »[8].

---

4. *Petit Larousse*, article « Simulacre ».
5. GROOS K., *Les Jeux des animaux*, Paris, 1902.
6. GIRARD René, *Des choses cachées depuis la fondation du monde*, Le Livre de Poche, n° 4001, p. 20.
7. *Ibid.*, p. 22.
8. GIRARD René, *op. cit.*, p. 29.

Ainsi, selon Girard, « *il n'y a rien ou presque, dans les comportements humains, qui ne soit appris, et tout apprentissage se ramène à l'imitation. Si les hommes, tout à coup, cessaient d'imiter toutes les formes culturelles s'évanouiraient. Les neurologues nous rappellent fréquemment que le cerveau humain est une énorme machine à imiter* »[9] .

B. Un support de la créativité

La simulation globale est, en certains moments, une imitation de la réalité dans le sens où elle se cale sur cette réalité existante pour donner au modèle construit un fondement et une crédibilité. Et les élèves éprouvent un plaisir réel à essayer d'imiter et à se conformer à un « patron » donné. Mais très vite vient la tentation de se libérer du monde imité et d'ajouter des éléments de sa patte.

De la même manière, l'animateur utilise souvent les techniques d'enrichissement de textes. Il fournit aux élèves des textes qu'il engage à recopier en ajoutant ici ou là deux ou trois mots, deux ou trois phrases ou expansions, un portrait, une description, un dialogue, etc. L'imitation est alors un « camp de base » de l'imaginaire, une planche d'appel d'où s'envolera la créativité.

p. 125

3. SIMULATIONS D'HIER ET D'AUJOURD'HUI

A. La simulation scientifique

Pour Jacques Monod, « *c'est le puissant développement et l'usage intensif de la fonction de simulation qui paraissent caractériser les propriétés uniques du cerveau de l'homme. Cela au plus profond des fonctions cognitives, ce sur quoi le langage repose et qu'il n'explicite qu'en partie* »[10].

Pour les scientifiques, la simulation est « l'expérimentation sur un modèle », lequel modèle est lui-même une reproduction artificielle du phénomène que l'on souhaite observer. Ce modèle est construit par les scientifiques parce qu'il ne leur est pas possible de recourir à l'expérimentation et qu'ils peuvent de la sorte étudier ce qui se passerait dans la réalité si on la soumettait au même traitement auquel on soumet le modèle construit.

La simulation sur modèle oblige, non seulement à décrire la réalité servant de base à la simulation, mais aussi à la théoriser de façon à vérifier, à partir de l'expérimentation, la validité ou la non-validité de ces théories et, éventuellement, à revoir les principes théoriques ou l'optique de description que l'on a choisis. Il s'agit en quelque sorte d'un mouvement de déconstruction, pièce à pièce, d'un phénomène réel pour produire la construction d'un modèle sur lequel on va travailler – plutôt que de travailler sur la réalité – parce qu'il est plus manipulable, abordable, moins dangereux, plus économique, etc.

Par le modèle construit, les scientifiques vont pouvoir confirmer ou infirmer des hypothèses, découvrir des aspects ou des conséquences inattendus, faire subir des traitements extrêmes qui ne se produiraient que très exceptionnellement dans la réalité et en tirer des enseignements. Cette science expérimentale conduit donc à utiliser des « maquettes », des modèles (réduits ou grandeur nature), des prototypes, des modèles concrets ou abstraits (notamment à l'aide de l'image numérisée) et à les faire évoluer dans leur milieu en tenant compte des structures qui les relient aux autres éléments.

9. GIRARD René, *op. cit.*, p. 15.
10. MONOD Jacques, *Le Hasard et la Nécessité*, Paris, Le Seuil, 1970, p. 194.

Et que ce soit l'homéostat de Ashby, conçu pour simuler le fonctionnement du cerveau, l'ordinateur neuronal baptisé Nettalk de Sejnowski, le Perceptron de Rosenblatt, les automates des XVIIe et XVIIIe siècles ou la maquette du corps humain de Vaucanson (1738) ou les animaux cybernétiques (la tortue électronique) de Wiener, l'on court toujours après la même chimère : reproduire le réel pour se l'approprier.

B. Modèle et simulations

Toutes les simulations sont fondées sur un modèle. Un modèle est une représentation simplifiée mais précise d'un aspect du monde réel.

▶ Modèle et simulations physiques

Les modèles réduits de voitures ou maquettes d'avions chères aux enfants sont les exemples de modèle – puis de simulation – les plus connus. Les fabricants essaient de reproduire, à une échelle donnée, le maximum de détails possibles et d'être les plus fidèles possibles à la réalité. Mais quelle différence y a-t-il entre le modèle et la simulation ? Et quand passe-t-on de l'un à l'autre ? Maidment et Bronstein donnent une explication facile à comprendre :

« *Un modèle est statique : ses éléments sont fixes et ne sont pas destinés à bouger. Si nous prenons ce modèle et le mettons en marche de telle sorte que des composantes interagissent avec d'autres, comme elles le font dans la vie réelle, nous avons créé une simulation. Par exemple, un modèle d'atome ou de système solaire peut se transformer en simulation par le seul fait de le coupler à un petit moteur qui va provoquer la révolution des électrons autour du noyau ou des planètes autour du Soleil* »[11].

▶ Modèle et simulations sociales

Les simulations sociales et les simulations physiques sont assez semblables dans leur principe puisque les unes comme les autres s'attachent à faire fonctionner un modèle reproduisant un aspect de la réalité. Mais autant les simulations physiques réfèrent à des objets, autant les simulations sociales ont pour matière première les personnes humaines, ce qui évidemment pose davantage de problèmes. Les mêmes Maidment et Bronstein en expliquent les différences ainsi :

« *Les simulations sociales et les jeux de simulation sont d'une certaine façon semblables aux simulations de physique. Les deux se fondent sur un modèle de même aspect que la réalité. La principale différence entre les deux est le type de réalité modelée.*

Alors que les simulations de physique ressortissent à des objets, les simulations sociales ont à voir avec des personnes. Au lieu de construire un modèle du système solaire ou de l'atome, l'inventeur d'une simulation sociale construira le modèle d'une famille, d'une communauté nationale ou internationale ou de tout autre membre d'institutions ou de systèmes sociaux. Au lieu de représentation d'électrons, de protons et de neutrons qui constituent le modèle atomique, le modèle social inclura les représentations d'un père, d'une mère, d'un enfant, d'un législateur, d'un juge ou d'une nation. Ces individus ou ces groupes peuvent être représentés par d'autres personnes ou groupes de personnes tenant leurs rôles, comme c'est le cas dans la plupart des jeux de simulation utilisés en classe, ou bien par des symboles mathématiques programmés dans un modèle de simulation informatique, comme c'est le cas dans les simulations en usage dans la recherche en sciences sociales.

La construction du plus simple modèle social est de toute façon plus compliquée que la construction de modèles physiques. À partir de calculs mathématiques précis fondés sur des lois physiques, la position exacte et le mouvement des planètes peuvent être aisément

11. MAIDMENT R., BRONSTEIN R.-H., *Simulations games (Design and Implementation)*. Éd. Charles E. Merrill, Columbus, Ohio, 1973, traduction de Francis Yaiche.

calculés. Traduire ces calculs en un modèle très réaliste n'est pas terriblement compliqué. Le comportement humain n'est pas, quant à lui, aussi facile à simuler. Il n'existe pas actuellement de lois réglant les comportements, et il n'en existera probablement jamais, qui puissent être utilisées pour prédire avec précision les actions des individus ou des groupes interagissant dans un contexte social particulier. Il y a simplement beaucoup trop de variables à prendre en compte »[12].

▶ *Modèle et simulations globales*

Les simulations globales, quant à elles, importent à l'intérieur de la classe un « modèle réduit » de la réalité, à l'échelle de ce qu'il est possible de faire entre quatre murs et avec trente élèves. C'est dire que cette réalité-là peut être considérée comme un ersatz de réalité. La « grandeur nature » d'un village, d'un immeuble, d'une île ou d'un hôtel, a d'autres dimensions que celles d'une simulation globale, et l'on sait que la grandeur des nombres – à savoir la taille d'un lieu ou d'un événement – non seulement est constitutive de sa réalité, mais aussi exerce une influence considérable sur la perception et le modelage de cette réalité.

C. Les simulations sur ordinateurs

L'avènement de l'informatique a permis un développement considérable des simulations. En effet, là où autrefois il fallait des jours pour faire des opérations intégrant de très nombreuses variables, l'ordinateur permet aujourd'hui en quelques secondes d'effectuer des statistiques fines et d'intégrer la probabilité et le hasard.

C'est ainsi que l'on pourra recourir à l'ordinateur pour apprécier ses chances dans un jeu de cartes ou de fléchettes en intégrant le « hasard » par la méthode dite de « Monte-Carlo », le hasard n'étant pour certains que « *l'expression de notre ignorance des causes ou de l'insuffisance de nos théories* ». Dans les simulations, le hasard est pris en considération ; il recouvre la probabilité d'apparition d'événements auxquels on n'accorde pas de place dans la construction du modèle.

La simulation sur ordinateurs est bien évidemment tributaire du programme élaboré et des informations saisies. En aucune façon, la simulation sur machines ne permet de comprendre des processus, des faits, de fournir des analyses. Elle produit des résultats répondant à des questions étayées par des données et des processus en corrélant une phénoménale quantité de variables, ce que le cerveau humain est incapable de faire. Des faisceaux de données produisent tel faisceau de résultats. À l'homme de faire son choix parmi eux et de les analyser.

D. Simuler pour s'inventer des mondes

▶ *Un exemple : Donjons et Dragons*

C'est au début des années 1980 que la France est prise par la fièvre des jeux de rôle venus d'Outre-Atlantique et singulièrement par le plus connu d'entre tous, *Donjons et Dragons*, jeu inventé en 1974 par un passionné de magie noire déçu par les *wargames*, Gary Gigax, lequel abandonne sa place de comptable pour devenir cordonnier à mi-temps et créer le plus célèbre jeu de rôle de toute l'histoire du jeu.

Ainsi, à raison de plusieurs heures par semaine, des passionnés de capes et d'épées quittent le xxᵉ siècle pour épouser la vie de héros mythiques du Moyen Âge. La métamorphose s'opère très vite quand ils se retrouvent autour d'une table. Derrière un paravent se cache le maître du jeu. À l'abri du regard des joueurs, il consulte son livre, le recueil des règles de jeu de *Donjons et Dragons* – « D and D » pour les initiés – un catalogue de monstres et de sortilèges.

---

12. *Ibid.*, p. 22.

Des heures durant, il va faire vivre à ses amis le scénario que pendant des nuits, il aura imaginé. Il raconte l'histoire. Presque toujours une chasse au trésor semée d'embûches. Par le simple récit, il fait surgir des rats télépathes dévoreurs d'hommes, des nuits glacées, des vents coulis. Les joueurs imaginent, dialoguent, improvisent comme dans une pièce de théâtre. Seule concession au réalisme : un jeu de dés. Le maître du jeu déterminera le succès d'une attaque, la gravité d'une blessure ou la mort de l'un de ses aventuriers en fonction d'un lancer de dés, mais aussi de la nature du personnage et de son plan de combat. Tous ont longtemps réfléchi avant de choisir leur personnage : elfe, nain, femme enchanteresse ou humain quelconque. Tous se sont choisi une profession : magicien, clerc, sale guerrier, druide, assassin ou voleur. Le hasard, les dés, les ont fait beaux, intelligents ou forts.

▶ Rêver le monde : un goût ou un droit ?

L'immense succès des jeux de rôle à l'américaine comme *Donjons et Dragons* ou des séries « *les romans dont vous êtes le héros* » s'explique sans doute en partie par la nécessité que nos sociétés modernes peuvent avoir de trouver des substituts aux carnavals et saturnales d'antan, aujourd'hui quasiment disparus. Il s'explique également par l'envie de l'individu d'avoir plusieurs vies (*cf.* la croyance en la métempsycose ou en la réincarnation), par l'envie de connaître d'autres itinéraires existentiels et dramatiques et de cerner ses propres réactions dans des situations déterminées pour éprouver valeur et limites de l'individu endossant une nouvelle identité.

Le goût pour la littérature – les contes et les romans – et le goût pour le théâtre participent du même mécanisme : en nous identifiant aux héros d'une pièce de théâtre ou d'un roman nous prenons une identité fictive le temps de la lecture, et parfois au-delà, et nous vivons, par le truchement d'un monde des possibles, une vie par procuration que nous n'aurions jamais pu vivre.

En fait qui n'a jamais pris plaisir à inventer des mondes mystérieux, meilleurs ou terrifiants ? Qui n'a pas imaginé des vies secrètes, raconté des histoires vraies... à dormir debout, été le héros ou l'observateur d'aventures qui font rêver ? Ce goût pour la création d'univers est un phénomène ancien, sans doute constitutif du monde de l'enfant, voire de l'homme lui-même...

Parlant du goût des enfants pour les histoires, Louis Porcher écrit :

« *Les histoires, les contes, toutes les formes sécularisées du mythe demeurent leur pain quotidien. L'enfance est le triomphe du narratif, du flou des frontières entre le songe et le réel, du monde raconté. Beaucoup d'adultes sont certes, sur ce point, encore des enfants, mais ce n'est évidemment pas selon le même régime. Si être enfant est maintenant une profession, elle reste marquée par une sorte d'impunité qui caractérise un rapport neuf au monde et comme un droit à la simulation, aux mondes autres que le monde. C'est une dimension ordinaire, toujours présente, de la vie enfantine. L'apprentissage des langues ne saurait échapper à cette constitution, même s'il le voulait, et même s'il l'ignorait* »[13].

Jolie formule que ce « droit à la simulation » qui pourrait figurer au côté d'autres droits (le droit de rêver, le droit à la paresse, etc.), qui pourrait être inscrit comme droit inaliénable dans « Les droits de l'enfant », mais aussi devenir un manifeste servant la cause des adultes. Les enfants, dit aussi Porcher, sont mis en face de la nécessité d'apprendre la manière de « *se servir du monde et des autres* ».

▶ Un moyen au service d'un besoin naturel

Les simulations globales peuvent répondre à ce besoin d'agir et d'intervenir sur le monde pour tester la capacité de l'apprenant à transformer ce monde qu'il veut comprendre, par lequel il veut être compris.

Les simulations globales, modèle réduit ou reproduction du réel, vont permettre de

---

13. PORCHER Louis, « Quelques remarques sociologiques pour une formation des enseignants. Vers le plurilinguisme », n° spécial du *Français dans le Monde*, février-mars 1991.

reproduire certaines opérations ordinaires ou extraordinaires de ce réel, certaines inter-actions professionnelles ou extra-professionnelles.

Les histoires, les contes, le mythe constituent « le pain » des enfants ; et au-delà, sans doute, la vie des idées, l'imagination, l'invention de mondes que l'on peuple de personnages et d'objets, la capacité à faire vivre des êtres de chiffons ou de mots, toutes choses qui consti-tuent « l'oxygène » des hommes pour reprendre une métaphore développée par le philo-sophe J. Schlanger. Simuler ne consiste pas uniquement à travestir, cacher la réalité, trom-per l'autre. Il s'agit parfois de représenter une réalité inconnue, soit parce qu'elle est à venir, soit parce qu'elle est inaccessible du fait de l'état d'avancement des connaissances ou du fait des tabous, croyances ou mythes (le corps humain à l'ère médiévale, par exemple). La simulation est une manière alors de mettre chacun et chaque chose à sa place, ou pour le moins en lieu, place, rôle et moment que l'on imagine être « justes » et de façon à approcher, peut-être apprivoiser, une réalité inconnue, un peu à la manière d'une « générale » de pièce de théâtre. Cette simulation prend alors la forme d'un immen-se jeu de rôle.

4. LES JEUX DE RÔLE

Comme la psychothérapie de groupe et le psychodrame, le jeu de rôle est dû au socio-logue et médecin psychiatre autrichien Jacob-Lévy Moreno (1889-1974). Son idée de « *l'homme comme acteur en situation* », agissant ou agi sur la scène de la vie quotidienne, idée-mère du jeu de rôle et du psychodrame, date des années 1917-1921.

A. Les jeux de rôle à visée analytique

Un jeu de rôle consiste « *à faire jouer par le protagoniste un des rôles qu'il tient dans la vie quotidienne. Il sera aidé par d'autres membres du groupe qui tiendront, sur ses indica-tions, les rôles que jouent, dans la vie quotidienne, des membres de son entourage* »[14] .

Dans les jeux de rôle l'on « joue » (au sens de jeu d'acteur) sans costume, sans accessoire. On joue – tel que l'on est – sans fard ni grimage, sans « faux semblant », sans habit de moine, sans recours à la convention théâtrale. On « joue » également le « tout-venant », le présent comme le passé, l'ordinaire comme l'extraordinaire, le facile comme le difficile, le gai comme l'irritant, le mystérieux comme l'évident ou le banal. Il n'y a pas de tri de scénario ou de scripts.

Une telle conception oriente malgré tout le jeu de rôle vers des visées analytiques, voire thérapeutiques, au point qu'il puisse se confondre avec le psychodrame, lequel est défini par Piéron comme étant « *une technique thérapeutique utilisant l'improvisation de scènes dramatiques, sur un thème donné, par un groupe de sujets (enfants ou adultes) présentant des troubles nerveux analogues* »[15].

A. Ancelin-Schützenberger, l'introductrice du jeu de rôle et du psychodrame en Europe, en 1953, explique :

« *Il suffit d'observer Monsieur Dupont attraper un subordonné, être aimable, voire obsé-quieux avec un client, "filer doux" devant sa femme, se comporter en enfant devant sa mère, ou bomber le torse avec une jolie femme dans une réception, pour bien comprendre que Moreno a raison de dire que nous portons en nous des rôles différents, actuels, passés ou potentiels, et qui se réactivent selon les circonstances, les groupes et les interlocuteurs, au point que certains êtres en deviennent méconnaissables. Le jeu de rôle, le psychodrame, c'est tout simplement expliciter ces divers rôles, soit dans le "souvenir vivant" d'une scène, soit dans la reconstitution d'un traumatisme passé, d'un choc, d'une situation où on n'a pas*

---

14. FONTAINE Jean-Claude, *Le Jeu de rôle et la simulation dans l'enseignement des langues étrangères*, CELE/UNAM, Mexico, 1980.
15. PIERON, *Vocabulaire de la psychologie*. PUF, Paris, 1968.

su trouver la bonne réponse, où on a "réagi bêtement"… , soit au contraire dans un scénario qui n'a pas encore eu lieu : un examen, un mariage, un entretien difficile, un changement de ville, une entrée dans la vie professionnelle, un changement d'âge, et que l'on "vit" comme "projection dans le futur" »[16].

B. Les jeux de rôle à visée pédagogique

Le jeu de rôle est aujourd'hui au moins autant utilisé en situation pédagogique et à des fins d'expression-communication qu'en situation thérapeutique. La définition qu'on peut en donner alors est singulièrement démarquée de toute préoccupation psychologique. Ainsi pour Taylor et Walford, *« le jeu de rôle est fondé sur l'improvisation spontanée des participants quand ils ont été placés dans une situation hypothétique »*[17].

▶ *Le jeu de rôle dans la classe*

Le jeu de rôle est alors en fait une simulation simple où les joueurs se limitent à prendre une identité fictive et à agir de la façon la plus crédible et la plus authentique qui soit sous couvert de cette identité.

Tout peut se produire dans un jeu de rôle car il en va de l'inspiration et du jugement de chaque participant. Il n'y a pas toujours de canevas de situations, de contraintes ou consignes de jeu. Il n'y a en général aucune préparation et les participants sont libres de se comporter comme ils le jugent bon : ils peuvent se laisser aller à leurs émotions, impulsions, passions, s'enflammer en discours passionnés ou au contraire se murer dans un silence pesant, s'élever avec violence contre un fait ou une personne.

Jusqu'à ces dernières années, les jeux de rôle observés dans les classes de langue restaient souvent pauvres, décevants, fantomatiques, comme suspendus dans le vide. En effet, rares étaient les enseignants qui prenaient le temps de fonder les situations, l'environnement et l'épaisseur biographique et psychologique des personnages par un vrai travail de préparation. En l'absence de telles fondations, les dialogues tournent à vide, les acteurs versent dans la stéréotypie, le lieu commun désolant ou l'invraisemblance.

Aujourd'hui tous les manuels fournissent des indications pour préparer le jeu de rôle proposé : déroulement, cadre, identités mais aussi dispositif d'animation et méthodes d'organisation du travail en groupe. On peut même imaginer qu'un enseignant, soucieux de coordonner les différents jeux de rôle et de les « établir » par une préparation écrite rigoureuse, en arrive tout naturellement à s'engager sur la voie de la simulation globale.

▶ *Le jeu de rôle dans la simulation*

Pourtant la simulation n'est pas uniquement un vaste jeu de rôle « pédagogique » (et encore moins thérapeutique) même si elle a une dette importante envers lui et même si un montage envisageable – mais jamais vu – pourrait consister en un chaînage de jeux de rôle dont on écrirait les « minutes » de façon à pouvoir ensuite les travailler dans l'optique d'une production plus ou moins littéraire.

La simulation globale offre l'avantage de passer par le fondement de l'écrit, de faire préparer les jeux de rôle éventuels par une série d'activités écrites permettant de donner une épaisseur et une mémoire aux personnages et situations. De la sorte, lorsqu'un apprenant est conduit à entrer en interaction lors d'un jeu de rôle, il est soutenu par un travail d'écriture préalable qui lui donne les traces d'une histoire individuelle et collective à partir d'une collection de textes de dimensions, d'inspirations et de genres différents.

Les propositions de « canevas d'invention » exposées au chapitre suivant font apparaître une synergie indispensable entre les activités d'expression écrite et orale, condition nécessaire pour atteindre un équilibre de l'apprentissage.

16. *Ibid.*
17. TAYLOR J.-L., WALFORD R., *Les Jeux de simulation à l'école*, Paris, Casterman, E.3, 1976, 199 p.

C H A P I T R E

3

LES CANEVAS D'INVENTION

PRÉAMBULE

De très nombreux canevas d'invention ont été imaginés depuis vingt ans. Par souci de clarification il est possible d'établir quelques <u>grandes classes de simulations globales</u>, comme on le verra p. 63, même si aucune des catégories dans lesquelles nous rangerons telle ou telle des simulations n'est véritablement prescriptive.

Nous avons voulu distinguer ainsi :
– les simulations globales destinées à un apprentissage général de la langue de celles destinées à un apprentissage professionnel ;
– les simulations globales fixes, statiques, ancrées dans leur espace-temps de celles qui sont itinérantes et dont l'environnement varie.

▶ ▶ ▶ ■ A. Le choix du type de simulation

Le choix du type de simulation globale dépend du type de travail que l'enseignant veut faire avec ses élèves : se projeter dans un ailleurs spatio-temporel par la puissance de l'imaginaire ou au contraire travailler sur les représentations qu'ils peuvent avoir d'une réalité qu'ils connaissent plus ou moins. On est alors devant quatre types d'univers possibles :
– Temps de l'apprenant/hors-espace de l'apprenant

▷ *Exemple : un élève citadin espagnol imagine la vie dans un village contemporain français.*

– Temps de l'apprenant/espace de l'apprenant

▷ *Exemple : un élève habitant un village espagnol imagine la vie dans un village contemporain français.*

– Espace de l'apprenant /hors-temps de l'apprenant

▷ *Exemple : un élève habitant un village espagnol imagine la vie dans un village français du Moyen Âge ou du XXIe siècle.*

– Hors-temps de l'apprenant /hors-espace de l'apprenant

▷ *Exemple : un élève habitant un village espagnol imagine la vie dans une île du XIXe siècle.*

De la même manière qu'il est loisible à un enseignant de situer sa simulation dans un espace connu (les élèves habitent une île et décident d'inventer une autre île) ou inconnu (les élèves habitent dans des immeubles et choisissent d'inventer un village) ; de la même manière qu'il lui est loisible de choisir l'époque où se déroulera la simulation (Présent, Passé, Futur) et de s'établir à Montigny-Lengrain, village de l'Aisne, à Ungersheim en Alsace (village écomusée), à Montaillou, village occitan, de construire un village orbital, un immeuble des Rougon-Macquart, de dériver dans l'Uchronie et de refaire l'Histoire (l'histoire de Louis XVI à Varennes, par exemple), il lui est possible d'ignorer les recommandations dans la mesure où elles n'ont qu'une valeur relative. Après tout rien n'empêche d'imaginer une île itinérante (qui serait à la dérive), un village fantôme, un hôtel intergalactique, une conférence des oiseaux (comme Aristophane), un hôpital ambulant. Tout peut exister, ou doit pouvoir exister tant la réalité n'est pas réaliste.

►►► ■ B. Tableau récapitulatif des simulations proposées

p. 63

Nous proposons ci-dessous un tableau récapitulatif des différentes simulations exposées par la suite, ceci afin de faciliter la lecture des « canevas d'invention ». Celui-ci présente les conditions d'utilisation généralement recommandées pour les simulations globales. Néanmoins, il ne faut jamais perdre de vue qu'il n'y a là aucune prescription absolue, et qu'une réflexion sur une typologie possible s'impose avant de se lancer dans une simulation.

Tableau 1 ▼

	PUBLIC		TYPE D'ENSEIGNEMENT			DOMINANTE				CADRE	
	Pour enfants	Pour adultes	FLM et FLE	Professionnel	Non professionnel	Réaliste	Imaginaire	Fixe	Itinérante	Cadre de l'apprenant	Hors cadre de l'apprenant
Le Village	✗	✗	✗		✗	✗	✗	✗		✗	✗
Îles	✗	✗	✗		✗		✗	✗			✗
L'Immeuble	✗	✗	✗		✗	✗		✗		✗	✗
Le Cirque	✗		✗		✗		✗	✗	✗		✗
L'Expédition	✗	✗	✗		✗		✗		✗		✗
La Croisière		✗	✗		✗		✗		✗		✗
L'Hôpital		✗	✗	✗		✗		✗			✗
L'Hôtel		✗	✗	✗		✗		✗			✗
L'Entreprise		✗	✗	✗		✗		✗		✗	
La Conférence		✗	✗	✗		✗		✗		✗	

►►► ■ C. Le déroulement type d'une simulation ou « canevas d'invention »

Il est également possible d'établir :
– les grandes phases d'un déroulement de canevas d'invention « standard » d'une simulation globale ;
– les recommandations pour chacune d'elles en terme de volume horaire pour un public et pour un niveau donnés.

Une simulation globale comporte ainsi :
1. une phase d'établissement de l'environnement et de décor du lieu-thème ;
2. une phase d'établissement des identités fictives ;
3. une phase d'interactions ordinaires ;
4. une phase qui donne une « épaisseur historique et sociogrammatique » au lieu par des traces écrites ;
5. une phase qui fait intervenir des événements et des incidents dans le courant de la simulation.

Cependant, il ne faut pas voir dans ces enchaînements et propositions des prescriptions incontournables. En effet, certaines exceptions peuvent être apportées à la règle du fait de la nature de la simulation : on pourra commencer ÎLES par la phase « identités fictives » par exemple ; ou, du fait d'un choix délibéré fait par l'animateur, on pourra également préférer débuter L'HÔTEL, par l'exemple, par une phase « identités fictives » si l'on part du principe qu'un groupe d'amis a gagné le gros lot et qu'il cherchera ensuite son hôtel à investir ou à inventer.

Il est à noter que les activités peuvent s'organiser de façon dynamique en s'articulant les unes avec les autres ou en s'intercalant : très tôt, par exemple, peuvent apparaître des événements, des incidents ou des interactions, ceci dépendant des besoins du public et de la durée choisie.

Ces données peuvent être projetées sur un tableau simple.

Les cinq unités fondamentales pour un parcours de simulation globale.

Proposition pour une durée de 40 heures.

Tableau 2 ▼

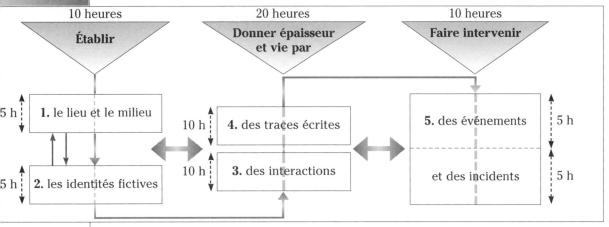

D. La durée d'une simulation globale

Il est très difficile de prendre en compte la diversité des situations d'enseignement et de conseiller de développer telle ou telle simulation globale sur tel nombre de séances plutôt que sur tel autre.

De nombreux paramètres viennent, en effet, transformer les données du problème : niveau des apprenants, durée et périodicité des séances, situation intensive ou extensive de l'apprentissage, créativité et enthousiasme des participants, habileté de l'enseignant à manier certaines techniques d'animation, séparation ou, au contraire, intégration des phases d'apprentissage de la langue et celles propres à l'invention…

Toutefois, si l'on considère qu'un enseignant dispose d'une quarantaine d'heures pour faire vivre une simulation globale – que ce soit sur une semaine intensive ou sur quelques heures par mois – le tableau *supra* donnera une idée des grandes masses horaires qu'il peut consacrer à chaque phase. Mais si cinq heures sont nécessaires pour « planter le décor » et autant pour « inventer des identités fictives », rien n'empêchera de casser ces deux phases d'installation un peu statiques pour des élèves ayant envie de passer à l'action, en instillant déjà quelques heures consacrées à des interactions ou à des incidents venant enrichir l'histoire, dès le départ. Ces possibilités sont figurées sur le tableau *supra* par les grosses flèches grises (↔).

E. Derniers avertissements

Comme nous l'avons largement souligné, les canevas d'invention proposés ici sont simplement des chaînes de propositions d'activités très ouvertes. Elles ne sont, en réalité, que la partie émergée de l'iceberg tant la latitude des enseignants et des élèves est grande

une fois que les deux premières phases ont été contruites : construction du milieu, construction des identités fictives.

Ces canevas d'invention sont donc des canevas à broder qui laissent la porte ouverte à d'autres activités. Ils ne doivent pas laisser penser qu'ils proposent une méthodologie sans place pour l'initiative ou l'imaginaire. C'est même tout le contraire : la quantité et la nature des activités ne trouvent leurs bornes que dans les limites des imaginaires des élèves et des enseignants. Sans doute les démarches sont-elles finies dans leur nombre ; mais le recours d'une part aux <u>techniques d'animation</u>, d'autre part aux mille et une choses susceptibles de survenir dans le lieu-thème choisi (qui au fond est un pan de réalité), font que, de deux simulations, aucune ne ressemblera véritablement à l'autre, et que les activités susceptibles d'être proposées sont quasiment illimitées par le jeu des combinatoires.

p. 109

A

CANEVAS D'INVENTION
DE SIMULATIONS GLOBALES FIXES

1. LE VILLAGE

Le village est un lieu clos privilégié pour accueillir une simulation globale. C'est ainsi que des élèves pourront prendre leurs quartiers dans un village (français à l'existence avérée ou fictive) qu'ils imagineront ou inventeront selon qu'on leur proposera une terre vierge ou au contraire un territoire déjà façonné par la main de l'homme.

Mais attention : l'on n'a pas le même genre de vie – aussi l'on ne connaît pas les mêmes développements dramatiques – suivant que l'on est installé dans un village de haute montagne ou dans un village de plaine, suivant que l'on a des ressources en sous-sol ou que l'on est un port de pêche, suivant que le climat est continental ou océanique, etc. Il est essentiel de créer un village cohérent.

L'enchaînement des activités d'une simulation VILLAGE est généralement le suivant :

▶▶▶ ■

A. Première phase : établir le lieu et le milieu

Invention de l'espace. Délimitation du cadre physique de l'environnement.

1. Établissement du <u>dessin du village</u> (Doc. 1, page 30), de son lieu d'implantation, de sa topographie, de sa géographie, de sa géologie et donc de ses ressources naturelles.
Hypothèses sur la nature des lieux, la configuration générale du village et son environnement économique.

> Doc. 1

    ▷ *Désignation du site en pointant au hasard un village sur la carte de France ou remue-méninges ou débat de groupe.*
    ▷ *Établissement du relief grâce à la technique du <u>carré de 64 cases</u>.*
    ▷ *Expression orale de groupe.*
    ▷ *Capacité à argumenter sur les avantages et les inconvénients du site.*

pp. 134 135

2. Hypothèses sur le climat dont bénéficie le village :
a) qualification des quatre saisons ;
b) températures minimales et maximales ;
c) régime des vents ;
d) éventuels événements microclimatiques propres au village avec dates, périodicité du phénomène, explication.

3. Recherche d'un nom pour le village et d'un nom pour désigner les villageois.
    ▷ *Réfléchir aux <u>modes de formation des noms</u>. Négocier.*

p. 125

4. Choix d'un élément repère : désignation d'une zone dite case spéciale (ou case S), lieu chargé d'Histoire ou d'histoires, de mythes, voire de fantasmes, de phénomènes scientifiques ou paranormaux.

Hypothèses faites par le groupe sur la nature de cette case spéciale.

B. Deuxième phase : établir les identités fictives

pp. 83 97 140

1. <u>Attribution ou tirage au sort</u> des tranches d'âge et des sexes suivant les proportions suivantes :
– sexes : 60 % de femmes ; 40 % d'hommes ;
– nationalités : 90 % de Français ; 10 % d'étrangers ;
– âges : 20 % de moins de 18 ans ;
       30 % de 18 à 35 ans,
       30 % de 35 à 60 ans,
       20 % de plus de 60 ans.

2. Constitution des identités fictives par :
a) l'écriture d'une fiche d'état civil administrative : nom, prénom, surnom ou diminutif, date et lieu de naissance, nationalité, situation de famille, adresse ;

p. 129

    ▷ *Expression écrite à partir de documents authentiques (cartes d'identité) et à partir de textes littéraires (portraits, biographies) ou <u>matrices discursives</u>.*

Doc. 2

b) l'écriture d'une *<u>fiche établissant les grands traits de la personne</u>* (Doc. 2, page 30) : deux particularités physiques, deux caractéristiques morales, psychologiques ou intellectuelles, deux objets importants auxquels la personne est très attachée (avec explication des raisons de cet attachement) ; deux événements marquants de sa vie (avec explication de l'importance et des conséquences de chacun de ces événements) ; une devise (éventuellement un <u>blason</u>) ; une rumeur, un ragot, un racontar, un potin, une médisance, un on-dit la concernant.

p. 133

    ▷ *Rédaction individuelle ou croisée avec restitution à l'oral.*

p. 141

3. <u>Tirage au sort des professions</u> de chacun dans un corpus de professions reconnues pour essentielles, secondaires ou annexes à la vie et donc à l'animation d'un village.
– *Professions essentielles :* boulanger ; épicier ; responsable du culte ; instituteur ; gendarme ou garde-champêtre ; facteur ; agriculteur ; vigneron ; patron de café ; médecin.
– *Professions secondaires :* patron d'hôtel ; pharmacien ; pêcheur ; éleveur ; vétérinaire ; maçon ; menuisier ou croque-mort ; coiffeur ; garagiste ; mécanicien.
– *Professions annexes :* artiste (musicien, sculpteur, peintre, acteur, etc.) ; chauffeur de taxi et/ou ambulancier ; écrivain ; pâtissier ; quincaillier ; droguiste ; cordonnier ; électricien ; plombier ; avocat ou notaire ou juge ; bonne d'enfants ou femme de ménage ; boucher ; charcutier ; employé de l'administration ou de l'EDF (ou SNCF) ; chômeur ; voyant(e) ; moniteur de sports ; entraîneur de l'équipe locale ; commerçant (en dehors de l'alimentation) ; apprenti (mécano) ; savant ; industriel ; charpentier ; couvreur ; rentier ; enseignant suppléant ; etc.

    ▷ *Suivant le nombre de participants, l'on puisera dans la première, deuxième et troisième listes, en prévoyant éventuellement des professions en* bis repetita *(notamment celles d'agriculteur-éleveur-vigneron).*

p. 141

    ▷ *À ce stade, l'animateur pourra indiquer, en secret, à l'un des participants, que son identité jusqu'alors constituée est une <u>fausse identité</u>, qu'il cache son identité pour une raison ou pour une autre et qu'il ne doit évidemment la révéler à personne : espion, agent secret, journaliste ou détective venu enquêter sur une affaire mystérieuse, écrivain ou artiste de renom souhaitant passer incognito, prospecteur venu acheter des terrains à bas prix, etc. À lui de décider et d'imaginer sa « vraie identité fictive ».*

Dessin d'Emmanuel Rey.

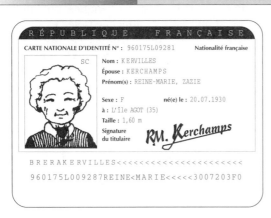

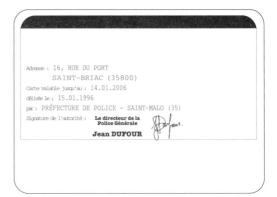

Renseignements divers

➤ Situation de famille : Mariée à Guillaume Kerchamps.

➤ Nombre d'enfants : 3

➤ Caractéristiques physiques : Bégaie lorsqu'elle est émue ; longue cicatrice sur le bras gauche.

➤ Caractéristiques morales : Têtue, romantique.

➤ Objets :
• Machine à écrire, premier cadeau de Guillaume, comme preuve de son amour, pour qu'elle puisse dactylographier ses nouvelles (1950).
• Boule de cristal héritée de Delphine de la Jonquière.

➤ Événements marquants :
• Disparition de Delphine de la Jonquière, amie d'enfance, voyante et confidente.
• Publication de son premier roman *Le Sceau de beauté* (1975).

➤ Devise : *« Tout ce qui ne me tue pas me fortifie… »*, Nietzsche.

➤ Rumeur : Partirait chercher l'inspiration toutes les nuits, sur le port, avec sa boule de cristal.

4. Écriture de biographies et/ou de portraits des villageois.

> *Rédaction individuelle ou croisée, avec restitution à l'oral pour recenser la population du village puis restitution des ragots, rumeurs, potins, commérages.*

> *Imitation de textes, piratage, enrichissement de textes* (cf. p. 30).

5. Production de textes intimistes :
– collection de souvenirs à la manière de Georges Perec dans *Je me souviens* ;
– testaments, confessions ;
– lettres (*cf.* matrice de lettres).

6. Détermination des héritages possibles de chaque villageois.

> *Tirage au sort dans une liste préparée par l'animateur ou par les participants.*

Exemple d'héritages possibles : un château en ruines, une boule de cristal, un milliard de centimes, une bague, un manuscrit du *Décaméron* de Boccace, une terre cultivable, une entreprise de roulement à billes, un magasin de vêtements, un immeuble haussmannien à Paris, des dettes considérables, une voiture ancienne, une gare désaffectée, un moulin, un étang, un pré, un œil de verre, un champ de blé, un troupeau de moutons, un perroquet logorrhéique.

7. Mémorisation des identités (prénom, nom, profession).

> *Pour mémoriser les identités de chacun, l'on proposera soit un jeu de mémoire (chacun à tour de rôle décline son identité après avoir décliné celles de ceux qui l'ont précédé dans le jeu), soit un jeu de balle (chacun lance le prénom et le nom de la personne à qui il envoie la balle tandis que celle qui la reçoit dit le prénom et le nom de la personne qui la lui envoie) ou un jeu de rôle (la tournée du facteur).*

▶ ▶ ▶ ■ —— C. Troisième phase : interactions

> Donner vie au lieu.

1. Chacun va participer au modelage de l'environnement naturel en imaginant de façon raisonnée et en discutant de façon argumentée sur l'emplacement des sites importants pour la vie du village :
a) les terres des agriculteurs et des éleveurs, les vignes des vignerons ;
b) les lieux publics : mairie, école, lieu de culte, administration locale, poste, gare (SNCF ou routière), cimetière, monument aux morts, gendarmerie, salle des fêtes ou gymnase, hôpital, aéroport ;
c) les commerces à enseignes, les entreprises, les usines ;
d) les domiciles privés (voire les bâtiments abandonnés : château en ruines, usine désertée).

> *Choix individuel, tirage au sort ou négociation raisonnée du type d'habitat en fonction de la région d'implantation.*

2. En fonction de ces placements :
a) tracer les ponts et les chaussées ;
b) nommer les voies, places et lieux, en s'appuyant notamment sur les premiers éléments de l'histoire et de la géographie du village, voire de sa mythologie (case S) ou de sa climatologie.

> *Cette troisième phase – qui est ici en fait le prolongement de la première puisqu'il s'agit de continuer la construction du milieu – va se faire à partir de jeux de rôle, réunions-débats, rencontres, négociations, études de cas, récits, etc. Cela permettra de faire émerger des récits qui fondent les baptêmes de tel ou tel lieu, ou des histoires particulières qui justifient tel ou tel emplacement d'édifice.*

> *Mise en jeu de lexiques particuliers (géographie, topographie, agriculture, architecture, etc.) et activation des formes de la localisation.*

Document 3 ▼

HISTOIRE DU VILLAGE DE SAINT-BRIAC-SUR-MER

Nous sommes en 953, sur les rochers de la falaise. John O'Connor Peter Briac trébuche et tombe de fatigue sur les genoux. Il prie et il a une apparition. Celle-ci lui dit : « Construis une chapelle à cette place-là. » C'est la légende de la fondation de Saint-Briac.

Les premiers écrits qu'on peut lire sur notre village, datent de l'*anno domini 997*, parce que quelques personnes habitaient déjà là-bas, surtout des pirates avec des femmes « volées ». Briac sacrait les bateaux des pirates. C'est pourquoi ils venaient de plus en plus nombreux. Briac leur rendait un service extraordinaire. C'est ainsi que le village a grandi. Nos pirates sont entrés plus tard au service du roi Louis le Gros. Le plus courageux et glorieux, Pondbriac, a été anobli par le roi Philippe le Beau.

Document 4 ▼

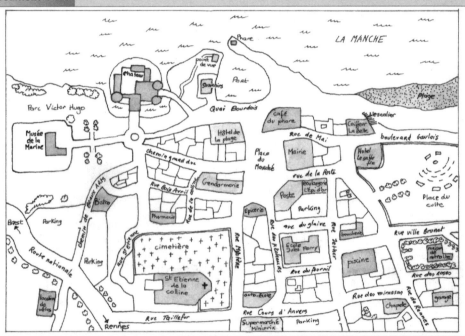

Document 5 ▼

LA SAINTAISE BRIACAISE

Allons enfants de Saint-Briac
les jours de fête sont arrivés.
Venez tous plac' de la mairie
pour fêter not' Saint bien-chéri,
pour fêter notre Saint bien-aimé.

On va s'amuser tous ensemble
jusqu'au lever du soleil.
N'hésitez pas à v'nir ce soir(e).
car l'occasion est tellement rare.

Refrain :
Aux verres, habitants !
Donnez-nous du vin blanc.
Buvons, buvons,
buvons cul sec
du vin et du chouchen, Saint-Briac !

Productions d'étudiants de l'université Karl Marx de Leipzig, en Allemagne (1993).

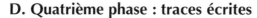

► ► ► ■

D. Quatrième phase : traces écrites

Donner de l'épaisseur au lieu.

On pourra proposer aux apprenants les activités suivantes d'expression écrite mobilisant des lexiques et des formes différenciées suivant les lieux de discours traités :

p. 129

1. Rédaction de <u>fiches botaniques</u> et zoologiques concernant la flore et la faune, notamment celles spécifiques au village.

▷ *On pourra dessiner des animaux ou des végétaux grâce à la technique surréaliste du « cadavre exquis » : chacun dessine à tour de rôle, et sans voir ce qui a été dessiné précédemment, une partie de l'animal ou du végétal.*

2. Rédaction de recettes de cuisine (ainsi que de boissons) propres au village.

Doc. 3

3. Rédaction d'une chronologie indiquant les grandes dates de <u>l'histoire du village</u>, (Doc. 3, page 32) de sa fondation à nos jours ; rédaction particulière d'un épisode célèbre (la prise de…, le serment des…, l'enlèvement des…, etc.) ainsi que de la biographie d'un personnage célèbre.

4. Rédaction de l'histoire de la case spéciale (case S) et éventuellement des particularités du culte local.

Doc. 4

5. Fabrication d'une <u>carte du village</u> (Doc. 4, page 32) établissant routes, ponts et chaussées avec table d'orientation et explications utiles, notamment pour ce qui concerne la géographie humaine.

6. Rédaction d'un petit lexique de mots, d'expressions, de proverbes, de maximes, de dictons, de sentences propres au village avec explications étymologiques ou contextuelles.

p. 125

▷ *On fera aussi rechercher des mots, des expressions ou des proverbes que l'on mélangera, ou mariera par la technique des « <u>mots-valises</u> » : français et anglais produisent « franglais » ; sportif et formidable produisent « spormidable » ; armoire et pantalon produisent « armalon » et « pantoire », etc.*

On peut aussi déformer les orthographes ou faire des à-peu-près : un « cafarnaüm », un « scribrouillard », « Un chien vaut mieux que deux kilos de rats » ; « Il ne faut pas mettre tous ses Œdipes dans le même Papa nié », etc.

7. Rédaction d'une petite monographie rendant compte des us, coutumes, traditions du village.

Doc. 5

8. Composition de *l'hymne du village* (Doc. 5, page 32), de chansons de circonstances, voire de cantiques.

9. Rédaction de textes de lois réglant la vie du village avec attendus, décrets d'application, peines, etc. : codes concernant l'hygiène et la sécurité des villageois, code de la route, code électoral, etc.

▷ *On pourra fournir des documents authentiques (fiches botaniques ou zoologiques ; textes de lois, etc.) que les participants s'emploieront à « pirater » et détourner pour les besoins de la cause.*

10. Rédaction concernant les moments de la vie ordinaire (ou extraordinaire) du village.
– Qui fait quoi, tel jour à telle heure ?
– Qu'est-ce que l'on sent, entend, voit, éprouve le lundi matin à 5 heures en hiver, le dimanche après-midi à 16 heures en été ? etc.

11. Description des architectures locales (extérieures ou intérieures).

Doc. 6

12. Rédaction d'une courte monographie présentant des hypothèses sur *l'étymologie du nom du village*, une typologie physique et caractérielle des villageois, *une devise et un blason du village* (Doc. 6, page 34).

UN PEU D'ÉTYMOLOGIE

Ce gros bourg doit son nom à l'association de deux mots d'origine latine : *vol* (voler) et *canos* (chien).

On raconte que lors de l'invasion Itagnole, peuplade barbare, venant des îles du sud de la mer de Médicieljour, des chiens volants ont atterri sur le volcan pour prévenir les villageois du danger imminent qui les menaçait. Ces chiens pouvaient voler grâce à leurs queues plates en forme d'hélices. En effet, celles-ci tournoyantes permettaient aux chiens de prendre leur envol. Le terme « plate queue » fut donc ajouté à celui de Volcanos et avec le temps, la prononciation des gens du bourg déforma le mot en flaque...

C'est donc à cette époque troublée et trouble que naquit le bourg de VOLCANOS-LES-FLAQUES.

Si l'explication du terme Volcanos reste communément admise, il n'en est pas de même pour le terme de Flaques. En effet, celui-ci proviendrait plus simplement des retenues d'eaux ferrugineuses se formant dans le creux du volcan : les Flaques.

Production d'étudiants du CELSA (1992).

BRIACINES, BRIACINS, MES CHERS COMPATRIOTES

VOUS CONNAISSEZ TOUS

MON ACTION : ELLE A ÉTÉ *brillante*
MON PASSÉ : IL EST TOUT *entier glorieux*
MES ENGAGEMENTS : ILS SONT *rayonnants*
MA FOI EN L'AVENIR : ELLE EST *lumineuse*
MES OPINIONS : ELLES SONT *simples*

IL EST INUTILE DE DIRE QUE LE PROGRAMME DE MON ADVERSAIRE... EST *comme la situation*
Il est catastrophique

NE VOUS LAISSEZ PAS
ABUSER, ENDORMIR, DÉTROUSSER PAR *les coquins et les malins.*

IL FAUT ABSOLUMENT
RÉORGANISER *les services municipaux*
RECRÉER *une vie sociale animée*
RÉIMPLANTER *des entreprises créatives*

SI JE SUIS ÉLU, JE M'ENGAGE À :

TOUT FAIRE POUR QUE SAINT-BRIAC REDEVIENNE *le soleil de la région.*

MES CHERS COMPATRIOTES, MES AMIS, BRIACINES, BRIACINS,
QUAND VOUS GLISSEREZ VOTRE BULLETIN DANS L'URNE,

PENSEZ EN VOTRE ÂME ET CONSCIENCE QUE
Saint-Briac peut revivre avec moi !
VIVE LA RÉPUBLIQUE ! VIVE SAINT-BRIAC !
Jean Tournesol
Votez pour le soleil de Saint-Briac.

13. Description d'un sport local avec règlement et éventuellement compte rendu d'une finale particulièrement glorieuse.

14. Rédaction d'un conte ou d'une légende propres au village (éventuellement sur le mode du « manuscrit retrouvé »).

15. Fabrication d'un dépliant touristique :
– reprenant l'essentiel des informations indiquées ci-dessus ;
– présentant les curiosités (châteaux, monuments, lieux à visiter, les spécialités du pays, les fêtes et manifestations à ne pas manquer) ;
– faisant état des heures d'ouverture des commerces, administration, lieu de culte ;
– présentant des publicités locales (pour L'HÔTEL ou L'ENTREPRISE, par exemple) ou passant des petites annonces.

▷ *Il est bien évidemment possible de regrouper ou de dédoubler les tâches, l'essentiel étant que chaque groupe tienne table ouverte de façon que chacun puisse disposer à tout moment d'informations lui permettant de faire progresser son propre travail.*
Ce principe de transparence a pour fonction de décloisonner les activités et de faire prendre conscience qu'il ne peut y avoir construction qu'à la condition que chacun œuvre pour le bien commun dans une logique d'entraide mutuelle et non de rétention d'informations ou de compétition malsaine, comme c'est trop souvent le cas à l'école.
Le travail en sous-groupes est suivi :
1. d'une restitution en grand groupe ;
2. d'un retour en sous-groupes pour peaufinage des travaux dans l'optique d'une mise en cohérence des différentes propositions (ajouts, gommages, emprunts) ;
3. d'un *archivage des productions*.

p. 112

▷ *Il conviendra de veiller à la présentation matérielle des textes produits pour permettre leur bonne reproduction : marge suffisante pour la pince de la reliure, encre noire pour la photocopie.*
Dès le début de la simulation, on aura avantage à prévenir les apprenants du projet de « publication » d'un recueil collectif : ils seront en effet plus exigeants et plus vigilants sur des questions de style, de lisibilité, d'orthographe et de présentation.

▷ *Une motivation supplémentaire peut se trouver dans le réalisme exigé de certaines « inventions ». C'est ainsi que l'on pourra :*
– faire exécuter les recettes de cuisine données comme étant les spécialités du village ou déguster les boissons locales ;
– chanter ensemble (et debout !) l'hymne du village ;
– jouer au sport en vogue dans le pays ;
– représenter certaines cérémonies, fêtes ou rites ;
– passer de l'écriture à l'oralisation de l'écrit, voire à sa mise en scène : la rédaction du dépliant touristique pourra ainsi donner lieu à une présentation du village par un guide.

▶ ▶ ▶ ■ **E. Cinquième phase : événements et incidents**

Cette phase permet de développer la capacité à réagir, en imaginant puis en préparant rapidement des discours écrits ou oraux pour répondre au surgissement d'un événement particulier ou pour répondre à l'actualité.
Voici quelques exemples :

1. Un événement particulier : une histoire d'amour dont les protagonistes sont des habitants du village et dont on écrira le roman.
a) Choix des protagonistes (par tirage au sort le plus souvent) et explicitation de leurs profils par une lecture des fiches d'identité et biographies les concernant.
b) Inventaire des contraintes formelles à respecter :

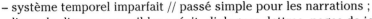

– système temporel imparfait // passé simple pour les narrations ;
– lieux de discours possibles : récit, dialogues, lettres, pages de journaux intimes ou de voyages, articles de journaux, écrits fonctionnels, poèmes ;
– attribution de titres aux chapitres présentés ainsi que de citations réelles ou fictives en exergue.

p. 129

c) Prise de connaissance de la <u>matrice de roman d'amour</u> proposée.
d) Tirage au sort par chacun du numéro de chapitre à écrire.
e) Écriture.
f) Lecture de chaque chapitre en grand groupe.
g) Travail de peaufinage des textes.
h) Recherche collective d'un titre pour le roman.
i) Archivage des productions.
j) Écriture d'une quatrième de couverture du roman, d'une critique littéraire.

2. Un événement à la « Une » de l'actualité : les élections municipales.
Production de <u>tracts</u> (Doc. 7, page 34), publicités ou programmes politiques, discours de meetings électoraux, lettres anonymes, etc.

Doc. 7

a) Constitution de partis ou mouvements politiques (nom, sigle, slogan, formules).
b) Organisation de primaires à l'intérieur de chaque parti et production de tracts, discours, affiches.
c) Discours des candidats devant les villageois.
d) Élection.
e) Remerciements du maire ; constitution de l'équipe municipale et prise des premières mesures.
f) Simulation d'une réunion du conseil municipal pour débattre d'une grande question concernant les intérêts des villageois : construction d'un aéroport, d'une autoroute, d'une centrale nucléaire ; recrutement d'un nouveau garde-champêtre ou directeur d'école ; établissement d'une fête commémorative, aménagement d'un lotissement, d'une piscine, problèmes posés par le remembrement, la politique de l'emploi, l'insertion des jeunes au village, etc.
g) Couverture journalistique de toute l'élection par un journaliste de la majorité et un autre de l'opposition : reportages, interviews, articles…

3. Un incident : un vol, un crime, un attentat.
Il s'agit d'enquêter et de résoudre une énigme policière qui bouleverse la quiétude de la vie du village en découvrant la personne qui cache sa véritable identité pour savoir si elle n'est pas liée de façon quelconque aux exactions en cours.
Cette activité peut donner lieu à :
– une interrogation des témoins, victimes, suspects ;
– des procès-verbaux de gendarmerie ;
– des articles dans la presse locale (pour ou contre la majorité municipale) ;
– des pages de journaux intimes ;
– des lettres racontant les faits à des amis ;
– des lettres anonymes de dénonciation ;
– des reportages sur les lieux ;
– une simulation de procès avec comparution des inculpés, des témoins à charge et des témoins à décharge, puis plaidoiries des avocats de l'accusation et de la défense, délibération des jurés, verdict, déclarations à la presse, etc.[18]

4. D'autres événements et incidents possibles survenus au village et donnant lieu à des productions de textes, de discours ou de jeux de rôle.
– *Exemples d'événements* : les moissons, les vendanges, le passage du rémouleur, le

18. CHARRIÈRE Patrick, « Le Procès de Montaigne », *Le Français dans le monde*, n° 203, août-septembre 1986.

passage du tour de France, le 14 Juillet, le jour de l'An, la Saint-Martin, l'installation du cirque ou d'un camp de gitans, etc.

– *Exemples d'incidents :* Monsieur le curé se casse la jambe, un accident de la circulation, visite impromptue du ministre des Armées, la femme du boulanger s'enfuit, un incendie au moulin, vol à l'étalage, disparitions inexpliquées, querelle de mitoyenneté à propos d'un pommier dont les branches retombent dans le terrain voisin ; un voisin en accuse un autre d'avoir empoisonné l'eau de son étang, des vaches ont été intoxiquées ; des poissons sont morts ; c'est la sécheresse soudaine, un paysan n'a plus d'eau dans sa citerne, il demande à son voisin de lui permettre de tirer l'eau de son puits ; la source alimentant la fontaine du village s'est soudainement tarie : mauvais sort, sabotage, catastrophe naturelle ? les villageois s'attroupent et s'interrogent ; un villageois découvre de façon inattendue une richesse naturelle ; retour au village d'un enfant du pays trente ans plus tard (mais n'est-ce pas un imposteur ?).

Les lieux de discours pourront être des récits, des articles de journaux, des reportages radiophoniques, des lettres, des pages de journaux intimes, des scènes dialoguées, des poèmes, etc.

2. ÎLES

À la manière des naufragés de *Sa Majesté des Mouches* de William Golding ou de *Robinson Crusoé* de Daniel Defoe ou de *Vendredi ou la vie sauvage* de Michel Tournier, les élèves d'une classe débarquent sur une île. Le monde de l'île est un monde à explorer, à décrire, à nommer, à organiser, à administrer, un monde aussi dans lequel chacun doit prendre place et donc où tout est à faire, à inventer même, que ce soit la réalité concrète du monde environnant (faune, flore) et de ses objets (territoires, vestiges, traces) ou que ce soit la nature des relations humaines que l'on va initier, avec des questions d'établissement du mode social, de destins collectifs ou de trajectoires individuelles. L'ensemble de ces activités se mène en interagissant sous le couvert d'une identité fictive ; en étant capitaine ou lieutenant de vaisseau, mousse ou cuisinier, négociant en bestiaux ou cantatrice en partance pour Valparaiso, agent de sa Royale Majesté ou trafiquant d'armes, journaliste ou amoureux cherchant à oublier une passion, le tout aboutissant à un roman collectif, le grand roman de l'île.

« *Avec ÎLES, nous essayons d'échapper momentanément au réel en permettant aux élèves de refaire le monde à leur manière, d'imaginer un univers neuf si possible, sans rapport avec le monde connu. En inventant une faune, une flore nouvelles, ils construisent progressivement une île imaginaire sur laquelle ils vont, après avoir fait naufrage, s'installer et vivre, le temps de la simulation* »[19].

▶ ▶ ▶ ■ ## A. Première phase : établir les identités fictives

L'arrivée sur l'île.

1. Le réveil des rescapés du naufrage : découverte de leur situation, premières sensations et impressions.

   ▷ *Rédaction d'un journal intime.*

   ▷ *Rêve éveillé dirigé sur fond musical.*

2. Connaissance réciproque des naufragés : chacun se présente en se donnant une identité fictive (nom, nationalité, profession, âge, etc.) et évoque sa vie antérieure.

   ▷ *Présentation croisée, récits de vie.*

---

19. CARÉ J.-M., « Approche communicative : un second souffle ? », *Le Français dans le monde*, n° 226, p. 50.

Le chantipède

■ *Nom courant* : Chantipède.

■ *Nom savant* : *Chantis pedibus*.

■ *Famille* : Chantipédacteurs.

■ *Taille* :
corps : 2 mètres de long ;
pieds tentaculaires : 1 mètre chacun environ.

■ *Couleur* : bleu ; le mâle est de même couleur que sa femelle.

■ *Cri* : chant modulé du grave à l'aigu : Ji, Ja, Ju, Jo.

■ *Caractère* : doux et gentil.

■ *Particularité* : on l'utilise pour la surveillance et le contrôle de la pollution. Les modulations de son chant varient en fonction de l'état des eaux.

■ *Lieux où on le trouve* : le Chantipède peut habiter partout. En Europe, il abonde à côté des rivières, des lacs, des fontaines et des endroits où il y a de l'eau froide ou tiède. Il est élevé en troupeaux au bord des étangs.

■ *Maxime* : *Chantis est belis sympa*.

Constitution de l'île d'Ushuchistan

ARTICLE I — L'île d'Ushuchistan s'est démocratiquement constituée en Principauté depuis 1999.

ARTICLE II — Dans la principauté, tous les hommes naissent libres et égaux en droit ; mais ils sont indéniablement inférieurs aux femmes.

ARTICLE III — Par conséquent, ce sont deux Sérénissimes Consulesses qui décident du sort de la Principauté et de ses citoyens.

ARTICLE IV — Ces deux Sérénissimes Consulesses sont désignées chaque année au sein du grand Directoire D'Ushuchistan.

ARTICLE V — Sont membres de droit du Grand Directoire toutes les femmes d'Ushuchistan ayant atteint l'âge de 15 ans.

ARTICLE VI — Le Grand Directoire incarne le pouvoir législatif et judiciaire de la Principauté. Il est aidé dans ses travaux par un nombre variable de Commissions dont il décide lui-même la création en fonction de ses besoins.

ARTICLE VII — Peuvent être admis dans ces Commissions consultatives tous les hommes de la Principauté, âgés de plus de 15 ans et satisfaisant à un certain nombre de critères esthétiques et fonctionnels édictés chaque année par le Grand Directoire.

ARTICLE VIII — Le Grand Directoire siège tous les jours à l'heure du thé.

ARTICLE IX — Tous les membres du Grand Directoire reçoivent une indemnité compensatoire proportionnelle à leurs heures de présence.

ARTICLE X — En sus de cette indemnité, les deux Consulesses Sérénissimes reçoivent un Sérénissime salaire indexé sur la croissance ainsi qu'une Jaguar de fonction, une garde-robe complète chez le couturier de leur choix et un page choisi dans les petites classes de l'école mais qui ne doit pas manquer les cours pour autant.

ARTICLE XI — En cas de vacance du pouvoir, due à un décès ou à une histoire d'amour trop mouvementée, ou parce que l'une des deux Sérénissimes a pour raison d'État trop fait la fête la veille et ne peut décidément pas siéger, le Grand Directoire assure le pouvoir exécutif par interim avant de procéder, s'il l'estime nécessaire, à une réélection en son sein.

ARTICLE XII — En période de soldes, les séances du Grand Directoire sont suspendues. Seules les Commissions consultatives poursuivent leurs travaux.

Code pénal de l'île d'Ushuchistan

PEINE MAXIMALE : • Pour les hommes, condamnation à perpétuité à faire le ménage chez tous les membres du Grand Directoire.

• Pour les femmes, condamnation à être déchues de leurs droits civiques, exclues de la Principauté ou enrôlées de force dans l'armée selon la gravité de leur crime.

PEINE MÉDIANE : • Pour les hommes, condamnation pour 10 ans à servir le thé aux membres du Grand Directoire et à les accompagner dans les magasins en période de soldes. Faire les courses pour elles tous les jours.

• Pour les femmes, suppression des droits civiques pour 5 ans et de tous les avantages qui y sont attachés.

PEINE MINIMALE : • Pour les hommes, aller chercher pendant 3 ans les enfants à la sortie de l'école, les faire manger, leur faire prendre leur bain, jouer avec eux avant de les mettre au lit.

• Pour les femmes, obligation d'assister à toutes les séances du Grand Directoire en prenant des notes mais sans pouvoir ouvrir la bouche. Faire les soldes seules, ceci pendant un an.

Productions des étudiants du CELSA (1991).

B. Deuxième phase : établir le lieu et le milieu

L'exploration de l'île.

1. Établissement de la carte de l'île.

▷ *Emploi d'une technique aléatoire comme le cadavre exquis par exemple.*

2. Rédaction de <u>fiches</u> botaniques et <u>zoologiques</u> (Doc. 8, page 38).

▷ *Détournement de documents.*

3. Compte rendu consignant des informations sur le relief, la forme de la côte, les ressources et potentialités, le climat, d'éventuels vestiges ou signes de présence humaine.

4. Baptême de l'île et des différents sites.

▷ *Technique des « <u>mots-valises</u> », déformation de mots existants.*

C. Troisième phase : interactions

L'installation.

1. Inventaire des projets individuels et élaboration d'un premier projet collectif.

▷ *Exemples : l'un se chargera de l'approvisionnement en eau douce, l'autre du feu, etc. Le groupe aura pour projet de quitter l'île ; on construira donc une embarcation, on trouvera tous les moyens pour signaler le naufrage, etc.*

▷ *Expression orale, argumentation : chacun exprime où il désire s'installer, ce qu'il pense faire des objets récupérés et explique ses capacités et qualités.*

2. Discussion sur les décisions prioritaires à prendre et les moyens de les mettre en œuvre : signalement de sa présence, fabrication d'outils, recherche de nourriture, édification d'un habitat, etc.

3. Établissement d'une charte, d'une <u>constitution</u> (Doc. 9, page 38), d'un code pénal, des pouvoirs politiques, judiciaires et économiques.

▷ *Détournement de textes juridiques et politiques.*

4. Élection ou désignation des différents responsables de l'île.

5. Invention de jeux, sports, loisirs, usages et protocoles dont on fixe par écrit les règles.

6. Écriture de textes fondateurs : hymne, cantiques, chants guerriers, pacifiques, révolutionnaires, etc.

D. Quatrième phase : traces écrites

Découverte d'une civilisation disparue.

1. Premier inventaire des traces et données historiques.

2. Résolution d'énigmes posées par des messages cryptographiques, pictogrammes, alphabets, codes, etc.

▷ *Manipulation du dictionnaire pour rechercher des définitions ou des mots de même catégorie grammaticale.*

3. Reconstitution progressive des différents aspects de la civilisation disparue :
– dictons populaires, proverbes ;
– habitat (vestiges) ;
– religion, rites, mythes, fêtes, magie ;
– activités, attitudes, habitudes ;
– tables des lois, mœurs ;
– structures politique, économique, institutionnelle.

►►► ■ ## E. Cinquième phase : événements et incidents

Constructions dramatiques.

1. Écriture d'un roman d'amour concernant deux protagonistes.

2. Production de textes ou de jeux de rôle concernant des événements ou des incidents survenus au travail et dans la vie quotidienne.
Voici quelques idées :
Exemples d'événements : semailles, moissons, anniversaires de l'arrivée sur l'île, rites, fêtes religieuses ou laïques, etc.
Exemples d'incidents : catastrophe naturelle, vol, crime, arrivée d'un navire, prise de pouvoir, enlèvement, présence menaçante, conflit, découverte d'un objet ou d'un pouvoir magique ou surnaturel, découverte de ressources providentielles, malédiction, révolution (culturelle !), invention diabolique d'un savant fou, etc.

▷ *Expression écrite donnant lieu à différents types de textes : articles de journaux, reportages, comptes rendus d'exploration, lettres, testaments…*

La fin de l'île peut être traitée comme un événement (un bateau accoste) ou comme un incident (catastrophe, éruption, etc.).

3. L'IMMEUBLE

Les élèves d'une classe s'installent cette fois dans un immeuble (haussmanno-parisien, par exemple) en imaginant que chacun est locataire ou propriétaire d'un appartement et en vivant, par la procuration de la simulation, la vie d'un habitant de la capitale (ou d'une ville de province, bien sûr, si l'on a jeté son dévolu sur la province).
Une fois que le décor et les personnages sont plantés, tout est possible : aussi bien des événements ordinaires de la vie (rencontres dans l'escalier, emploi du temps d'une journée, d'un week-end, écriture de listes de courses, de lettres, etc.), que les événements extraordinaires (réunion de co-propriétaires, assemblée générale pour protester contre un projet immobilier voisin, visite d'un représentant de commerce ou d'un militant politique, etc.), voire d'incidents (vol, crime, incendie, inondation, etc.).
C'est la vie qui passe dans ses dimensions réalistes comme dans ses dimensions non réalistes ; une vie susceptible de devenir un roman collectif à la manière de *La Vie, mode d'emploi* de Georges Perec.
L'IMMEUBLE a été conçu pour permettre une approche réaliste de la civilisation urbaine française. Mais la réalité n'est pas réaliste et il y a autant d'imaginaire dans un immeuble que sur une île déserte. Les habitants d'un loft, d'une cité ouvrière, de corons du Nord ou d'un immeuble bourgeois peuvent dériver dans des folies surréalistes aussi bien que des naufragés.
La publication de Francis Debyser, en collaboration avec Francis Yaiche, *L'Immeuble* – parue aux Éditions Hachette en 1986 – présente un canevas détaillé ainsi que d'abondants documents et suggestions de techniques d'animation. Le lecteur pourra s'y reporter pour de plus amples détails.

►►► ■ ## A. Première phase : établir les identités fictives

Cette première phase de la simulation consiste essentiellement à attribuer des identités fictives, à répartir les habitants dans l'immeuble, bref à édifier ou construire ce que sera le cadre de vie de chacun. On postule que l'immeuble investi est un immeuble haussmannien de quatre étages de la fin du XIXe siècle et dont le plan est donné : il y a au rez-de-chaussée un deux-pièces, une loge de gardienne, un magasin et un petit deux-pièces ; au premier étage un quatre-pièces et un deux-pièces ; aux deuxième et troisième étages deux trois-pièces ; au quatrième étage trois chambres, un studio et un deux-pièces.

C'est la raison pour laquelle les deux premières phases peuvent être inversées.

Dans la première phase, les activités suivantes sont proposées :

1. Répartition des habitants et confection des identités fictives. Chaque participant se place dans l'un des logements proposés et décline son identité fictive : nom, prénom, âge, profession, situation de famille, etc.

2. Par la suite de la simulation globale, chacun sera appelé à donner de l'épaisseur à son personnage :
– en indiquant, par exemple, le type de véhicule qu'il utilise ;
– en composant éventuellement un message de répondeur téléphonique ;
– en faisant un jeu de rôle au téléphone ;
– en recherchant une photographie correspondant au personnage qu'il gère ;
– en écrivant sa biographie, etc.

B. Deuxième phase : établir le lieu et le milieu

1. Implantation et adresse de l'immeuble :
– choix du site : Paris ou ville de province ;
– choix de l'adresse.

> ▷ *Utilisation de documents authentiques : bottin, annuaire.*

2. Définition de la nature du magasin :
– choix du type de magasin et hypothèses sur les conséquences prévisibles : boulangerie, poissonnerie, imprimerie, banque, tabac, etc. ;
– choix d'un nom pour la boutique et dessin de l'enseigne ;
– description de la vitrine et des singularités : affichettes, petites annonces, etc.

3. Personnalisation de l'immeuble : on ajoute des détails, des couleurs…
– description de la façade de l'immeuble, de l'entrée, de la mitoyenneté, de l'environnement immédiat (petite rue populaire ou large avenue bordée de platanes) et de l'environnement général : commercial, social, urbain, politique, économique, etc. ;
– inventaire des inscriptions ou signes divers que l'on trouve sur les murs intérieurs ou extérieurs de l'immeuble : graffiti, affichages sauvages, avis, pancartes, règlements, petites annonces, etc. ;
– conception d'une affiche publicitaire apposée sur un pignon de l'immeuble (slogan, argument, dessin).

4. Description des intérieurs :
– des appartements : espaces, mobilier, objets, revêtements, etc. ;
– d'une pièce particulière de chaque appartement.

> ▷ *Écriture avec contraintes formelles : par exemple, une pièce où tout est noir et que l'on doit décrire sans jamais employer l'adjectif « noir ».*

> ▷ *Écriture de messages personnels laissés çà et là par les habitants de l'immeuble ou visiteurs.*

C. Troisième phase : interactions

La vie d'un immeuble est faite de communications : les gens se rencontrent, échangent des civilités ou des nouvelles, se rendent des services, mais parfois aussi se plaignent, disent du mal les uns des autres… C'est à chaque fois l'objet d'un jeu de rôle.

Extrait de *Les Bidochons en HLM*, tome 3, © Binet/FLUIDE GLACIAL.

1. Établissement d'un sociogramme :
– rapports personnels, relations familiales, rapports entre voisins ;
– rencontres, visites, démarchages, requêtes.

2. Rumeurs, ragots, potins, <u>commérages</u> (Doc. 10, page 42).

3. Conversations téléphoniques.

4. Enquête à propos d'un délit (à déterminer collectivement).

5. Visite chez la voyante.

►►►■ D. Quatrième phase : traces écrites

Pour cette phase, il est conseillé de distribuer des tâches différentes à chacun, de façon à accumuler une multitude de petits textes de lieux de discours variés.
Voici quelques idées :

1. Collections de souvenirs des habitants de l'immeuble.

  ▷ *Rédaction à la manière de* Je me souviens *de Georges Perec.*

2. Biographies des habitants de l'immeuble.

3. Inventaire des bruits et des odeurs.

4. Coupes dans le temps de la vie de l'immeuble. Par exemple :
– qui fait quoi, tel jour, à telle heure ?
– allées et venues le dimanche matin.

5. Inventaire des poubelles et des caves des habitants.

6. Observation des collections, faites par les habitants de l'immeuble : livres, disques, papillons, pierres, timbres, etc.

7. Observation du courrier reçu : rédaction de cartes postales, lettres de vacances, télégrammes, invitations, etc.

►►►■ E. Cinquième phase : événements et incidents

L'immeuble est aussi le lieu où l'on peut naître, vivre, aimer et mourir, c'est la vie qui passe… et la vie est un roman. De nombreux incidents ou événements, heureux ou malheureux, sont susceptibles de survenir.

1. Une <u>histoire d'amour</u> entre deux habitants.

2. Le récit d'une enquête sur un vol, un crime, un attentat.

  ▷ *Exemple :*
  Mardi, ce matin, vers 10 h 30, Place de la Contrescarpe, à côté du cimetière, a été découvert un homme mort chez lui dans sa baignoire.
  Le cadavre était habillé et la baignoire pleine d'eau…
  Son fils l'a trouvé quand il est entré dans la salle de bains.
  On ne connaît pas encore les causes de la mort mais il est possible qu'il s'agisse d'un accident.

  JACQUELINE DEVERAUX.

3. Le récit d'incidents ou accidents : incendie, grosses intempéries, scènes de ménage, décès, etc.

4. On s'attachera enfin à envisager soit l'événement qui permettra de fêter dix ans de cohabitation dans l'immeuble, soit d'envisager sa fin par un incident.

B

CANEVAS D'INVENTION
DE SIMULATIONS GLOBALES ITINÉRANTES

4. LE CIRQUE

Le cirque est un lieu clos, itinérant ou fixe, susceptible d'accueillir un groupe d'apprenants. Généralement destiné aux enfants du fait de sa dimension spectaculaire et onirique, il peut aussi être le lieu d'un roman collectif particulièrement riche en péripéties et aventures.

La publication *Le Cirque* de Jean-Marc Caré et Carmen Mata Barreiro – paru aux Éditions Hachette en 1986 – propose un canevas d'invention détaillé ainsi qu'une abondante documentation.

▶▶▶ ■ ### A. Première phase : établir le lieu, l'environnement

1. Choix du cirque, nomade ou sédentaire.

2. Détermination de l'itinéraire ou de la localisation.

3. Construction du décor : le chapiteau, les caravanes, les camions-cages, le matériel.

> *Expression orale, négociation de groupe.*

> *Rêve éveillé dirigé ou discussion de groupe après visionnement de films comme* Une journée au cirque *de Charlie Chaplin ou* Lola Montès *de Max Ophuls.*

p. 116

▶▶▶ ■ ### B. Deuxième phase : établir des identités fictives

1. Identification des gens du cirque et des différents métiers : directeur, Monsieur Loyal, dompteur, clown, acrobate, jongleur, prestidigitateur, garçon de piste, etc.

> *Biographie, portrait.*

> *Tirage au sort ou détermination individuelle des identités ou rédaction croisée. Préparation d'une présentation en vue d'un entretien de sélection avec le directeur.*

2. Recensement et identité (pedigree) des animaux sauvages et domestiques.

3. Description des numéros et tours.

▶▶▶ ■ ### C. Troisième phase : interactions

1. Vie quotidienne : l'entraînement, la parade, les répétitions, les soins à donner aux animaux, le nettoyage, la recette, la paie des artistes.

2. Vie dans les coulisses : que se passe-t-il derrière le rideau qui sépare les artistes de la piste ? Et derrière les portes des caravanes ? Joies, peines, espoirs, amitiés, haines.

> *Improvisation, jeux de rôle.*

▶▶▶ ■ ### D. Quatrième phase : traces écrites

1. Départ du cirque en tournée : prévoir l'itinéraire, la publicité, les achats, la location des emplacements.

> *Rédaction de tracts publicitaires, interview par un journaliste, puis rédaction d'un article de journal.*

2. Description de la vie au cirque.

▷ *Rédaction de journaux de bord, envoi de lettres à des amis ou parents. On peut s'inspirer de la* matrice de la lettre *de vacances.*

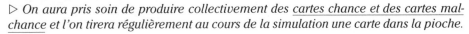

E. Cinquième phase : événements et incidents

Heureux ou malheureux, les événements et incidents sont légion. Il s'agit de les imaginer et de les raconter. Voici quelques idées :

1. Les animaux se rebellent contre les hommes et décident de s'organiser pour défendre leurs droits.

2. Un acrobate s'est cassé une jambe.

3. Un cirque concurrent s'installe. Un trapéziste vient demander qu'on l'embauche.

4. Découverte d'un « passager » clandestin.

5. Après une assemblée générale les animaux rédigent un manifeste, une charte, une constitution.

▷ *On aura pris soin de produire collectivement des* cartes chance *et des* cartes malchance *et l'on tirera régulièrement au cours de la simulation une carte dans la pioche.*

5. L'EXPÉDITION

L'EXPÉDITION est une simulation qui met en œuvre, en général, des situations riches en aventures, rebondissements, variations, péripéties...
Dans le cadre de cours de langue maternelle ou étrangère, de cours d'histoire-géographie, l'on peut ainsi former des expéditions de découverte de Nouvelles-Indes, de Nouvelle Amérique ou de Nouvelles-Terres en se documentant sur celles menées par Christophe Colomb, Magellan, Vasco de Gama... ou Marco Polo. On peut aussi envisager des « voyages au centre de la terre » inspirés du roman de Jules Verne, des expéditions du Kon-Tiki ou des découvertes en Antarctique à la suite du Commandant Cousteau ou du Docteur Jean-Louis Étienne.

A. Première phase : établir le lieu

1. Choix du but de l'expédition : possibilité de quête, d'errance.

2. Choix du lieu de départ et de rencontre (imaginaire ou réel) :
– description du milieu : faune, flore, population, environnement, géographie, etc. ;
– nomination des lieux.

B. Deuxième phase : établir des identités fictives

– Constitution du groupe et construction des identités fictives.
Le groupe se constitue en fonction du but de l'expédition. Distribution des différentes identités et fonctions : guide ; personnel d'accompagnement ; porteurs ; chef(s) ; personnel médical, scientifique, technique ; cuisinier(s) ; agents de maintenance ; espion ; militaire(s) ; aventuriers ; écrivain(s) ; journaliste(s), etc.

▷ *Modalités possibles : affectation/nomination pour mission spéciale ; tirage au sort ; recrutement (travail sur les motivations).*

Vendredi 24 décembre 1896

Récit de ma visite à l'autre île

Intrigué par une lueur aperçue de façon intermittente sur une île assez peu éloignée de Gascarnéo, je supposai qu'elle abritait peut-être une tribu inconnue et me résolus un jour à l'explorer. Aucun de mes compagnons n'étant désireux de m'accompagner, je pris seul notre barque et les mains protégées de grossières moufles de chiffon, ramai courageusement. Après une traversée sans histoire, je débarquai dans une petite crique rocheuse. J'y laissai mon bateau et suivis un sentier qui serpentait le long de la falaise. Je débouchai alors dans une sorte de cirque naturel ; assis sur des gradins de pierre, une vingtaine d'hommes et de femmes discutaient avec animation.

Un peu surpris que personne ne me prête la moindre attention, je m'assis discrètement un peu à l'écart, bien en vue de tous cependant. Les minutes succédant aux minutes… la conversation générale se prolongeait sans qu'un seul regard me fût accordé. Je me sentais devenir transparent, inexistant. Quelle différence avec l'accueil que j'avais escompté ! Enfin, après un moment qui me parut fort long, celui qui semblait leur chef m'interpella assez rudement :

– « Que viens-tu faire ici ? as-tu besoin de quelque chose ? »

– « Pas du tout, répondis-je. Je fais partie de l'expédition zoologique en mission sur l'île voisine, Gascarnéo ; j'ai observé votre île et elle m'a semblé habitée. J'ai pensé que mon expérience pourrait vous être utile et suis venu mettre à votre disposition les ressources de Gascarnéo. »

Les visages autour de moi restaient hostiles…

– « Je parie que tu viens nous espionner, proféra l'un de ces hargneux îliens, ou alors tu as quelque chose à vendre ! »

Ma délicate sensibilité était durement éprouvée. Je fis cependant appel à mon sang-froid et répondis :

– « Absolument pas. Je voulais seulement vous faire part de certaines particularités de l'île de Gascarnéo qui auraient pu vous rendre service ou tout au moins vous intéresser ne serait-ce que d'un point de vue purement scientifique. Mais je ne m'imposerai pas et suis tout prêt à reprendre le chemin du retour ».

– « Eh bien ! Parle, me répondit le grand chef, mais sois bref, nous avons peu de temps à t'accorder ».

– « Je vous décrirai donc une seule de ces merveilles, dis-je. Il s'agit d'un animal proche de l'oiseau, le gasticar. Il est solidement campé sur deux larges pattes recouvertes de longs poils drus. Chaque soir, il monte à un champ de lave, et là, piétine longuement. Il se charge ainsi, par le canal de ses poils, d'énergie tellurique. Lorsqu'il est attaqué, il agite frénétiquement ses ailerons à une telle cadence, que l'ennemi, pris de vertige, se sauve ou s'évanouit. Ses propriétés énergétiques sont donc éminentes : centrales électriques, thermiques, machines-outils… que ne peut-il remplacer ! En l'absence de toute menace, ce même résultat peut être obtenu par l'audience d'une musique guerrière. Musicien de carrière, je tire du gasticar les meilleurs effets. »

Désormais moins hostile, l'assistance m'écoutait avec attention. Quelques questions me furent posées, et il fut décidé que deux îliens m'accompagneraient sur Gascarnéo pour étudier le gasticar. Ainsi revins-je encadré de mes deux acolytes… sous les yeux étonnés de mes compagnons.

Récit de Marco della Rovere.

C. Troisième phase : interactions

1. Les préparatifs ; première réunion du groupe pour décider :
– de la date du départ ;
– de l'itinéraire ;
– des moyens de transport envisagés (Doc. 11, page 46) ;
– du réglement interne du groupe (questions de hiérarchie – code de conduite, etc.) ;
– du matériel à emporter (effets personnels – matériel commun obligatoire) ;
– des contacts à prendre – achats éventuels.

2. Consultation de différents oracles, sages, mages, sorciers, astrologues, voyants, gourous, météorologistes, etc.

3. Le départ, enfin ! L'équipe fait ses adieux.

> ▷ *Comptes rendus journalistiques ; émissions télévisées ; discours de responsables ; jeux de rôle divers.*

4. Première étape de l'expédition (première unité de récit) :
– découverte du milieu nouveau (faune ; flore ; habitat ; population ; us et coutumes ; traditions ; topographie ; géographie ; climat ; etc.) ;
– découverte des autres membres de l'expédition. Qui est qui ? Qui fait quoi ? Où ? Quand ? etc. Chacun commence à se raconter ;
– premières réactions par rapport aux premières difficultés ou joies provoquées par l'expédition.

> ▷ *Conversation de groupe ; dialogues ; jeux de rôle ; rédaction de journaux intimes de récits de voyage, (Doc. 12, page 46), etc.*

5. Étapes suivantes :
Après la première étape, prévoir une possibilité de récit arborescent. L'expédition est mise devant des choix à faire (route à emprunter, moyen, personne à rencontrer, etc.).

> ▷ *Une simulation de l'expédition doit compter au minimum trois étapes. Ce chiffre est traditionnel et symbolique. Mais rien n'empêche de programmer bien d'autres étapes, notamment si l'on souhaite donner un caractère picaresque aux aventures-tribulations du groupe, de nouvelles difficultés se dressant à chaque fois que l'on imagine pouvoir atteindre le but (cartes, incidents, événements à piocher).*

Chaque étape est émaillée de scènes de vie d'aventure. Voici quelques idées : la soupe est trop salée ! ; on n'a pas le temps d'herboriser ! ; comment combattre les ampoules ; il fait trop chaud/trop froid ! ; le silence de ces espaces infinis m'effraie ; ça tangue ; une jambe de bois dans la troupe ; les moustiques des nuits blanches ; les sanitaires précaires ; etc.

6. Le but à atteindre est atteint… ou s'avère impossible à atteindre.
Cela donne lieu à la description des sentiments, états d'âme, confessions, à des scènes de joie ou de désespoir, à des serments et résolutions.

> ▷ *Dialogues spontanés, conversations téléphoniques, reportages, articles, pages de journaux intimes, etc.*

D. Quatrième phase : traces écrites

Chacun règle ses affaires personnelles avant de partir ou au cours de l'expédition : recommandations familiales ; décisions professionnelles ; dispositions testamentaires, etc.

> ▷ *Cela peut donner lieu à la confection de lettres à différents destinataires ou rédaction du journal intime de chaque membre de l'expédition.*

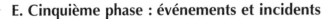

E. Cinquième phase : événements et incidents

Chaque étape est une unité de récit qui peut filer sur un ou plusieurs jours, voire semaines.
– On peut changer brutalement de milieu en empruntant un moyen de transport dépaysant : bateau, avion, train, car, cheval, ski, etc.
– Pour qu'il y ait de l'imprévu à chaque étape, le groupe tire une <u>carte « incidents »</u> (chance ou malchance).

p. 66

Voici quelques idées d'incidents :
– vous tombez en panne… vous êtes perdus ;
– un obstacle ou danger naturel bloque votre progression/recherche (rocher, fleuve, raz-de-marée, tremblement de terre, catastrophe, etc.) ;
– un sorcier vous jette un mauvais sort. Vous avez du mal à vous en dépêtrer… ;
– une épidémie se déclare. Votre expédition est touchée. Vous vous organisez ;
– un homme, une troupe surgit et vous barre la route et la moitié de votre matériel a été emporté. Vous faites l'inventaire de ce qui vous reste et envisagez des parades.

1. Retour rapide… ou semé d'embûches !
Écriture d'un ou plusieurs nouveaux épisodes. Quand on en a le temps, il est amusant de programmer, dans un retour serein ou triomphal, un dernier rebondissement qui risque d'hypothéquer la victoire : accident, détournement de l'avion dans lequel l'expédition rentre en toute confiance, épidémie, folie, mystification, etc.

2. Arrivée de l'expédition à son point de départ. Elle est accueillie :
– par des journalistes ;
– par des parents et amis ;
– par des membres de la communauté scientifique.

> ▷ *Description des retrouvailles, réalisation de reportages et d'articles donnant lieu à un éloge inconditionnel ou à une violente polémique.*

Les membres de l'expédition se séparent, échangent promesses, serments, etc.

3. Dix ans après.
Les membres de l'expédition s'écrivent, se réunissent, font de nouveaux projets : qui fait quoi ? Où ? Qui voudrait repartir ? etc.

6. LA CROISIÈRE, L'AUTOCAR, LE VOYAGE INTERPLANÉTAIRE

LA CROISIÈRE, L'AUTOCAR ou LE VOYAGE INTERPLANÉTAIRE constituent des variantes de l'expédition, à la nuance près que le bateau et l'autocar sont des moyens de locomotion et des lieux fermés et que le voyage interplanétaire s'effectue à partir d'un itinéraire préétabli et avec un moyen de locomotion unique. De plus, la croisière et l'autocar répondent à des logiques commerciales. Les aspects « aventureux » et arborescents du voyage sont donc *a priori* moins importants ; les étapes ou les arrêts éventuels permettent d'inscrire la simulation globale dans un cadre d'ouverture/fermeture par rapport au monde environnant.
Les œuvres faisant état de croisière ou de voyage sont bien évidemment nombreuses ; nous ne citerons ici que l'extraordinaire trilogie de William Golding *Rites de Passage, Coup de Semonce, La Cuirasse de Feu,* et le roman ou le film *Les Révoltés du Bounty.*
La caravane à dos de chameaux , la croisière Citroën en Chine ou le rallye Paris-Dakar constituent des variantes possibles.

Pour ne pas alourdir inutilement la lecture, nous ne reproduisons ici que :
a) le canevas d'invention proposé pour le voyage en autocar en nous fondant sur les suggestions faites par Jean-Marc Caré et Francis Debyser dans la brochure *Simulations globales*[20]. La croisière peut se vivre suivant un canevas d'invention quasi similaire ;
b) le canevas d'invention du VOYAGE INTERPLANÉTAIRE.

▶ Le voyage en autocar / la croisière

A. Première phase : établir les identités

1. Identité des participants (Doc. 13, page 50) *:* voyageurs, chauffeur/commandant de bord.

> ▷ *Rédaction de portraits, biographies.*

2. Répartition des fonctions.

3. Description de l'autobus/du bateau de croisière : état extérieur, mécanique.

B. Deuxième phase : établir les lieux

1. Négociation de l'itinéraire ; étapes, visites, calendrier, hébergement, restauration, etc.

2. Calcul du kilométrage et estimation des frais :
– essence, huile, péages, etc. ;
– frais d'hôtel et de restaurant, etc. ;
– visites, imprévus, assurances, etc.

3. Les réservations et les préparatifs :
– répartition dans l'autocar/dans les cabines d'après photo ou plan (Doc. 14, page 50).
– derniers achats.

4. Désistements éventuels :
– causes, conséquences.

C. Troisième phase : interactions

1. Les passagers font connaissance et commencent à parler de leur métier, leur vie, etc.

2. Premières amitiés nouées et premières inimitiés.

3. Potins, ragots.

4. Commentaires sur le paysage, les découvertes, les visites.

D. Quatrième phase : des traces écrites

1. Correspondances et écrits :
– lettres et cartes postales envoyées (et éventuellement reçues en poste restante) ;
– journal de voyage, journal intime (Doc. 15, page 50), récits d'aventures.

2. Rédaction d'un texte sur :
– le repas d'adieu ;
– le meilleur souvenir ;
– les projets d'avenir.

3. Rédaction d'un document publicitaire (Doc. 16, page 52) pour la promotion du voyage.

---

20. CARÉ Jean-Marc, DEBYSER Francis, *Simulations globales*, Paris, BELC, 1984, 170 p., multigraphié.

Liste des passagers de l'*Exotic*

Odile DIXYMONT, 22 ans, nationalité française, représentante en produits de beauté, a gagné le prix du meilleur vendeur de la société pour laquelle elle travaille, sympathique.

Jennifer SAM'S, Anglaise, 20 ans, couturière, se rend aux Antilles pour rejoindre ses parents qui y passent une retraite heureuse, projette de présenter une collection aux USA.

Madolyn CROMWED, passeport américain, 24 ans, responsable des relations publiques à la BILA (Banque Internationale de Los Angeles), mène une double vie : la nuit, elle vole les riches pour redistribuer leur fortune aux pauvres, une sorte d'Arsène Lupin au féminin. Le profit qu'elle tire de ses occupations frauduleuses lui permet de faire des dons considérables à l'UNICEF et à d'autres associations humanitaires ou écologiques.

Carl's DOUGLAS, 25 ans, nationalité américaine, détective privé. Marié à une Brésilienne, 3 enfants, 2 garçons, une fille : Carla, Mickaël, Jack.

John GRASSIVIAU, né en 1944, 1 m 90, divorcé, 2 enfants, nationalité thaïlandaise, spécialiste en arts martiaux, directeur et propriétaire d'une salle de musculation.

Diego GARCIA, nationalité espagnole, électricien, a beaucoup économisé pour s'offrir une croisière en famille.

Darren STEVEN, né le 12.11.61 à Londres, nationalité anglaise, conducteur de trains, de tempérament pessimiste. A découvert dans son grenier un tableau dont la vente lui a permis de s'offrir cette luxueuse croisière ; vit seul dans sa maison de Liverpool.

Teylor SMITHS, chanteur de hard rock, 31 ans, né à New York, vit en France, a embarqué sur ce bateau pour aller s'installer dans une île des Antilles.

Serge Gianini, 22 ans, nationalité italienne, restaurateur, a vendu son restaurant napolitain pour aller s'installer dans une île des Antilles.

Tony DANZA, 32 ans, Américain, a un passé très mouvementé, agent secret, est à la recherche de dangereux trafiquants de drogue qui, lui a-t-on dit, ont embarqué sur l'*Exotic*.

Karine DEVAL, née le 20 juillet 1968 à Orléans, nationalité française, reporter photographe, adore les animaux, les voyages, la plupart des sports de plein air et la plongée sous-marine. Envoyée par le magazine *GÉO* pour faire un reportage sur les Antilles.

Jacques DEVIS, Français, 35 ans. Cycliste professionnel, voyage avec une amie, Sophie.

Journal de bord : *8 août 1991*

Première matinée à bord. Ce matin, j'ai fait plus ample connaissance avec ma voisine de cabine ; elle est vraiment sympathique ! Nous avons fait un tennis, puis flâné dans les boutiques hors taxes. J'ai passé une bonne partie de l'après-midi à regarder la mer. Il y a longtemps que je ne m'étais pas sentie aussi détendue. Je suis loin de regretter la folle année de travail écoulée. *(O. DIXYMONT)*

8 août 1991

Bientôt, on ne verra plus le port. Me voici vraiment en vacances ! J'aime prendre possession de ma cabine. Visite du paquebot : une piscine, un salon et une salle à manger splendides, des décos de très bon goût. Repas du soir succulent : escargots, gratin de homard, omelette norvégienne.

P.S. : J'ai dansé une bonne partie de la nuit à la discothèque. Ma dernière robe de soirée semble avoir fait de l'effet … *(Jennifer SAM'S)*

●───●

8 août 1991

Départ de Lisbonne, ce matin à l'aube. Ma cabine (classe luxe) ressemble beaucoup à la chambre du Palace Hôtel, plus luxueuse encore que les descriptions du prospectus. Je suis agréablement surprise. J'ai rencontré plusieurs jeunes filles et jeunes gens très sympathiques… et riches. À suivre… Je regrette de ne pas parler mieux le français, mais nous nous comprenons tout de même. Ce qui m'inquiète, c'est de n'avoir pas encore rencontré mes ennemis. Peut-être ai-je mal été informée… Ou alors, m'a-t-on préparé un piège ? *(Madolyn CROMWED)*

●───●

8 août 1991

J'ai passé une journée palpitante ; les passagers sont, dans l'ensemble très sympathiques. Beaucoup de jolies femmes et d'hommes élégants. Pourtant je dois me méfier de tous et de tout ; je dois même me méfier du capitaine du bateau. Tout à l'heure, en me promenant sur le pont, j'ai eu une idée : je vais me faire passer pour un collectionneur de bijoux et faire croire que je possède le fameux rubis rouge. *(Carl's DOUGLAS)*.

E. Cinquième phase : événements et incidents

1. Événements :
L'arrivée à l'hôtel ou au port d'escale ; les visites (châteaux, caves, promenades en ville) ; les repas (ordinaires, gastronomiques, pique-nique) ; les journées particulières (camping à la ferme) ; passage de frontières ; une sortie en mer ; tombola ; soirée de 14 Juillet ; découverte d'un canot de naufragé.

2. Incidents :
Pour ou contre la radio dans le car ; une chute de valise ; un accident de la circulation ; une panne ; une tempête ; l'épuisement de la réserve d'eau douce.

▶ Le voyage interplanétaire

Il s'agit d'un projet de J.-L. Desjardins, réalisé en collaboration avec des membres de l'IREM et des membres de la revue ASTER (Recherches en Didactique des sciences expérimentales). Trois grandes étapes sont d'ores et déjà établies pour ce voyage à bord d'un vaisseau spatial conduisant, après de nombreuses péripéties, à la découverte d'une planète lointaine régie par des lois et des règles (physiques, sociales, économiques, etc.) différentes de celles connues sur Terre.

A. Première étape : avant le départ

1. Choix de la destination, détermination du voyage à effectuer (parcours, durée).

2. Objectifs de la mission.

3. Attribution des identités fictives : composition de l'équipage du vaisseau, du personnel de la base, des extra-terrestres.

4. Fabrication du vaisseau (mode de propulsion, architecture intérieure).

B. Deuxième étape : pendant le voyage

1. L'équipage s'active à déjouer les incidents mineurs ou majeurs du voyage, des problèmes techniques, scientifiques et humains.

2. Le personnel de la base suit le voyage, donne des conseils, propose des solutions, oriente certaines décisions mais aussi rassure et effectue le lien entre les cosmonautes et les membres de la famille.

3. Les extra-terrestres se préparent à recevoir les terriens sur leur planète : ils mènent une étude comparée (amicale ou hostile) des conditions de vie sur les deux planètes : lois physiques, chimiques, biologiques et mathématiques régissant la matière ; anatomie et physiologie des habitants et des êtres vivants ; système social et politique.

C. Troisième étape : après l'arrivée

Un dialogue (ou un conflit) s'établit entre les terriens et les extra-terrestres. Les premiers, aidés du personnel de la base, seront obligés d'essayer de comprendre le mode de vie et de pensée des « autres » (quelle que soit l'option choisie, amicale ou hostile) ; les seconds devront fournir des réponses à des situations qui, même si elles obéissent à une logique différente, seront empreintes d'une certaine cohérence.

Parmi les flots azur, découvrez le luxe et l'évasion : Embarquez sur l'*Exotic* pour une croisière exceptionnelle...

Vos escales du 8 au 20 août 1991

8   En mer

9-10   **Saint-Martin :** *Au nord de la Guadeloupe, Saint-Martin est partagé entre la France et la Hollande. Belles plages et paradis du shopping hors taxes.*

11-12   **Antigua :** *Située au nord de la Guadeloupe, l'île aux 362 plages est remarquable pour la transparence de ses eaux.*

13   En mer

14-15-16 **Sainte-Lucie :** *Au sud de la Martinique, la plus grande des îles-au-vent. Végétation tropicale exubérante, sources sulfureuses de la Soufrière.*

16   En mer

17   **La Barbade :** *Très touristique, l'île est découpée à l'est et pourvue de magnifiques plages à l'ouest. L'hospitalité des habitants est proverbiale.*

18-19   **Curaçao :** *Dans les Antilles hollandaises, proches des côtes du Vénézuela, tout le charme du vieux monde dans un décor typiquement flamand.*

20   En mer

VOS SOIRÉES

- Diaporama sur chaque escale
- Bal Rétro
- Loto spécial Exotic
- Conférences variées
- Défilé de mode
- Soirée Jazz

+ soirées exotiques à chaque escale
+ nos 2 salles de cinéma
   nos 6 salons privés
   notre salle de jeux
   nos 2 piscines
   notre bibliothèque.

VOTRE CABINE : LUXE ET CONFORT

Outre le soin apporté à la décoration, chaque cabine est équipée d'un téléviseur, d'un lecteur de cassettes vidéo et d'un réfrigérateur. Toutes possèdent une salle de bains privative ainsi que des éléments pratiques de rangement. Une cafériste et un cabinier sont attachés à votre cabine durant la croisière.

Catégorie « Standard »	Prix par personne en cabine double	34 000 FF
Catégorie « De luxe »	Prix par personne en cabine double	49 850 FF

CANEVAS D'INVENTION DE SIMULATIONS GLOBALES SUR OBJECTIFS SPÉCIFIQUES

Les simulations globales fonctionnelles – dites aussi sur objectifs spécifiques – sont assez proches des simulations professionnelles à l'anglo-saxonne et se donnent pour cadre un métier particulier, une profession. Mais à la différence de ces dernières, qui ont tendance parfois à fonctionner de façon mécaniste, elles intègrent la vie, ses hasards et ses nécessités, ses aspects tragiques et ses aspects passionnels, comme des composantes majeures du cadre professionnel à investir.

Pour être cuisinier ou femme de chambre dans un hôtel, médecin ou infirmière dans un hôpital, sténo-dactylo ou P.-D.G. dans une entreprise, ambassadeur ou haut fonctionnaire dans une conférence internationale, on n'en est pas moins homme… ou femme pour plagier la répartie du faux dévot Tartuffe. L'on vit dans un monde « plein de bruit et de fureur » qui bat et palpite, commet des erreurs, dérape ; l'on arrive à son travail avec son lot de petits ou grands bonheurs, son cortège de petites ou grandes misères, ses questions existentielles, « ses attentes et ses nostalgies » pour reprendre la belle formule de Greimas, attente d'un hypothétique monde meilleur, nostalgie d'un hypothétique « meilleur des mondes », Eden antérieur ; toutes choses et charges qui n'ont peut-être rien à voir avec le métier que l'on exerce mais qui pourtant pèseront de façon déterminante sur notre comportement au travail et qui parfois même auront une action directe ou indirecte sur le cours des événements survenant dans l'exercice de notre profession.

Au-delà du comportement fonctionnel, il y a trente-six façons d'être chasseur dans un hôtel ou manager d'une entreprise, trente-six mille raisons d'être à la place que l'on occupe, mille et un rêves ou cauchemars qui nous agitent et nous font nous agiter dans cette « vie active ». Les simulations globales sur objectifs spécifiques – si elles veulent prétendre approcher la réalité et, au-delà de cette exigence, si elles souhaitent être motivantes – ne peuvent se contenter de décrire le monde d'une profession d'une façon mécaniste : une cause A entraînant invariablement une conséquence B, C ou D (ou les trois à la fois) !
Si l'on peut souhaiter enseigner des comportements professionnels (gestes, attitudes, réparties, etc.) en vue d'une meilleure adaptation et d'une plus grande efficacité (performance ou rendement) à un métier donné, l'expérience du terrain démontre abondamment qu'il n'est guère souhaitable de programmer des « hommes modulaires », interchangeables. La dimension du libre-arbitre, le coefficient personnel, les charges existentielles (la Vie, l'Amour, la Mort) non seulement doivent être intégrées mais aussi traitées comme des pièces essentielles du dispositif professionnel. C'est cet espace de liberté que veut préserver la technique de la simulation globale.

7. L'HÔPITAL

À partir de la simulation de base, L'IMMEUBLE, il est possible de construire une simulation globale destinée aux métiers de santé : l'hôpital, la maison de retraite ou de repos, le pavillon de convalescents, etc.

▶ ▶ ▶ ■ ────── ### A. Première phase : établir le lieu, l'environnement

1. Choix de l'implantation de l'hôpital : Paris, banlieue, ville de province et du type d'hôpital (traditionnel, ultra-moderne, petite unité de centre hospitalier régional, etc.).

2. Détermination du service : médecine générale, chirurgie, psychiatrie, gériatrie, pédiatrie, toxicomanie, traumatologie, etc.

▷ *Capacité à argumenter : avantages et inconvénients du site, du type et de la taille de l'unité hospitalière et à négocier.*

3. Aménagement des lieux suivant un plan fonctionnel.
a) Détermination de l'architecture : extérieure, intérieure, nombre d'étages, etc.
b) Négociation collective et localisation sur un plan :
– des espaces communs : accueil, réception, inscription, salle d'attente, consultations, cafétéria, restaurant, etc. ;
– des lieux techniques : salle de soins ou d'opérations, laboratoire, réanimation, radiologie ;
– des bureaux de l'administration et du personnel soignant ;
– des chambres de malades : inventaire du mobilier et description de la chambre idéale du malade.

▶ ▶ ▶ ■ — B. Deuxième phase : établir des identités fictives

1. Attribution d'identités fictives relevant du personnel de l'hôpital (hôtesse, standardiste, brancardier, interne, assistante sociale, infirmier(ière), aide-soignant(e), médecin, laborantin(e), diététicien(ne), électroradiologiste, gastro-entérologue, cardiologue, anesthésiste, psychologue ou psychiatre, chirurgien, etc.

2. Attribution d'identités aux patients et détermination de leur pathologie.

▷ *Constitution de deux sous-groupes d'inégale grandeur ; tirage au sort de l'appartenance au groupe du personnel de l'hôpital ou au groupe des patients.*

▷ *Jeux de rôle, se présenter à l'oral au reste du groupe dans une situation fonctionnelle.*

▶ ▶ ▶ ■ — C. Troisième phase : interactions

1. La tournée de l'équipe médicale : les relations personnel soignant/malades.
a) La visite du médecin chef :
– questions-réponses sur le diagnostic, le traitement, l'évolution prévisible de la maladie ;
– les quiproquos, les incompréhensions, les incompatibilités de vocabulaire.
b) La visite du diététicien, du kinésithérapeute, du psychiatre, de l'assistante sociale.

2. La journée type d'un malade.

3. La vie en chambres collectives : nouveaux venus et départs (éventuellement décès).

4. Les visites de parents, amis, relations professionnelles (éventuellement une visite d'un membre d'une association d'entraide).

5. Les entretiens téléphoniques : famille, amis, employeurs, enquêteurs, etc.

6. Le retour à la vie normale du malade, le départ de l'hôpital, la préparation à la réinsertion dans la vie active.

▷ *Expression orale, improvisation, jeux de rôle.*

▶ ▶ ▶ ■ — D. Quatrième phase : traces écrites

1. Écriture de recommandations, panneaux, affichettes, panonceaux, placards d'expositions affichés dans les locaux.

2. Réalisation de scénarios de petits films de prévention médicale.

3. Rédaction de textes publicitaires, articles de la presse médicale, de textes administratifs ou juridiques, etc.

▷ *Travaux de sous-groupes comportant une partie « recherche d'idées » en ateliers et une partie « écriture » par deux ou individuellement.*

E. Cinquième phase : événements et incidents

Dans les couloirs, à la cafétéria, dans le jardin, se vivent des scènes quotidiennes et des incidents extraordinaires. Voici quelques idées :
– un patient veut sortir prématurément ;
– une famille insulte le personnel médical ;
– une grève du personnel soignant ;
– les malades ne veulent plus prendre leurs médicaments ;
– le ministre de la Santé visite l'hôpital, etc.

▷ *Expression orale, jeux de rôle préparés en sous-groupes et repris après critiques des observateurs.*

8. L'HÔTEL

De très nombreuses expérimentations de simulations globales L'HÔTEL ont été faites de par le monde, et ce, dans des contextes pédagogiques très différents. Initialement conçue pour fonctionner en français de spécialité, cette simulation peut parfaitement être utilisée à des fins généralistes. L'on peut alors se référer à des romans célèbres ayant pour cadre des hôtels ou des pensions de familles : Agatha Christie, P. D. James, John Irving, etc. Comme nous allons le voir, les différentes phases de l'invention ne varient guère.
Pour un canevas d'invention détaillé de l'hôtel et une abondante documentation, le lecteur pourra se reporter au livre *L'Hôtel* d'Alain Pacthod paru aux Éditions Hachette en 1996.

A. Première phase : établir le lieu, l'environnement

1. Recherche et négociation du site.

2. Détermination de sa catégorie, de son style, de son type de clientèle.
Le groupe peut avoir gagné une grosse somme au loto : il construit l'hôtel de ses rêves ou l'achète.

▷ *La première description peut se faire à partir d'un rêve éveillé dirigé.*
▷ *Expression orale : imaginer, décrire, argumenter.*

B. Deuxième phase : établir des identités fictives

1. Recensement du personnel et des clients.

2. Confection de cartes de visite ou de CV.

C. Troisième phase : interactions

1. Établissement de l'emploi du temps.

2. Description des tranches de vie ordinaires du quotidien de l'hôtel : que se passe-t-il tel jour à telle heure dans l'hôtel ?

Saint-Briac, le 15/09/1993

Union des Employés
Hôtel Brise-de-Mer

Famille Ballarand
Propriétaire

Mesdames, Messieurs,

Nous sommes des employés de votre hôtel « Brise-de-Mer ».
Hier soir, le 14 septembre 1993, nous avons fondé l'Union des Employés de l'Hôtel.

Les membres de cette Union sont :
– La réceptionniste, Mme Florence Tarzambo (Présidente),
– La serveuse, Mme Nicole Assiette (Maîtrise du Trésor),
– Le technicien, M. Wilhem Guillaume (Secrétaire),
– L'animatrice, Mme Katherine Messmer (Porte-parole).

Nous déclarons notre insatisfaction au sujet de nos conditions de travail.
Nous réclamons :
1) le logement et les repas gratuits dans l'hôtel,
2) deux jours de libre par semaine,
3) le recrutement d'autres personnes pour le restaurant et la réception,
4) une augmentation de salaire,
5) un contrat de travail,
6) des contacts professionnels avec les propriétaires.

Nous attendons que vous réagissiez aû plus vite. Faute de quoi, nous nous mettrons en grève.

Dans l'attente de votre réponse, nous vous prions, Mesdames, Messieurs, de recevoir nos salutations distinguées.

Katherine Messmer
Porte-parole de l'Union des Employés

Production des étudiants de l'université Karl Marx de Leipzig, en Allemagne (1993).

PLAN DE TRAVAIL CRÉATIF
PRODUIT : *SÉSAME*

Fait principal du marché : Le marché du convertible est en expansion constante mais reste entre les mains de quelques leaders forts (Cinna, Ligne Roset…).

Objectif marketing : Pénétrer le marché et obtenir 5 % de part de marché sous un an.

Problème à résoudre par la pub : L'univers associé à la communication canapé est fortement verrouillé (codes publicitaires très semblables d'une communication à l'autre) et profite aux leaders.

Objectif publicitaire : Se démarquer complètement de la concurrence. Adopter un discours impliquant et nouveau.

Cible : Population attirée par les nouveautées technologiques. Précurseurs argentés.

Promesse : Un canapé intelligent qui affirme la différence de ses utilisateurs.

Support de promesse : Une innovation technologique majeure = la commande vocale.

Ton : Provocation douce. Réaliste.

EN VOIX DE CONVERSION

Il est toujours agréable de pouvoir se reposer sur quelqu'un qui vous comprend. Non ? Les Mille et Un Lits est le premier fabricant à proposer des canapés à commande vocale. Nombreuses programmations possibles.

Le canapé qui répond à vos désirs…

Production des étudiants du CELSA (1991).

D. Quatrième phase : traces écrites

1. Fabrication de dépliants de présentation et matériels publicitaires pour la promotion de l'hôtel.

2. Réalisation des écrits de l'hôtel : à la réception, au bar, dans les chambres, etc.

E. Cinquième phase : événements et incidents

Voici quelques idées d'incidents éventuels :
– le personnel de l'hôtel se met en grève et écrit une lettre de revendication au propriétaire (Doc. 17, page 56) ;
– quelqu'un occupe la chambre attribuée à un client ;
– il n'y a pas d'eau chaude ;
– un vol, une disparition mystérieuse, etc.

▷ *Décrire, rendre compte, raconter.*

▷ *Faire lister tous les incidents susceptibles de survenir et en tirer au sort au cours de la simulation pour les proposer en jeux de rôle.*

Doc. 17

9. L'ENTREPRISE

Nous présentons ici un canevas d'invention dont le lieu-thème est L'ENTREPRISE, en nous référant au travail entrepris par Catherine Favret, Jean-Paul Guidecoq, Jean-Pierre Raveneau (travail coordonné par Francis Yaiche dans le cadre du stage long du BELC, 1991-92).
Pour un canevas d'invention détaillé et une abondante documentation, le lecteur pourra se reporter au livre *L'Entreprise* de Corinne Bombardieri, Philippe Brochard et Jean-Baptiste Henry, paru aux Éditions Hachette en 1996.

A. Première phase : établir le lieu, le cadre

▶ Identité de l'entreprise

1. Négociation et choix d'un secteur d'activités, d'un type et d'un nom de produit, d'une clientèle ciblée, d'une taille et d'un projet de développement de l'entreprise.
Quelques exemples de produits nouveaux imaginés :
– un essuie-glace incorporé aux fenêtres et se déclenchant automatiquement par le degré d'humidité de l'air ;
– un canapé-lit convertible se relevant et s'abaissant par commande vocale au mot de « Sésame ouvre/ferme-toi » conçu pour les logements exigus (Doc. 18, page 56) ;
– une crème maintenant le corps à une température constante quel que soit le climat extérieur ;
– une station de lavage automatique d'automobiles livrée en option avec les garages des maisons individuelles.

Doc. 18

2. Recherche du nom de l'entreprise et de son logo.

3. Rédaction d'une fiche signalétique de l'entreprise en vue d'une rédaction ultérieure de biographie :
– structure juridique de l'entreprise ;
– date de la création de l'entreprise ;
– identité et portrait du ou des fondateurs (saga familiale) ;
– épisodes particuliers vécus par l'entreprise.

▶ *Choix du lieu de l'implantation de l'entreprise*

1. Recherche d'une région, d'une ville, d'un site d'implantation de l'entreprise.

2. Repérage de l'environnement du site choisi :
– sur le plan économique et commercial (vitalité, traditions, histoire) ;
– sur le plan social et sociologique (recrutement social, taux de chômage, etc.) ;
– sur le plan de l'infrastructure (réseaux de transports, tissu industriel, équipements en moyens de communication, etc.) ;
– sur le plan de l'environnement naturel ;
– sur le plan des potentialités culturelles, voire symboliques (synergie produit/région).

▷ *On peut utiliser différentes grilles de recherche d'idées comme* la grille ECCSOTIC.

3. Description de l'architecture de l'entreprise :
– extérieur (plans, maquettes, environnement) ;
– intérieur (décoration, équipement) ;
– préparation d'un dossier destiné à la compagnie d'assurances de l'entreprise.

▶ *L'entreprise face à la conjoncture et face à la concurrence*

1. La stratégie de l'entreprise :
– les fonctions études recherches et développement ;
– les circuits de vente et les modes de développement (franchisage, conquête du marché extérieur, les foires et les expositions, etc.) ;
– le comportement vis-à-vis de la concurrence ;
– les choix : innover, investir, augmenter les salaires, maîtriser les coûts, les stocks, protéger l'environnement, réduire les accidents et l'absentéisme par des mesures d'hygiène et de sécurité, etc. (comité de direction et négociation) ;
– la politique de communication globale (les relations avec les salariés, avec les clients, etc.), le choix d'un mode de communication (notoriété, image de marque, événementiel) et d'un slogan.

2. Le financement de l'entreprise :
– cotation (ou non) en Bourse ;
– investissements : autofinancement ; appui des banques ou soutiens institutionnels ;
– menaces d'OPA, de rachats, de nationalisation, de faillites ;
– filialisations, mariages ;
– bilan d'activité, trésorerie.

3. La réaction de l'entreprise à la conjoncture :
– conjoncture économique nationale et internationale : récession ou développement ; inflation/chômage ;
– conjoncture politique nationale et internationale : ouverture ou fermeture des marchés, stabilité ou instabilité politique et sociale.

▶▶▶ ■ B. Deuxième phase : établir les identités du personnel de l'entreprise

1. Construction d'un organigramme : direction, services centraux, services communs, départements, laboratoires, services commerciaux, financiers, communication, documentation, fonction recherche et veille, etc.

2. Définition des catégories, des professions et des profils :
– cadres supérieurs, cadres moyens, employés administratifs, ouvriers, etc. ;
– ingénieur, technico-commercial, secrétaire, standardiste, ouvrier, factotum, etc.

3. Construction des identités fictives et rédaction de biographies après tirage au sort (ou choix) de la tranche d'âge, du sexe, de la nationalité de chacun et éventuellement des qualités et défauts ; puis tirage au sort de l'emploi de chacun.

▶ ▶ ▶ ■

C. Troisième phase : interactions

1. Établissement d'un <u>sociogramme de l'entreprise</u> (Doc. 19, page 60) :
– qui aime qui ? qui déteste qui ? ;
– jalousies, amitiés, équipes, relations privilégiées ;
– inventaire de rumeurs, ragots, potins.

2. Jeux de rôle autour de la machine à café ou au restaurant d'entreprise.

3. La gestion du personnel :
– entretiens de recrutement ou de sélection interne ;
– les relations syndicat-patronat (jeux de rôle de négociations salariales ou portant sur les conditions de travail) ;
– le comité d'entreprise, le conseil d'administration, les actionnaires, les partenaires, etc. ;
– relations avec les organismes sociaux (URSSAF, visite de l'inspection du travail, ASSEDIC, formation continue, etc.).

4. L'entreprise au quotidien :
– horaires, habitudes, usages, coutumes ;
– qui fait quoi à telle heure ? tel jour ? ;
– coupes dans le temps : qu'est-ce que l'on sent, entend, voit à telle heure, tel jour dans l'entreprise ? ;
– une journée avec le patron, un ouvrier ; une journée dans un service.

▶ ▶ ▶ ■

D. Quatrième phase : traces écrites

1. Les écrits de communication interne :
– notes de service, lettres (d'embauche, de licenciement) ;
– rapports, procès-verbaux ;
– comptes rendus de réunions ;
– dossiers, synthèses ;
– avertissement au personnel, consignes (d'hygiène et de sécurité, par exemple) ;
– journal interne d'entreprise ;
– règlement intérieur.

2. Les écrits de communication externe :
– lettres aux clients, fournisseurs ;
– dépliant pour un nouveau produit, affiche, slogan ;
– tracts syndicaux ;
– brochure de présentation de l'entreprise pour la communication externe ;
– articles de journaux, reportages, interviews sur l'entreprise.

▶ ▶ ▶ ■

E. Cinquième phase : événements et incidents

1. Les événements :
Départs à la retraite, arrivée d'un nouveau membre, mariages, naissances, célébrations, fêtes (Noël, Jour de l'An), etc.

2. Les incidents :
Cambriolage, crime, accident, grève sauvage, incendie, explosion, arrivée inopinée d'un personnage inattendu, découverte miraculeuse ou malheureuse pour l'entreprise, un champion parrainé par l'entreprise gagne, etc.

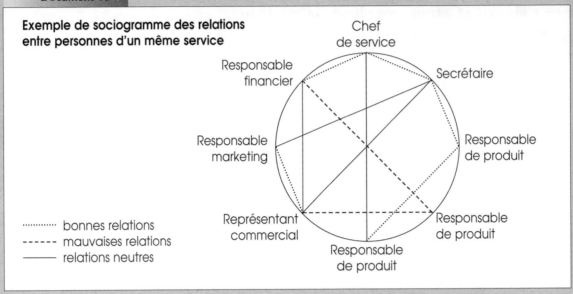

Document 19 ▼

Exemple de sociogramme des relations entre personnes d'un même service

Chef de service

Responsable financier

Secrétaire

Responsable marketing

Responsable de produit

Représentant commercial

Responsable de produit

Responsable de produit

.... bonnes relations

‑ ‑ ‑ ‑ ‑ mauvaises relations

────── relations neutres

Document 20 ▼

Nom du pays :	**Royaume du Kameroque**
Nom de la capitale :	Rhabès
Famille de pays :	pays en voie de développement
Forme de gouvernement :	monarchie absolue
Nom du chef de l'État :	le roi Aradja III
Superficie :	200 000 km^2
Population :	14,9 millions d'h.
Monnaie :	le ranide
PIB en dollars par habitant :	4 000 \$/habitant
Principales exportations :	pétrole (99 %), oranges, olives
Principales importations :	armes, produits finis, textiles, engrais
Langue véhiculaire :	le français
Langue minoritaire :	l'arabe
Religion :	islam

Deux événements marquants de l'histoire du pays :
– ancienne colonie allemande passée sous contrôle français en 1918 ;
– guerre de libération pendant six ans aboutissant à l'indépendance en 1930.

Une personnalité marquante : le roi Aradja Ier

La devise et/ou l'emblème du pays : « Tous pour nous ».

10. LA CONFÉRENCE INTERNATIONALE

LA CONFÉRENCE INTERNATIONALE s'adresse à des diplomates ou à des hauts fonctionnaires, en formation ou en activité, appelés à participer à des manifestatons et débats internationaux.

Le niveau requis pour participer à ce type de simulation a été évalué à un minimum de 300 heures de français, les objectifs d'un stage de trente heures étant de permettre l'acquisition de techniques de prise de parole (discussion, négociation, exposé), de rédaction de textes nécessitant une compétence et un lexique spécifiques.

La méthodologie consiste à reconstituer les situations d'une conférence internationale, avec son cadre, ses acteurs, ses rituels et ses interactions.

Pour un canevas d'invention détaillé et une abondante documentation, le lecteur pourra se reporter au livre de Chantal Cali, Mireille Cheval, Antoinette Zabardi, *La Conférence internationale* paru aux Éditions Hachette en 1995.

A. Première phase : établir le cadre géopolitique

1. Recherche des noms de pays participant à la conférence internationale.

2. Désignation des familles de pays.

> *Chaque pays se voit attribuer une appartenance à une catégorie dont la typologie et le quota sont fixés préalablement par l'animateur.*
> *Par exemple, PED (pays à l'économie développée), PVD (pays en voie de développement), PTEM (pays en transition vers une économie de marché).*

3. Constitution des délégations.

> *Chaque participant se prononce sur le choix du pays qu'il souhaiterait représenter. Les délégations des pays doivent être équilibrées et comporter le même nombre de délégués.*

4. Établissement de chaque pays sur des espaces marins vierges de la mappemonde, en vue de créer un sixième continent ou d'ajouter des pays aux continents existants. Recherche du nom de la capitale de chaque pays.

Doc. 20

5. Élaboration de la fiche signalétique de chaque pays (Doc. 20, page 60)

B. Deuxième phase : établir les identités fictives

1. Construction des identités administratives par :

a) l'écriture d'une fiche d'état civil indiquant les nom, prénom, surnom ou diminutif, date et lieu de naissance, nationalité, situation de famille, adresse ;

b) l'écriture d'une fiche établissant les caractéristiques saillantes de la personne : qualités, défauts, particularités physiques, manies, objets fétiches, anecdotes marquantes de sa vie.

2. Tirage au sort des fonctions de chacun.

Par exemple : Expert en… ; ministre des Affaires… ; professeur de… à l'université de… ; ambassadeur ; journaliste spécialisé ; consultant ; haut fonctionnaire ; chef de Cabinet.

On peut prévoir de créer un binôme de délégués par pays, comportant le président de la délégation et son adjoint.

3. Mise en commun des identités et esquisses biographiques. Premiers échanges informels entre les délégués.

> *Jeu de questions-réponses de façon à mémoriser qui est qui et qui fait quoi.*

C. Troisième phase : interactions

1. Choix du thème et du lieu de la conférence.

pp. 113 114

▷ *Panel de recherche d'idées en groupe concernant le thème de la conférence.*

Quelques thèmes possibles à exploiter en tenant compte des données fictives de chaque pays et non dans un débat *in abstracto* :
– les pays pollueurs doivent être les payeurs d'une « éco-taxe » ;
– les interventions internationales dans les conflits internes des pays ;
– la croissance démographique et le développement durable (*cf.* conférence du Caire sur la population) ;
– la tolérance entre les communautés religieuses ;
– l'emploi et l'aménagement du temps de travail ;
– la solidarité face à la pauvreté des pays du tiers-monde ;
– la lutte contre la drogue et l'aide à la reconversion des pays producteurs de cocaïne ;
– la démocratie comme critère d'aide au développement, etc.

2. Recherche du lieu de la conférence.

p. 137

▷ *Organisation de Philipps 6/6 ou de cascades argumentatives.*

3. Réunion préparatoire des représentants des pays.
Préparation d'un document en vue d'une présentation en conférence de presse faisant état de la situation économique et géopolitique du pays, de ses relations avec les autres pays participant à la conférence : besoins, attentes, services offerts, actions déjà menées dans le domaine du thème de la conférence, etc.

4. Conférence de presse devant le groupe, avec exposé préliminaire puis réponses aux questions des journalistes.

5. La conférence :
– élection du président et du vice-président ;
– ouverture solennelle de la conférence : remerciements, félicitations, discours des délégations, etc. ;
– débat : les séances plénières alternent avec les réunions de commissions ;
– adoption d'un document final, d'une résolution et recherche d'alliances.

D. Quatrième phase : traces écrites

1. Une résolution commune, finale en dix points.

2. Les textes des discours d'ouverture/de clôture de la conférence du président/des délégués.

3. Les journaux intimes, lettres des délégués.

4. La presse rend compte de la conférence : articles, interviews, reportages.

p. 129

5. Une histoire d'amitié ou d'amour entre deux délégués.

E. Cinquième phase : événements et incidents

Voici quelques idées à vivre en marge de la conférence.

1. Événements : coup d'État, déclaration de guerre, changement de gouvernement, tremblement de terre, raz-de-marée, catastrophe aérienne, etc.

2. Incidents : enquête sur un vol, un meurtre, un attentat, une exaction.

D

D'AUTRES SIMULATIONS GLOBALES À INVENTER

11. D'AUTRES LIEUX-THÈMES

Bien d'autres canevas peuvent être imaginés dans le domaine de l'apprentissage, du perfectionnement ou du français fonctionnel. Citons ici quelques-uns d'entre eux susceptibles de développements :
– le hameau de deux ou trois familles, la ferme ;
– le quartier d'une grande ville ;
– l'avion ou le train ;
– le plateau de cinéma ou de théâtre ;
– le bal, la fête, la boîte de nuit ;
– l'école, la colonie de vacances ;
– le gîte rural, le camping, la pension de famille ;
– le café, le restaurant ou le cocktail ;
– la guerre (le front) ;
– la commémoration ou l'inauguration, la cérémonie ;
– le journal ;
– la chorale, le concert ;
– le gouvernement, le conseil municipal, la session parlementaire ;
– le village de vacances, le complexe touristique ;
– le grand garage ;
– la foire, l'exposition, le salon ;
– la plate-forme pétrolière ;
– le parti politique, le syndicat ;
– le grand magasin ou le supermarché.

12. RÉFLEXIONS SUR UNE CLASSIFICATION DES SIMULATIONS GLOBALES

Présenter les canevas d'invention est l'occasion de réfléchir à ce que pourrait être une typologie des simulations. Il est très difficile d'établir des catégories fiables tant le nombre de simulations globales est important et leur champ d'application vaste comme en témoignent les nombreuses expérimentations engagées de par le monde dans des situations de classe très différentes. Pourtant, nous allons recenser ici quelques lignes de partage, déjà évoquées dans le tableau de présentation.

p. 26

▶ ▶ ▶ ■ ── A. Les types d'enseignement et les niveaux

La première ligne de partage passe par les « types d'enseignement » et les niveaux. Mais aucune simulation globale n'est véritablement réservée au français langue maternelle ou au français langue étrangère, même si les simulations généralistes ont connu un grand succès dans les classes de français alors que les simulations fonctionnelles sont davantage utilisées dans les cours de français de spécialité. Et il en va de même pour les niveaux, bien que les auteurs se montrent parfois prescriptifs. C'est ainsi que Jean-Marc Caré conseille la simulation ÎLES à des adultes en formation et à des élèves du 1er cycle :

p. 164

– en version allégée pour le <u>début d'apprentissage d'une langue étrangère</u> (une dizaine d'heures) ;

– en version plus complète pour le perfectionnement linguistique (une cinquantaine d'heures) ;

C'est ainsi également que les simulations de L'IMMEUBLE et du VILLAGE, conçues initialement pour l'apprentissage du FLE, ont remporté un succès au moins aussi vif en français langue maternelle et en formation continue.

►►► ■ B. Les types de publics

La deuxième ligne de partage consiste à destiner certaines simulations plutôt à des enfants et d'autres à des adultes.

Ainsi LE CIRQUE est-il destiné initialement à des enfants de 8 à 12 ans mais rien n'interdit d'imaginer un cirque avec des adultes car son univers peut concerner les enfants que nous sommes comme il peut être éloigné du monde des enfants. Et, bien évidemment, LA CONFÉRENCE INTERNATIONALE, L'ENTREPRISE, L'HÔPITAL sont *a priori* réservés à des adultes.

Mais que penser des autres simulations ? ÎLES est-elle une simulation trop ludique pour des adultes ? Oui, si les adultes ont peur de la « régression » inférée par un lieu-thème dont on sait qu'il s'apparente au retour aux origines ! Non, si l'on considère qu'ÎLES peut conduire à réfléchir à des choses très sérieuses comme l'économie de marché, la pratique des codes sociaux et culturels, etc.

►►► ■ C. Dominante réaliste/dominante imaginaire

La troisième ligne de partage se fonde sur des objectifs pédagogiques. C'est ainsi que L'IMMEUBLE est recommandé quand on veut ancrer la simulation dans une réalité urbaine de la civilisation française ; et que ÎLES est une simulation préconisée lorsque l'on souhaite s'évader dans l'imaginaire, voire l'onirisme.

Cette dichotomie conduit à distinguer les lieux-thèmes débouchant sur des <u>élaborations réalistes</u> et des lieux-thèmes engageant les participants à inventer des <u>univers non réalistes</u>, voire oniriques.

p. 138

► *Les simulations les plus proches de la réalité*

Sans aucun doute les simulations globales à visée professionnelle essaient de se rapprocher le plus possible de la réalité. Pour pouvoir tirer parti d'une simulation globale L'HÔTEL, faite avec des publics destinés à travailler dans les métiers de l'hôtellerie et du tourisme, il est préférable d'essayer de construire un hôtel proche des réalités susceptibles d'être rencontrées par les participants, quitte à faire le choix d'un hôtel parmi de nombreux autres et d'en énoncer ses singularités ; ou encore de faire le choix d'un hôtel « moyen » représentatif de sa catégorie.

Dans les simulations globales à visée professionnelle, les situations sont, pour une grande part, prévisibles, mécanistes, voire standard, même si la globalité de la simulation consiste précisément à convoquer sur le lieu-thème la part d'impondérable de la vie.

► *Les simulations les plus imaginaires*

ÎLES ou L'EXPÉDITION engageraient à plus de rêve que les structures fixes et codées de L'IMMEUBLE, de L'HÔPITAL ou de L'ENTREPRISE.

Sans doute les auteurs de ÎLES ont-ils souhaité initialement concevoir cette simulation comme la simulation de l'imaginaire absolu, du mythe de l'origine et de l'innocence, à l'image des innombrables traitements littéraires dont elle a été l'objet. L'île de la simulation est *a priori* une petite île perdue au milieu de l'océan. Et vivre sur une île dont les hommes ont perdu la trace et le souvenir, n'a pas la même force, les mêmes conséquences surtout, que vivre dans un village isolé, « un trou perdu » : l'île est par définition coupée du reste du monde et faire ce choix pédagogique implique que l'on fasse le choix d'une certaine créativité et de sa nécessaire catharsis ; un peu comme le Robinson de Tournier qui, dans un premier temps de sa vie sur Speranza, s'acharne à reconstruire une petite Angleterre, plus vraie que nature, plus conforme et plus réglée que l'originale et, ce faisant, se purge de l'univers anglo-saxon et de ses valeurs ; puis après l'explosion des quarante tonneaux de poudre, se laisse enfin aller à imaginer une autre vie, la vie sauvage. La catharsis puis la *poesia* en quelque sorte !

Mais l'île pourrait bien sûr être l'île de Ré, l'île de Porquerolles ou une île du Levant. Et l'île, dans les deux cas de figure, peut être bien des fois une pâle reproduction de la réalité ordinaire.

▶ De la réalité à l'imaginaire

Il existe donc au moins trois niveaux de production dans les simulations globales :

1. La production fidèle d'un modèle collant au plus près de la réalité. C'est le choix fait en général par les enseignants utilisant les simulations globales dans le cadre d'enseignement de spécialité. Mais le désir de produire des copies conformes à la réalité peut conduire à produire des effets d'hyper-réel et des mondes aseptisés et fonctionnels où l'imprévu et l'improvisation ont été proscrits.

2. La reproduction « inspirée » de la réalité : l'on se fonde sur la réalité de textes existants pour faire œuvre créatrice. L'on n'hésite pas à plagier, parodier, dériver, réécrire, etc. Ce type de simulation peut consister à « loger » la simulation dans un lieu où les élèves doivent se rendre (à l'occasion d'un voyage scolaire, par exemple), de façon à leur faire approcher le lieu par la force de l'imaginaire et de la documentation, de façon aussi à leur permettre de se mettre dans la situation, voire dans la peau de ceux qu'ils seront conduits à rencontrer. Pour l'utilisation de la simulation en matière de pédagogie des échanges scolaires, nous invitons le lecteur à se reporter à l'article « Saint-Briac-sur-Leipzig » paru dans *le Français dans le Monde* de février-mars 1994.

3. L'invention d'un modèle totalement nouveau, en rupture apparente avec toute réalité. Il ne faut néanmoins pas croire qu'il soit aisé d'« inventer de toutes pièces » un univers inconnu inspiré par Calliope...

▶ ▶ ▶ ■ ———— **D. Dominante fixe/dominante itinérante**

La quatrième ligne de partage est celle qui souligne le caractère fixe ou au contraire itinérant du lieu-thème de la simulation.
L'IMMEUBLE, L'ÎLE, L'HÔTEL, L'HÔPITAL, L'ENTREPRISE, LE VILLAGE ne bougent pas (sauf si le village est un village de nomades) ; L'EXPÉDITION, L'AUTOCAR, LA CROISIÈRE, LE CIRQUE se déplacent (sauf si le cirque est établi à demeure, le bateau pris par les glaces, l'expédition en quarantaine, l'autocar en panne) ; et il est à remarquer que le bateau de LA CROISIÈRE est un pseudo-déplacement dans la mesure où le monde est clos, autarcique et que l'extérieur n'intervient que peu ou pas dans le cours de la simulation : on a souvent affaire avec LA CROISIÈRE, à un hôtel flottant. Seules alors les escales seront l'occasion d'une ouverture sur le monde.
Le caractère itinérant d'une simulation globale peut ajouter une dimension picaresque, arborescente, (où des choix sont à faire comme dans les romans d'arcanes), et donc une dimension initiatique, ce qui peut être intéressant, notamment avec des publics adolescents. L'on pourrait alors peut-être parler, pour les simulations globales comme pour certains romans, de « romans initiatiques » ou de « simulations d'entrée dans la vie ». Les choix à opérer à chaque escale, carrefour, ville-étape peuvent être autant d'occasions

p. 48

de réfléchir à des stratégies de comportement lorsque l'on se retrouve plongé dans un monde nouveau à découvrir. L'on peut faire alors fonctionner ces simulations itinérantes comme de véritables jeux de rôle arborescents en créant – puis en tirant – <u>des cartes « incidents » ou « événements »</u>, version moderne des cartes « Chance » ou « Caisse de Communauté » du Monopoly, cartes qui viennent bouleverser le cours ou l'état des choses.

À signaler enfin qu'il est toujours possible d'imaginer des simulations gigognes et d'inclure une « mini simulation itinérante » (une « mini croisière en bateau par exemple, ou l'arrivée d'un cirque ») dans une simulation fixe comme LE VILLAGE ou L'IMMEUBLE ; ou encore d'imaginer la vie d'un immeuble sis dans un gros bourg d'une île ! Mais cette mise en abîme risque bien souvent de se faire au détriment de l'unité dramatique.

E. Visée professionnelle/visée non professionnelle

La cinquième ligne de partage est celle qui consiste à identifier des simulations généralistes et des simulations spécifiques, c'est-à-dire des simulations où les objectifs pédagogiques et les compétences mobilisées (compétence linguistique et compétence de communication) sont celles d'une profession particulière : L'HÔTEL, L'HÔPITAL, la CONFÉRENCE, l'ENTREPRISE ont été imaginés pour permettre un meilleur ciblage des apprentissages d'une langue étrangère par des apprenants se destinant à des carrières de l'hôtellerie et du tourisme, de la médecine, de la diplomatie, des affaires.

L'un des objectifs de ces simulations fonctionnelles est à la fois d'étudier un milieu spécifique mais aussi d'étudier le comportement de chacun immergé dans ce milieu (aptitudes, réactions), de permettre d'approcher des types de communication aussi bien dans les contenus que dans les relations, d'objectiver ses propres réactions en étant mis « en situation » et ce, de façon à se représenter les choses pour ensuite les travailler. Cette technique – qui peut faire penser aux thérapies comportementalistes – engage en fait les apprenants à prendre leur rôle actuel ou futur dans une situation donnée pour réfléchir au type de rapport instruit.

Mais il est évident que LA CROISIÈRE peut être également un bon support d'apprentissage pour des publics se destinant à des métiers du tourisme ; LE CIRQUE à une école des enfants du spectacle ; ÎLES ou L'EXPÉDITION à des apprentis explorateurs archéologues, zoologues ou ethnologues ; LE VILLAGE à des urbanistes, sociologues ou gestionnaires de collectivités territoriales ; L'IMMEUBLE à des sociologues de la ville, etc.
Au fond libre à l'enseignant ou au groupe de décider des différents aspects de la simulation dans laquelle il s'engage.

13. DES SIMULATIONS EN MUTATION

Quand on observe le degré de réalité des simulations globales, force est de constater qu'elles ne se réfèrent pas toujours à la réalité française d'aujourd'hui.
ÎLES choisit de se projeter dans un ailleurs spatio-temporel susceptible de faire oublier certaines grisailles, soit. Mais L'IMMEUBLE, LE VILLAGE, LE CIRQUE, tels qu'ils ont été établis par leurs auteurs, sont des espèces en voie de disparition.

▶ Du village au bourg

Prenons l'exemple du village. Avec l'exode rural croissant, avec la politique agricole communautaire, c'est toute une géographie humaine qui s'est redessinée en l'espace de vingt ans. Le village typique n'existe pratiquement plus. C'est presque devenu une image d'Épinal... ou un objet de musée comme ce village alsacien d'Ungersheim transformé en

« écomusée » et que l'on visite le dimanche en famille. La notion de village a tendance à être remplacée peu à peu par la notion de commune, de territoire communal. Les grandes surfaces, installées le plus souvent à la frontière de plusieurs communes, ont souvent porté le coup de grâce aux villages en contribuant à les vider de leurs petits commerces ; et nombre d'entre eux ne peuvent même plus s'enorgueillir d'un seul commerce, pas même d'un « débit de boissons ».

Le village est mort ! Vive le bourg ou l'agglomération ! Ce qui était conçu à l'origine dans une proportion de dix élèves pour cent habitants devient aujourd'hui une proportion de dix pour mille. Une simulation globale VILLAGE, pour être viable, doit donc tabler sur des agglomérations de 1 500 à 3 000 habitants, là où l'on est encore susceptible de trouver un médecin, un garage, un curé, un boulanger, un épicier, un agriculteur, un artisan, un menuisier, etc., une école, une mairie, une salle des fêtes, un dispensaire ou cabinet médical, un service d'autocars, une administration, une banque, une ou plusieurs entreprises, etc. Une vie économique, politique, sociale, culturelle, etc. et non le désert !

▶ Des modèles d'un monde en mutation

Quant aux cirques, nombre de petits et moyens cirques familiaux itinérants ont fait faillite. Les grands cirques Bouglione, Pinder ou Fratellini ont disparu ou au mieux se sont sédentarisés.

Quant à LA CROISIÈRE ou L'EXPÉDITION, elles n'ont de réalité que romanesque. La croisière de type *Titanic* ou *Cunard Line* – si elle peut certes faire trembler ou rêver – n'a jamais existé véritablement que dans l'imaginaire collectif tant elle n'a concerné qu'une catégorie extrêmement privilégiée et donc réduite de la population. Et sans doute en est-il de même pour de grandes ou petites expéditions : que ce soit celles – mythiques – effectuées aux pôles de notre planète par Admunsen et Scott, aujourd'hui par des scientifiques, anthro-pologues ou ethnologues. Seules peut-être des simulations comme LE VOYAGE EN AUTOCAR, comme L'HÔTEL, comme L'ENTREPRISE, pourraient, elles, présenter un caractère d'ancrage dans une réalité crédible et forte.

▶ Des schémas à adapter

Mais que sont donc ces simulations qui ne reposent plus que sur des modèles fantomatiques ? Des simulations qui appartiennent à un passé révolu ?

Ces simulations sont des simulations de base, susceptibles précisément de générer, si on le souhaite, d'autres simulations plus adaptées à la réalité socio-culturelle, économique d'une époque.

Certes l'immeuble du baron Haussmann existe encore à Paris ; et nul doute qu'il existera encore et toujours dans l'avenir, protégé qu'il sera par les lois sur les monuments historiques ; mais les immeubles d'aujourd'hui sont plus hauts (6, 8, 10 étages) ; ce sont parfois des tours (y compris dans Paris), des « barres » d'habitation (comme dans le 13e arrondissement par exemple), des cités HLM (comme en grande banlieue) ou des résidences luxueuses.... Alors, libre à l'enseignant de proposer une simulation globale LA RÉSIDENCE, LE QUARTIER ou LA CITÉ, sortes de combinaisons de L'IMMEUBLE et du VILLAGE. LA CITÉ peut-elle même se décliner en BASSIN MINIER, CITÉ SIDÉRURGIQUE, PÔLE TECHNOLOGIQUE (comme à Sophia Antipolis), etc. LE VILLAGE peut, bien évidemment, devenir LE BOURG ou LA PETITE VILLE DE PROVINCE, LA STATION BALNÉAIRE ou THERMALE chère à Proust (Cabourg) ou à Flaubert (Forges-les-Eaux)... LE CIRQUE peut se transformer en THÉÂTRE ou mieux en tournées de concerts, de chanteur à succès ou d'orchestre philharmonique.

☐ ☐ ☐ ☐ ☐

Les simulations globales proposées sont des matrices devant donner naissance à des simulations globales mieux adaptées à l'époque et au goût du public auquel on s'adresse.

« *L'idée des simulations globales,* explique Francis Debyser, *est en effet de susciter une concurrence au « réel » par l'imagination créative plutôt que de travailler sur un succédané, c'est-à-dire sur les représentations réduites et appauvries de la réalité extrascolaire que proposent la plupart des manuels.*

Une simulation globale ne cherche pas à réintroduire le réel ni à le reproduire, mais à le remplacer par une création »[21].

---

21. DEBYSER F., « Les Simulations globales », entretien avec F. Yaiche, *Éducation et Pédagogies*, mai 1991.

DEUXIÈME PARTIE

LES ENJEUX
d'un
JEU

1

LE JEU EN QUESTION

1. LE GRAND JEU ?

De nombreux enseignants mis en présence d'une simulation globale s'exclament :
« Mais alors c'est un jeu ! », ou bien : « On dirait un grand jeu ! » ou encore : « C'est donc
un grand jeu de rôle ! ». Et, de la réponse que l'on apportera, dépendront leur intérêt
ou au contraire leur dédain. En effet tout ce qui peut être estampillé du sceau du jeu, à
partir du moment où il est importé dans l'univers scolaire, peut provoquer les enthousiasmes ou les soupçons, déchaîner les passions pédagogiques et les enjeux institutionnels. La simulation globale n'est bien sûr pas un cas isolé mais elle est davantage
concernée puisqu'elle concentre toutes les questions que l'on se pose ordinairement à
propos du jeu à l'école.

▶ ▶ ▶ ■ A. Jouer à « faire comme si »

La simulation globale peut être considérée à bien des égards comme une
mosaïque d'activités qui concourent à un projet global, la construction d'un lieu de
vie, une sphère qui est en réalité une bulle d'imaginaire. Prises isolément, ces activités n'ont la plupart du temps aucun caractère ludique : il s'agit en effet d'écrire une
biographie, un portrait de personnage, de composer un texte décrivant un paysage,
une chambre, un immeuble, un hôtel, etc. Mais chacune de ces activités est sous-ten-
due par le postulat que l'on joue à « faire comme si », que l'on représente la vie, que
l'on joue au jeu de la vie. Le jeu du jeu, en somme ! Un jeu de mots célèbre dit « *Jeu* : être
un autre », car jouer c'est changer son destin et changer le destin, commencer une vie.
Cette métaphore de la vie sans cesse remise en jeu se retrouve fréquemment dans les
jeux, que ce soient les grands jeux de scouts – où les batailles au foulard se font en
essayant de saisir la « vie » de l'adversaire (le foulard passé à l'arrière de la ceinture du
pantalon), les plus forts collectionnant les « vies » de leurs victimes et pouvant se permettre de la sorte de prendre des risques – ou que ce soit dans les jeux de type
Nintendo, ou *Donjons et Dragons* où les joueurs ont des points de vie qu'ils peuvent
protéger ou dilapider jusqu'à la mort.
Dès son plus jeune âge, dès qu'il a pris conscience de l'autre et du bonheur possible à
jouer à être un autre, l'enfant se livre à cet échange, à cette bienheureuse substitution et
joue aux gendarmes et aux voleurs, aux cow-boys et aux Indiens, au papa et à la maman,
au docteur et au malade. L'univers du jeu est un univers d'ordres (c'est-à-dire de
consignes, de protocoles à respecter, faute de quoi il n'y a pas de déroulement possible
du jeu) surgissant dans un monde de désordre apparent (la vie) ; quand le hasard intervient c'est parce qu'on lui a demandé de le faire : on a jeté des dés, on a tiré une carte.
De ce point de vue, le jeu est un univers sécurisant où rien d'autre que ce qui a été prévu
par le jeu ne peut arriver. C'est un refuge structurant pour celui qui est plongé avec
scepticisme dans un univers de confusions, de questions sans réponses, de choses mal
établies.

Le jeu a toujours été au cœur des interrogations sur l'homme. Le philosophe Huizinga démontre dans un brillant essai que l'*homo* est *ludens* avant d'être *sapiens*[22] et que toutes les activités humaines sont fondamentalement structurées par le jeu.

B. Jouer, entre règles et liberté

En réalité la simulation globale est un jeu qui dans son principe est *a play* et dans son déroulement *a game*. Le *distinguo* terminologique opéré par les Anglo-Saxons permet de repérer ce qui ressortit au jeu libre de l'enfant qui peuple son univers de toutes sortes de rôles dont il tire les ficelles et ce qui ressortit au jeu social et réglementé. L'enfant accède généralement au jeu social, après l'âge de huit ans, en une seconde phase d'élaboration de la personnalité ce qui lui permet d'assumer, non plus tel ou tel rôle, mais celui d'un autrui généralisé. La distinction entre *game* et *play* permet surtout d'opposer – comme le fait Winnicott – les jeux rassurants parce que réglés, organisés, expliqués, prévisibles (*games*) et les jeux inquiétants, imprévisibles, effrayants même, ordre et désordre (*play*).

La simulation globale est tendue entre l'un et l'autre mode : elle met en ordre un monde à partir de règles, matrices et contraintes proposées par le maître du jeu (l'enseignant) ; mais elle s'efforce aussi de parer parfois au plus pressé, d'improviser des solutions ou de déranger un bel ordonnancement grâce à des techniques d'animation qui font surgir le hasard, l'aléatoire, l'imprévu, en un mot la liberté. Même si la simulation globale est un jeu à visée instructive, c'est-à-dire un jeu qui comporte un système de règles auxquelles on doit se conformer, c'est aussi un jeu créatif qui permet d'exprimer une certaine forme d'insoumission, d'insubordination aux règles du jeu social de façon à permettre une critique constructive de l'ordre établi, à sortir des sentiers battus et à imaginer des voies nouvelles.

La tension entre ces deux pôles permet de donner vie au grand jeu qu'est la simulation globale et de représenter le jeu même de la vie : elle est, comme le dit Jacques Henriot du jeu, « *apprentissage de la règle et découverte de la liberté* »[23].

C. Jouer dans un monde clos pour mieux s'ouvrir au monde

Les lieux-thèmes sont, paradoxalement, des lieux clos qui ont pour fonction d'ouvrir sur le monde ; des lieux plus ou moins clos selon qu'il s'agit d'une simulation globale statique ou itinérante, mais dont la clôture est d'une certaine façon emblématique de la clôture de la classe et de l'école qui ont, elles aussi, pour mission d'ouvrir l'enfant au monde, un monde à découvrir.

Les lieux-thèmes sont, en réalité, des microcosmes que l'on peut ouvrir ou refermer à loisir vers le monde extérieur, comme pour aller en excursion. Il y a sans doute des gradations dans la clôture des simulations globales : l'on se sent peut-être plus enfermé sur un bateau partant en croisière que dans une île, un immeuble, un village... Mais ce qui est remarquable, c'est que ce sont les élèves, plus d'ailleurs que les enseignants, qui brisent le huis-clos qui leur avait servi, au début, à constituer le lieu-thème, l'histoire et, au-delà, le groupe. Ils décident alors de partir à la découverte du quartier, des îles de l'Archipel, des villages voisins, de civilisations disparues, voire d'abandonner totalement leur lieu de *cocooning*. On y retrouve toujours le double désir d'implication et d'indépendance.

22. HUIZINGA J., *Homo ludens : Essai sur la fonction sociale du jeu* (*Homo ludens*, 1938), trad. C. Seresia, Paris, Gallimard, 1951.
23. HENRIOT Jacques, *Sous couleur de jouer*, José Corti, Paris, 1989.

p. 161

D. Jouer en groupe : pour soi et pour les autres

Dans la classe, lors d'une simulation globale, l'enseignant est à la fois le prescripteur du jeu et le maître du jeu. Il ne participe pas en tant que « participant » à de très rares exceptions près, comme dans une <u>simulation globale grammaticale</u> ; il ne prend pas d'identité fictive malgré l'envie qu'il en ait ou malgré parfois la pression de ses élèves à laquelle il doit résister. Il reste en position d'arbitre et/ou de démiurge impliqué dans l'énoncé des règles et le respect des codes, désimpliqué dans les interactions mêmes du jeu.

Les participants, eux, ne sont pas adversaires mais partenaires ; l'on ne joue pas seulement pour soi mais dans un but commun, c'est-à-dire aussi pour les autres, pour enrichir le récit auquel chacun aura apporté sa contribution. Participer à une simulation globale c'est faire l'expérience du groupe, sortir de la situation agonale de la classe traditionnelle où il y a des premiers et des derniers (des vainqueurs et des perdants), sortir de sa solitude inquiète pour participer à un projet collectif, à une grande œuvre. De la même manière que les enfants jouent, avec sérieux, à construire dans les bois des cabanes de branches ou dans leurs chambres des maisons de poupées, ils imagineront alors dans la classe un immeuble ou un village.

E. Être apte à jouer avec soi-même et avec les autres

Il ne peut y avoir de communication sans créativité et les activités ludiques permettent, mieux que d'autres, l'apprentissage parce que le plaisir est présent. Mais quels sont les élèves qui bénéficient le plus de ces activités ? Comment vaincre les résistances des enfants dont le jeu n'est pas culturellement intégré ? Et comment aborder les familles qui réclament « toujours plus » de ce qui met leurs enfants en échec ?

On craint souvent que la créativité, et au-delà la simulation globale, privilégie ceux qui manifestent déjà une certaine aisance dans l'expression, qui réussissent à « faire comme si », qui parviennent à exprimer leurs sensations, leurs sentiments, leurs émotions même, sans pour autant en être perturbés. L'aptitude à jouer avec les autres, et mieux l'aptitude à jouer avec soi et avec ce qui est parfois le plus personnel, n'est pas une aptitude commune à tous. Certes, mais heureusement, cette aptitude n'est pas toujours corrélée avec les bons résultats scolaires et l'on voit de bons élèves tétanisés devant des activités créatives (ils ont perdu leurs repères, on les a changés de cadre de référence), et de mauvais élèves y être très à l'aise.

C'est qu'en effet les activités ludiques supposent des compétences que l'on n'a pas l'habitude de mobiliser en classe : capacité à travailler en groupe, capacité à négocier, à diriger, capacité à écouter les autres, à adapter, transformer, accepter leurs propositions, capacité à s'adapter aux circonstances, à rebondir, etc. L'on découvre alors parfois des individus riches et souples, ou au contraire des individus « psycho-rigides » portant sur le monde un regard catégorique, sommaire, manichéen.

F. Le besoin de parler pour jouer

Jouer ne va donc pas toujours de soi, loin s'en faut. Pourtant le jeu se justifie particulièrement en classe de langue puisqu'il faut y faire fonctionner sa langue au sens anatomique du terme.

Ce qu'on dit quand on joue est extraordinaire de variété grammaticale et lexicale : on parle pour expliquer le jeu, pour énoncer la règle, pour commenter un jeu (essayer de le comprendre, de le modifier, d'évaluer l'intérêt d'un coup), pour influencer un joueur (lui donner un conseil, l'encourager, l'intimider), et bien d'autres actes de parole encore (envisager la position des joueurs, le matériel nécessaire, le but, le déroulement et le résultat du jeu, etc.). Parler devient indispensable pour le bon fonctionnement du jeu.

Mais il est évidemment possible d'utiliser les jeux pour réaliser un projet linguistique défini (emploi de la relation cause/conséquence, du système imparfait/passé simple, hypothétique, interrogatif, etc.). Le jeu engendre ainsi des besoins qui font qu'il n'y a pas alors d'un côté la grammaire avec ses régularités (et ses irrégularités) et de l'autre le discours avec sa parole ludique mise en actes, mais l'une se dégageant de l'autre par la démarche naturelle des parcours discursifs.

2. SIMULATION ET RÔLE

▶ ▶ ▶ ■ A. La quête d'identité

Grâce à la simulation globale, je parle de moi comme si c'était d'un autre. Comme dans la création littéraire « je est un autre » et c'est ce qui m'intéresse au plus haut point. Pouvoir parler de moi... à moi et aux autres, et sublimer cette parole en la fondant dans une parole et une œuvre de groupe, est sans aucun doute l'un des aspects des plus jubilatoires et narcissiques de la simulation globale ; pouvoir contempler le reflet de son identité dans l'identité d'un autre – que l'on a créé et que l'on reconnaît comme étant partie et parti de soi – est l'une des opérations essentielles de la simulation globale.

L'on sait, grâce à l'apport de la psychanalyse en éducation, que le désir de lire, écrire et compter sont des substituts du désir de comprendre et connaître un mystère dont l'enfant croit que seul l'adulte possède la clé. Grâce à certaines activités scolaires – et les simulations globales sont à notre sens de celles-là – l'enfant a la sensation d'être initié aux activités des adultes, et peut-être d'accéder à leur monde. La pédagogie active – Freinet par exemple – à laquelle la simulation globale est redevable à bien des égards, a toujours cherché à faciliter l'expression personnelle et symbolique des enfants de façon à favoriser leur maturation et à leur permettre de sortir « des relations duelles paralysantes »[24].

En permettant la quête de « l'autre » qui est en soi, la simulation globale permet à l'élève de mener une quête d'identité accompagnée par le jeu de simulation et couverte par la légitimation pédagogique. En cherchant à être « un autre », l'élève cherche l'autre « moi » qui est en lui ; cette démarche contribue bien souvent à lever un coin du voile de sa « zone aveugle » et à faire en sorte qu'il se trouve lui-même.

▶ ▶ ▶ ■ B. Le théâtre du monde et ses acteurs

Le théâtre se confond bien souvent avec la réalité et « *ce qu'on appelle individu ou personne dans un contexte est appelé rôle ou qualité dans un autre* »[25]. Nous sommes sur la scène d'un théâtre (le monde) où chacun est amené à jouer de nombreux rôles. Ces derniers sont en grande partie prescrits, codifiés et « normés » sans que pour autant tout soit joué d'avance. Ainsi sait-on comment et quand se comporter en père, en collègue ou en voisin et être reconnu comme tel, tout en ayant la possibilité de prendre de la distance par rapport au rôle. Chacun s'inscrit dans une mise en scène de la vie quotidienne, dans une ritualisation des rapports interpersonnels, à travers laquelle il assure et négocie son statut avec autrui.

« *Je crois,* explique Francis Debyser, *qu'une simulation, c'est un théâtre avec un nombre suffisant de personnages pour que la créativité induite soit une sorte de procédure démultiplicative constante ; c'est-à-dire qu'il est très difficile d'imaginer un héros, deux héros, mais dans la mesure où on en a sept ou huit ou douze, comme c'est le cas, peut-être même plus, une vingtaine disons, dans la mesure où ce sont des personnages qui échappent un peu à leurs auteurs, comme on le dit depuis des dizaines d'années à propos du personnage de création littéraire,*

---

24. MAUCO Georges, *Psychologie : psychanalyse et psychologie médicale*, tome 4, Aubier Montaigne, 1970.
25. GOFFMAN Erving, *Les Cadres de l'expérience*, Éditions de Minuit, 1992.

leurs interactions sont forcément, à un certain stade, relativement inattendues et c'est cela qui, du point de vue communicatif, est intéressant : assez vite, il y a une sorte d'interaction entre le groupe créatif et l'ensemble des personnages qu'il a créés et qui l'ont amené à évoluer sans qu'il ait complètement maîtrisé la programmation de ces personnages »[26].

Intéressante problématique où chacun est le manipulateur et le manipulé de l'autre. Personnages de chair et personnages de papier, lieux de pierre et lieux de papier, chacun tient un rôle auquel il tient plus ou moins, chacun s'efforce de jouer son rôle et parfois, comme dans la simulation globale, le rôle du rôle.

Pour Ralph Linton, le « rôle joué » constitue un compromis entre un modèle social prescrit et la personne qui l'actualise en situation. L'exercice des simulations globales permettra, grâce au jeu avec les identités fictives, de prendre la mesure pour chacun du poids des attentes de rôles, des contraintes sociales et de la marge de liberté dont chacun peut disposer. Il permettra également de comprendre que chaque culture produit non seulement des rôles spécifiques (l'exemple du Marabout en Afrique) mais aussi une approche différente des rôles sociaux communs : un *bobby* anglais se montre plus protecteur qu'un agent de police français qui est craint ; les maris français n'ont pas les mêmes attentes que les maris allemands vis-à-vis de leurs femmes et vice versa[27].

Les rôles de père, mère, mari, épouse, etc., sont un mélange de stéréotypes sociaux collectifs, d'intériorisation de modèles, d'imitation ou de contre-imitation de ces modèles généralisés.

▶ ▶ ▶ ■ — C. L'apprentissage des rôles

Au travers des simulations globales, l'apprentissage des rôles relève à bien des égards d'une véritable éducation civique, éducation du citoyen au problème de la régulation et de la contrainte sociale débattue par Rousseau et Durkheim notamment. Dans les simulations globales, un contrat social s'esquisse et plus précisément les attentes de chacun et de tous, les attentes nécessaires, les attentes obligatoires et les attentes facultatives telles qu'elles sont définies par la sociologie moderne.

Qu'il dorme, mange (rôles psychosomatiques ou physiologiques), qu'il assume son rôle de mère, père, fille, juge, médecin, agent de police, pilote (rôles sociaux ou socio-professionnels), l'être humain est toujours en rôle, et ces rôles sont toujours déterminés par les attentes des autres, par les habitudes culturelles et par les premiers apprentissages. Pour Moreno, le rôle est une expérience interpersonnelle qui nécessite plusieurs acteurs et un ensemble interactionnel.

La vie sociale tend à enfermer chacun dans un rôle ou dans un répertoire étroit de rôles. Un conformisme devient obligatoire : un professeur doit agir « normalement » en professeur, et, complémentairement, un élève en élève. Mais l'individu pourrait incarner beaucoup plus de rôles que ceux qui lui sont accessibles dans la vie quotidienne : en effet, il porte en lui un éventail de rôles qu'il voudrait jouer et qui restent potentiels aux différents stades de son développement.

Face à cette pression extraordinaire exercée par le regard des autres pour que l'individu soit conforme au rôle qui lui a été dévolu, il semble nécessaire que l'individu reçoive une formation au rôle. Il y a sans doute à travers le recours à des pratiques comme les techniques théâtrales ou les jeux de simulation le moyen d'éviter de sombrer dans la folie du rôle, c'est-à-dire de croire que l'on n'est qu'un rôle.

La façon dont sont tenus les rôles change peu lors d'une existence, sauf si on ouvre l'éventail des rôles tenus, si on propose d'autres manières d'agir, de tenir des rôles professionnels ou sociaux. Le jeu de rôle va assurer cette ouverture. La simulation globale, également. Mais attention ! Celle-ci, si l'on n'y prend pas garde, risque d'enfermer l'élève dans un rôle unique et, au bout du compte, de ne pas être un meilleur remède que le mal que l'on voulait prévenir ou guérir. Il faut donc être attentif à la possibilité de

---

26. DEBYSER Francis, entretien accordé à Francis Yaiche, le 10 février 1991.
27. ROCHEBLAVE-SPENLE, *La Notion de rôle en psychologie sociale*, PUF, 1962.

changements libres de rôles à l'intérieur d'une simulation globale, de passages d'une identité à l'autre (de la principale à la secondaire, par exemple).

L'élève ne doit pas se sentir esclave, prisonnier ni même propriétaire de son rôle. C'est là peut-être toute la difficulté ; mais dès l'instant où l'enseignant ne confond pas lui-même jeu et réalité, et qu'il garde le contrôle de sa classe, les élèves auront moins de risques de confondre jeu et jeu de rôle, réalité et apprentissage des rôles par le jeu.

3. LA SCHIZIE DE L'APPRENTISSAGE OU LE JEU NÉCESSAIRE À L'ADAPTATION

A. Apprendre, c'est changer

Tout apprentissage a pour conséquence :
– d'accroître ou de modifier ses connaissances dans un domaine ou un savoir-faire ;
– d'étendre son territoire de compétences, de relations, de compréhension du monde ;
– d'accepter de n'être pas ou plus le même ;
– de regarder le monde différemment et, de par ce fait, de n'être plus regardé non plus de la même manière ; de changer d'état psychologique (de rôle, de statut) et donc de changer dans sa tête et dans son corps.

C'est ainsi que certains apprentissages peuvent déterminer des changements de comportement manifestes (vêtements, accessoires, habitudes alimentaires, etc.). On boira alors du thé anglais, chinois ou russe, on vivra à l'heure espagnole ou grecque, on portera des lunettes rondes à la Trotski ou des cols Mao, un loden et des chaussures anglaises, etc. Tout apprentissage est donc une tension entre le monde d'origine et le monde que l'on découvre et dans lequel on tente de prendre pied. Cette tension entre le soi présent et le soi à-venir est elle-même un apprentissage de la schizie, du dédoublement, et au-delà, du changement de rôle, voire de statut.

B. L'école, le lieu naturel du changement

Pour parler concrètement de cette schizie il suffit de penser à un enfant entrant en cours préparatoire. Celui-ci est, pour l'enseignant, un individu sourd et aveugle à ce pan de réalité du monde constitué par les chiffres et les lettres. On représente à l'enfant (le « on » désignant la famille et l'école) qu'en fin d'année il saura lire, écrire et compter et qu'il aura ainsi accès à des messages jusqu'alors interdits. Il est désormais un élève, c'est-à-dire quelqu'un qui va s'élever vers des connaissances, du haut desquelles il aura une vue du monde plus belle et plus dominatrice. Il sera un individu plus « policé », instruit des choses de ce monde.

Le contrat élève-école-parents qui se renouvelle chaque année est un contrat schizique (« sois autre ! ») de double lien (« sois autre tout en restant celui que tu es ! »). Les enfants se livrent avec plaisir à ce « frégolisme » identitaire parce que l'*homo* est *ludens* avant d'être *sapiens* et parce qu'ils voient dans le changement la possibilité de jouer avec eux-mêmes, avec leur image. De la même manière qu'ils jouent à la poupée, au papa et à la maman, ils jouent à l'élève et à la maîtresse ou au maître.

Mais certains enfants, on le sait, refusent d'aller vers ce monde inconnu et vers cet inconnu d'eux-mêmes. Ils ne souhaitent pas sortir du monde qui est le leur et dont ils possèdent bien les règles, rouages et relations. Ces enfants en difficultés, psychologiques, sociales, ont des réticences à accepter le changement : changement de lieu (projection vers le lieu-thème), changement d'identité (de sexe, d'âge, d'image, de statut), etc. Au contraire, les enfants bien insérés dans leur dispositif familial, social, affectif, acceptent volontiers de jouer avec une partie d'eux-mêmes, y compris pour endosser des identités de personnages peu gratifiants.

C. La vie adulte : le moment de la prise de distance au rôle

Paradoxalement, le changement d'identité sera peut-être générateur de plus de difficultés avec les adultes qu'avec les enfants. La raison probable en est que les adultes ont perdu la pratique de la gymnastique schizique en quittant l'école et que, s'enfonçant dans la vie active, ils consolident leur statut et leur image au point qu'elle en devient parfois monolithique. Préoccupés, pendant des années de vie active, à essayer de stabiliser leur image, à rendre crédible leur rôle, à s'adjoindre tous les signes extérieurs de la reconnaissance de leur identité, il n'est pas étonnant que la transition par une identité fictive bouleverse les cadres de leur expérience.

Le *roseau pensant* de Pascal, le *je pense donc je suis* de Descartes sont autant de formulations de cette schizie de l'individu, commentée par les philosophes et romanciers : Shakespeare, Calderón, Goffman, Winnicott et bien d'autres. Que ce soit pour les existentialistes ou pour les psychanalystes, l'homme a un statut à part dans l'univers et il s'en rend compte. Cette prise de conscience l'engage à prendre de la distance par rapport à l'univers qui l'entoure – et qui ne le comprend pas au sens fort du terme – alors que l'homme, lui, s'efforce de comprendre l'univers, mais aussi à prendre de la distance par rapport à lui (d'où le thème et l'objet récurrents du masque dans toutes les sociétés y compris les plus primitives).

On peut citer à ce propos la célèbre description du « personnage du garçon de café » faite par Sartre : « *Il a le geste vif, appuyé, un peu trop rapide, il s'incline avec un peu trop d'empressement, sa voix, ses yeux expriment un trop de sollicitude pour la commande du client... enfin, le voilà qui revient en essayant d'imiter dans sa démarche, la rigueur d'on ne sait quel automate... il joue, il s'amuse... À quoi donc ? Il joue à être garçon de café... il joue avec sa condition pour la réaliser*[28] ». Cette obligation s'impose à tous les commerçants mais aussi à tous les artisans, métiers de la banque et de la finance, etc. : leur condition est toute de cérémonie. Il y a la danse de l'épicier, du tailleur, du commissaire-priseur, destinée à persuader leurs clients qu'ils sont bien épicier, tailleur, commissaire-priseur. Un épicier qui rêve est offensant pour l'acheteur, parce qu'il n'est plus tout à fait un épicier. La politesse exige qu'il se contienne dans sa fonction, comme le soldat au garde-à-vous se fait chose-soldat, avec un regard direct mais qui ne voit point, qui n'est plus fait pour voir, puisque c'est le règlement, et non l'intérêt du moment qui détermine le point qu'il doit fixer, « le regard fixé à dix pas ».

Vivre c'est se distinguer du monde, se dissocier de soi à soi, s'engager dans un processus schizique. L'école dirige, ordonne et canalise cette schizie en fixant des objectifs, des contenus, en définissant les relations entre l'individu-élève et la société. L'école est le lieu de la schizie sans cesse recommencée, car c'est le lieu de l'apprentissage institutionnalisé. Apprendre a donc pour conséquence sociale de traiter cette schizie inévitable de l'individu, de transformer un phénomène ontologique en fait social – c'est-à-dire de faire en sorte que cette schizie devienne l'apprentissage du rôle et du statut avec lesquels l'adulte devra fonctionner et jouer.

D. La classe de langue : le chemin vers l'étranger

La classe de langue étrangère est un lieu de « haute schizie » puisque l'élève est engagé à mettre entre parenthèses sa langue maternelle (avec toute la charge émotionnelle que cela suppose), et la compétence culturelle et de communication de sa « mère-patrie ». L'élève est tendu non seulement vers des territoires disciplinaires inconnus mais il est tendu aussi vers l'étranger, vers l'autre. Il a besoin, pour endosser ce rôle, d'aller chercher en lui la part d'étrange et d'étranger qui réside en chacun de nous. De ce fait, apprendre une langue étrangère c'est réviser ses conceptions sur le monde, la langue et

28. SARTRE Jean-Paul, *Situations*, Éditions de Minuit, 1947.

la phonétique, l'espace et le temps (*cf.* la notion « d'espaces » au Canada ou au Japon) ; ce que l'on savait est ébranlé.

Les simulations globales permettent, du fait de la transition par une identité fictive, de faire l'expérience du plaisir du masque social, du rôle, du statut. S'exprimer « sous le couvert » d'un personnage fictif a pour effet de diminuer la peur de faire des fautes, dans la mesure où celles-ci ne sont pas totalement imputables à l'élève mais plutôt au personnage au nom duquel il s'exprime. Nous l'avons déjà dit, de la même façon qu'il existe des romans d'entrée dans la vie (les romans picaresques par exemple, le *Lazarillo de Tormes* ou le *Gil Blas* de Santillane), il devrait exister des approches pédagogiques d'entrée dans la vie.

Les simulations globales vont rendre présentes dans la classe les choses ordinaires ou extraordinaires de la vie, de l'amour, de la mort, car « c'est la vie qui passe » pour reprendre la formule de Flaubert dans L'*Éducation sentimentale*. Il y a là bien plus que l'apprentissage d'une langue puisque l'on peut envisager, voire auto-évaluer son comportement dans telle ou telle situation. Il est donc possible de s'exprimer sur des sujets forts et parfois pesants ; et grâce à cela de se « purger » de ses passions sociales ou personnelles (la catharsis), de faire l'expérience de la réussite ou de l'échec, d'avoir une démarche édifiante.

Quant à la simulation professionnelle, il y a là une manière d'initiation au langage et aux *habitus* d'une corporation, aux tics, aux trucs, aux signes, voire aux secrets, initiation qui autorise bien sûr les ratés, les retours, les fautes et qui assurera à l'élève une meilleure prise sur le réel professionnel quand il aura réellement à l'aborder.

4. LE CHANGEMENT : UNE RÉPONSE AU JEU DE LA VIE ?

Les interactionnistes postulent l'existence d'un « Soi » (*self*) intégrant et unissant dans le devenir la pluralité des rôles (les « Moi ») et assurant ainsi la permanence du sujet et de son identité. Ils récusent les thèses de la psychologie du développement d'inspiration analytique selon lesquelles la personnalité se forme très tôt de façon définitive et ils insistent sur le caractère inaccompli, jamais achevé de toute vie humaine. Nous sommes toujours en devenir, en changement, en recherche de soi, altération de rôles et de statuts, en évolution… La multiplicité des « Moi » et la plasticité du « Soi » sont constitués et constituants d'une identité plurielle, inscrite dans la temporalité, à laquelle le regard biographique confère, après coup, sens et cohérence.

Goffman, quant à lui, place la question du changement dans le cadre de l'expérience que l'individu peut avoir du monde. Nous passons notre vie à être déssillé sur la véritable nature de la réalité. Car la réalité peut être imitée, simulée, falsifiée ; et ce que nous croyions un temps, par manque d'expérience et par méconnaissance du mode opératoire de la réalité (Key) nous apparaît alors comme fabriqué, truqué. C'est l'expérience et la simulation globale permet d'en faire de très nombreuses qui nous conduit à distinguer le rêve de la réalité, la vérité du mensonge. L'expérience, savoir implicite que nous mobilisons généralement de manière immédiate, fonctionne alors comme une gigantesque « centrale des cas » permettant de reconnaître grâce à des typologies de signes, le canular anodin ou le piège crapuleux, le pain béni ou le mensonge pieux, etc. Il existe ainsi des phénomènes d'illusion (erreurs de cadrage) ou de mystification (fabrication de cadres) qui égarent les jugements de réalité et désorientent l'activité.

Ces fabrications faussent nos représentations et nos convictions sur le cours des choses en mobilisant nos repères habituels et en manipulant nos cadres de référence, dont ils révèlent par là-même, la structure et la vulnérabilité. Ainsi nous faut-il toujours « *ravauder la trame de notre compréhension du monde en déconstruisant l'évidence familière et tenace de nos croyances, pour faire face à une comédie sociale trompeuse où les personnages s'avancent masqués* »[28]. Ainsi sommes-nous condamnés au changement.

---

28. GOFFMAN Erving, *Les Cadres de l'expérience*, Éditions de Minuit, 1992.

CHAPITRE

2

L'IDENTITÉ EN QUESTION

1. LE JEU AVEC LE « JE »

La simulation globale fait approcher l'idée que l'on peut être acteur de son destin, constructeur de son identité, responsable de son « Moi ». L'identité, on le sait, se développe en différentes phases et à partir d'identifications à des modèles. Ce processus d'identifications multiples (et à répétition) contribue à créer une identité idéale, modèle parfait du « Soi » auquel chacun aspire et tâche de se conformer.

La simulation globale permet une esquisse de cette identité idéale, même si pour certains l'idéal est une ombre noire portée au tableau. Qui dit identité dit identification à autrui. Dans une simulation globale, l'apprenant est invité à un double mouvement : d'une part, il est invité à la reconnaissance de l'autre, l'étranger (en l'occurrence, le Français) et donc à la reconnaissance d'un groupe de référence (les Français), de types, voire de stéréotypes ; d'autre part, il est invité à une intégration personnelle, ou à une assimilation par le biais d'une identité fictive, par l'intermédiaire de la singularité. On l'invite donc à entrer dans ce « peuple d'uniques » pour reprendre la formule de Paul Valéry, à passer d'une approche généraliste et distante à une approche particulière et incarnée, à passer de la distinction myope de grands traits de civilisation et de grands types ou de caractéristiques des Français à une vision aiguë de la réalité du Français, non pas moyen mais inconnu, dont on dresserait le monument et écrirait l'improbable biographie. Il faudrait alors s'interroger sur son identité au même titre que l'on s'interroge sur l'identité du soldat inconnu. Énigme sans réponse !

2. IDENTITÉ ET ALTÉRITÉ

▶ Comment peut-on être français ?

Le chemin qui conduit l'individu d'une culture vers un individu d'une autre culture n'est donc pas toujours aussi long que certains le croient. Car l'étranger est autant l'« étranger à nous-mêmes » que l'étranger de soi-même. La diversité n'implique pas nécessairement la différence et les diversités d'expression culturelle se rejoignent dans le sens où elles expriment le même réel.

Il y a trente-six, voire mille et une, manières d'être Français et la simulation globale conduite par un enseignant soucieux de procurer d'abondants documents authentiques à ses élèves peut faire approcher la question de la diversité culturelle, en tant que composante du concept de nationalité.

Le grand écart identitaire créé par la transition par une identité fictive (en fait l'injonction paradoxale : « Sois un autre en puisant en toi, tout en restant l'élève que tu es pour devenir celui auquel tu aspires ! ») est résolu par l'invitation implicite faite à l'élève d'aller chercher en lui l'étranger qu'il est potentiellement. Chacun possède cette compétence pour avoir été soi-même étranger dans certaines circonstances mais aussi parce que « nous nous savons étrangers à nous-mêmes »[29]. À partir de l'étranger qu'il est quelque part et de l'étranger qu'il se représente, l'élève construira une identité étrangère qui ne lui sera pas étrange. « Sois un étranger sans être étranger à toi-même », telle pourrait être la prescription.

« Apprends à connaître l'autre en descendant en toi-même ; apprends à te connaître en descendant en l'autre », tels pourraient être les augustes conseils d'une pythie qui aurait choisi de décliner sur le mode interculturel le « Connais-toi toi-même ». À partir de l'autre, je me réconcilie avec ma propre altérité-étrangeté. Dans la dialectique de l'altérité et de l'identité, l'identité fictive est une interface.

Une telle démarche consiste à ramener l'inconnu au connu, à réduire aussi la peur provoquée par la peur de l'autre et l'incertitude des cadres. En créant un étranger qui ne l'est pas complètement mais qui, au contraire, est une partie de lui-même puisqu'il est parti de lui, on facilite grandement l'approche de l'autre, même si cette approche est en partie faussée puisqu'elle est le produit de représentations (voire de fantasmes) et qu'elle n'a pas toujours de rapport avec ce qui se passera dans la réalité. La simulation globale repose en fait davantage sur une identification des apprenants à un groupe de référence qu'à des individus, et ce, de façon à intégrer par ce biais un système culturel, ses valeurs, normes et conduites. Mais autant l'identification à un « autrui généralisé », ne pose pas de problème d'adhésion quand celle-ci se fait d'une façon volontaire, autant l'identification à un groupe désigné par l'enseignant peut parfaitement ne pas soulever l'enthousiasme des élèves ; bien au contraire. Car les élèves peuvent ne pas avoir très envie de se projeter dans « Les Français » qui ne représentent pas toujours pour eux un modèle, un idéal. La « naturalisation » ne se décrète pas par le haut, de façon forcée ; il faut rencontrer l'adhésion, le désir d'être et sans doute aura-t-on intérêt alors à orienter les élèves vers des identifications séduisantes (par l'intermédiaire de portraits ou biographies de personnages littéraires ou non).

▶ Le désir d'être quelqu'un pour quelqu'un d'autre

S'affirmer, se réaliser, telles peuvent être les fins de l'école. Et l'usage de la simulation contribue à cette affirmation parce qu'elle fait faire l'expérience d'une situation de vie mais aussi parce qu'elle fait découvrir le champ des possibles, le champ de la complexité, la diversité existentielle, comportementale, culturelle, etc. ; parce qu'elle oblige les élèves à faire des choix et surtout à négocier ces choix avec eux-mêmes (telle décision aura telle conséquence) et avec les autres.

« Faites vous-même votre malheur », ironise Paul Watzlawick[30], chantre de la *positive thinking*, manière de démontrer que les comportements et les cultures induisent aussi les événements. La simulation globale permet de jouer sur les variations identitaires, d'en faire l'apprentissage et d'affirmer la diversité et le droit à la singularité.

Dans une simulation globale, l'affirmation de la singularité est plus facile car rien ne vient véritablement la sanctionner ; bien au contraire, la singularité et même la marginalité (ce qui n'est pas forcément la même chose), pour peu qu'elles conduisent à des personnages et à des intrigues romanesques riches, seront bien souvent encouragées (par l'enseignant ou, plus souvent, par l'intérêt ou le degré d'adhésion des autres membres du groupe). On le sait, la vie est une quête incessante d'identité sociale. Du pot rapporté à la maman par le petit enfant à la réalisation professionnelle, l'on ne cesse de courir après la gratification, la reconnaissance et l'expression par l'autre de sa satisfaction à vous voir être devenu ce que les autres souhaitaient que vous devinssiez.

Le désir d'identité est avant tout le désir d'être quelqu'un pour quelqu'un d'autre, de préférence un être cher sur le plan social, un être auquel on démontrera sa propre valeur.

---

29. KRISTEVA Julia, *Étrangers à nous-mêmes*, Paris, Fayard, 1988, p. 269.
30. WATZLAWICK Paul, *Faites vous-même votre malheur*, Le Seuil, 1984.

3. ASSERTION ET ALTÉRATION DE SOI

L'une des caractéristiques de la maturité d'un individu réside dans le fait de savoir et de pouvoir surmonter les troubles ou frustrations identitaires et, au-delà, en la capacité à affirmer sans crainte des traits nouveaux de comportements.

Être assertif sur soi, c'est être capable d'affirmer des « oui » ou des « non » sans fausse crainte, c'est être capable de faire des choix au risque de déplaire à son entourage. Dans une simulation globale, l'entourage affectif ou familial est fictif. La vie est alors découpée en tranches de vie dans lesquelles on va s'affirmer avec des objectifs d'expression (écrite et orale), d'apprentissage (de la langue) et avec comme supports des matrices qui programment les assertions. « Je suis – Je ne suis pas – Je n'ai jamais eu et je n'aurais jamais – J'ai toujours rêvé de… ».

Parfois le risque est que l'on se mette à construire une identité terriblement négative, pendant à une identité positive ou affichage provocant d'une identité réactionnelle composée de qualités et de défauts que l'individu rejette totalement. Cette propension à l'altération de soi doit être bien sûr interprétée comme une volonté affirmée de marquer sa singularité (*assertiveness*).

4. LA TRANSITION PAR L'IDENTITÉ FICTIVE

Identité ou identité fictive, tous les philosophes du monde et la plupart des écrivains ou cinéastes ont abordé la question, certains jusqu'à la hantise tel Kobo Abe dans *La Face d'un autre*[31] par le biais du masque ou Akira Kurosawa dans *Kagemusha* par le biais du double.

Qui suis-je ? C'est aussi la question que les acteurs ont choisi de se poser et à laquelle ils font métier d'essayer de répondre. Le petit mensonge identitaire qui se répète tous les soirs avec le consentement de tous les spectateurs ne va pas sans faire penser à cette élève polonaise, Joanna Wieczorek (littéralement « petit soir ») qui, devant le choix difficile de prendre un nom pour l'identité fictive du village, opta pour… Jeanne Soirée, traduction française de son identité polonaise.

L'acteur François Périer se souvient-il (surtout lorsqu'il est sur les planches) de s'être appelé François Pillu ? Jeanne Soirée se souvient-elle (quand elle est en classe) de son nom Joanna Wieczorek ?

Dans une simulation globale, l'apprenant est engagé dès le début du jeu à prendre une identité fictive avec laquelle il va fonctionner ensuite pour la plus grande partie des activités de production écrite et orale. En règle générale, cette identité fictive est le produit de différents coups du sort et de propositions fournies par l'apprenant. En effet, si les enseignants choisissent parfois de faire tirer au sort la tranche d'âge, la nationalité et la profession de l'identité fictive à endosser, c'est l'apprenant lui-même qui fournira une épaisseur biographique au personnage au nom duquel il va s'exprimer et agir. On a coutume de dire, pour qualifier une telle procédure, que l'élève « transite » par une identité fictive, c'est-à-dire qu'il passe par l'intermédiaire d'une autre identité pour dire et faire certaines choses. En réalité, une identité fictive n'est jamais totalement une « autre identité » : la plupart du temps, c'est un mélange complexe d'informations, un écheveau de données personnelles et de données empruntées à des parents, des relations, des lectures ou à des films. Dans une identité fictive, il y a de soi – beaucoup de soi ou peu de soi – et il y a des choses venues d'ailleurs – comme un personnage de roman est bien souvent un composite de l'auteur et de choses empruntées par cette « pie qui vole », comme

31. ABE Kobo, *La Face d'un autre*, Éd. Stock, Bibliothèque cosmopolite, 1987.

dit Tournier en parlant du romancier. Et la simulation globale ne sera pas le lieu pour faire le tri de ces matériaux, car c'est parce que l'élève se sentira protégé de toute incursion dans sa vie privée qu'il se laissera aller à parler vraiment de lui. Même si l'enseignant peut être surpris de voir remonter au grand jour, au gré d'activités d'expression, des choses très personnelles, enfouies et inconnues de la plupart, il ne doit jamais intervenir et encore moins se risquer à des analyses hâtives car il bloquerait les expressions futures et blesserait les expressions présentes.

Une simulation globale montée à l'École Française *La Condamine* à Quito en Équateur avait montré à cet égard que les élèves de CM 1 « filtraient » très peu et que l'on pouvait aisément lire leurs productions au crible de leurs propres préoccupations, celles-ci étant plaquées sur leurs personnages d'une façon à peine recomposée et déformée. En réalité, les élèves se livrent le plus souvent avec empressement à ce pseudo-jeu de la vérité (hormis dans les cas très graves comme les cas d'inceste, par exemple, où le blocage est total) ; et ils le font d'autant plus volontiers que cela leur fait du bien de pouvoir parler d'eux, de leurs problèmes, et dans un anonymat quasi absolu.

L'apprenant endossant une identité fictive éprouve le plaisir d'avancer masqué, et ce faisant, se permet beaucoup plus de libertés avec lui-même et avec les autres que lorsqu'il doit s'exprimer en son nom propre, ce nom qu'il veut précisément garder propre de toute tache, faute, erreur, et qui fait que, bien souvent, il choisit de se taire pour ne pas le salir.

5. QUAND L'ÉLÈVE NE JOUE PLUS...

On peut identifier cinq moments, au cours d'une simulation globale, où l'élève ne joue plus.

A. « Stop ! On ne joue plus ! », dit l'enseignant

L'élève ne joue plus quand l'enseignant propose de ne plus interagir sous le couvert de l'identité fictive : par exemple, lorsque certains travaux de sous-groupes sont à faire (établir la carte du village, faire un guide touristique, etc.) ; ou bien encore lorsque l'heure est venue de faire un point sur une question de grammaire ou de vocabulaire. On peut proposer à cet effet de diviser la classe en deux territoires et réserver d'un côté une aire pour la fiction, d'un autre côté une aire pour les activités linguistiques, le passage de l'une à l'autre aire établissant la frontière entre identité réelle et identité fictive. Il y a ainsi un territoire pour les activités cognitives, un territoire pour les activités créatives, une ritualisation de l'espace scolaire en vue de son appropriation et surtout en vue d'une meilleure compréhension des objectifs pédagogiques de chaque activité. Ce passage de l'espace de jeu à l'espace de la réflexion permet ainsi d'éviter les quiproquos.

p. 110

Interrogée sur sa pratique de la CONFÉRENCE INTERNATIONALE avec des diplomates et hauts fonctionnaires autrichiens, Mireille Cheval explique que les stagiaires lui avaient avoué qu'ils éprouvaient d'autant plus de plaisir à participer activement aux séances de construction de la fiction qu'ils savaient pouvoir « *recharger leurs batteries*[32] » ou plus exactement faire le plein de matériaux nécessaires à cette construction dans des séquences de langue et de grammaire rigoureusement programmées, annoncées... et attendues. Cette alternance, très utile, puisqu'il s'agit « *d'inventer et apprendre* », permet de la sorte de réguler et d'équilibrer le couple implication-indépendance, l'élève montant d'autant mieux au front de la relation qu'il n'aura pas été obligé d'être toujours sur la brèche.

---

32. CHEVAL Mireille, entretien accordé à Francis Yaiche le 9 mars 1991.

p. 155

B. L'heure de la sortie

L'élève ne joue plus quand la fin de l'heure a sonné et qu'il lui faut, ou rentrer chez lui, ou passer à un autre cours.

L'expérience montre que tous les élèves ne cessent pas de jouer à l'exacte fin d'une séquence de simulation globale, bien au contraire, et ce, au grand dam des autres enseignants qui voient arriver chez eux des « extra-terrestres » tout empreints des activités précédentes et peu enclins à entrer dans celles qu'ils proposent.

« *La simulation globale,* commente Patrick Faugères, *est un processus qui a sa propre logique, sa valeur, son dynamisme, sa longueur, et qui déborde du reste de la classe. Le problème du retour sur terre des élèves est un vrai problème puisqu'il risque, s'il n'est pas pris en compte par l'enseignant, de mettre la simulation globale en décalage, pour ne pas dire en porte-à-faux, avec l'institution scolaire et avec les autres enseignants qui vont alors pouvoir se plaindre et dire : "Oui, c'est bien beau, toi tu les fais jouer, mais nous on les récupère après..."* ».

p. 156

Il faut donc prévoir des pauses et surtout programmer en fin de séance des activités qui permettent de passer d'une stimulation ludique à un mode traditionnel. Mieux encore, on peut essayer d'impliquer les enseignants des autres disciplines dans le montage de la simulation globale pour mettre en place une véritable pédagogie de l'interdisciplinarité. Conserver l'énergie et la motivation des élèves d'un cours à l'autre est bien sûr une chose positive quand l'élève peut rentrer chez lui et se mettre à peaufiner certaines productions ; c'est évidemment déplorable quand un autre enseignant « passe derrière » et qu'une phase de décompression n'a pas été prévue !

C. Hystérie ou ennui

L'élève ne joue plus quand il est submergé par une classe qui fonctionne en « surrégime » par rapport à lui ou inversement quand les rôles ne sont pas suffisamment animés et incarnés.

Le jeu avec l'identité est une activité motivante mais aussi vorace en énergie, en implication, et qui nécessite donc du repos. Les bavardages, décrochages, agacements, rêveries, questions hors propos, ou au contraire surenchères provoquant la rupture de la crédibilité de la simulation sont autant de manifestations signifiant qu'il est temps pour chacun de rentrer chez soi, c'est-à-dire de récupérer sa véritable identité. C'est pourquoi les pauses mais aussi et surtout « le retour sur terre » doivent être prévus par l'animateur s'il ne veut pas que la « fusée simulation globale » ne s'écarte à tout jamais de l'attraction terrestre et des objectifs (pédagogiques) fixés ou qu'elle tombe finalement en panne pour avoir trop consommé de carburant dans une première phase du parcours.

L'enseignant doit donc ménager des pauses dans la fiction pour permettre aux apprenants de poser le masque. Il ne doit pas céder à la tentation d'une fuite éperdue dans la fiction, fuite accélérée par la créativité des uns et l'hystérie des autres. Cela réclame beaucoup de vigilance de la part de l'animateur quant au rythme, aux décrochages possibles des rôles, au surjeu, toutes sortes de symptômes avertissant que l'élève ne joue plus, soit qu'il ne sait plus qu'il joue (il ne s'en rend plus compte), soit qu'il ne veut plus jouer (il réclame une pause, il est fatigué par son personnage, il n'y croit plus, etc.), soit qu'il dérive dans le psychodrame.

D. « C'est pas du jeu ! », pense l'élève

p. 88

L'élève ne joue plus quand il se sent menacé dans son intégrité parce que soit lui, soit les autres n'établissent plus nettement les frontières du jeu entre les personnes morales et les identités fictives. Ainsi, la confusion des messages échangés par des locuteurs dont on ne sait plus quelle « casquette » ils arborent reste le *casus belli* principal et le motif de décrochage.

C'est ainsi que l'on peut considérer qu'il y a <u>dérapage psychodramatique</u> quand il n'y a plus de jeu : soit parce que l'élève décide, de lui-même, d'abandonner la partie, et sans doute est-ce là le moins mauvais des cas parce qu'il y a alors acte volontaire, soit parce que l'élève, pris par la « folie du rôle », ne maîtrise plus son personnage et oublie ce qu'il est possible et impossible de dire et faire en fonction des contraintes et du contexte. Cette situation est évidemment à craindre puisque cela signifie qu'il y a perte du contrôle du rôle.

Pour prendre une analogie avec le théâtre, on se trouverait alors avec un acteur qui aurait oublié qu'il est acteur, et, devant jouer un personnage violent, porterait véritablement les coups... et de la sorte ferait mal aux autres ou se ferait mal. Il n'y aurait alors plus de distance, par rapport au masque, au rôle, et le public et les autres acteurs non seulement ne pourraient plus croire à l'illusion de la représentation, mais seraient totalement insécurisés par ce passage de l'autre côté du miroir. Et ils devraient appeler le SAMU !

►►► ■ E. Le coup du sort

Il faut ajouter ici qu'un élève peut se sentir menacé dans son intégrité par d'autres facteurs que les participants : <u>le tirage au sort</u> des professions, par exemple, peut avoir des conséquences redoutables et en ébranler certains ; témoin cette élève qui reçut un jour la profession de responsable du culte alors qu'elle était profondément religieuse – mais peut-être aurait-ce posé autant de problèmes avec quelqu'un de farouchement hostile à toute religion ? ; témoin également cet élève qui reçut la profession de « croque-mort » alors qu'un de ses parents venait de mourir.

Avec la question de l'identité fictive se pose au fond la question de la liberté de l'apprenant. Comment l'enseignant pourra-t-il accepter et faire accepter aux autres participants la mise sur la touche volontaire d'un élève qui, au nom de sa propre liberté, refuse de continuer à jouer avec une identité fictive dans laquelle il ne se reconnaît pas ?

Jean-Jacques Gatein rapporte à ce sujet le cas intéressant d'un élève, *leader* de sa classe, qui refusa farouchement d'être candidat aux élections municipales du VILLAGE malgré la très forte pression exercée par le groupe.

« *Cela a créé un grave différend entre le groupe qui voulait « l'investir » et lui qui se braquait dans son refus,* explique Jean-Jacques Gatein. *Le conflit s'est finalement résolu par un débat passionnant autour de questions comme : "Doit-on être prisonnier de son rôle ? La responsabilité n'est-elle pas une entrave à la liberté personnelle ? Honneur et pouvoir". Et l'élève* leader *a pu continuer à exercer tranquillement son* leadership *sans être propulsé au devant de la scène, sous les projecteurs* »[33].

►►► ■ F. Conclusion : « Prenez vos distances ! »

De façon à prendre de la distance par rapport à son identité fictive, l'on peut permettre d'investir d'autres identités fictives, celles de parents, d'amis ou de personnages secondaires de la simulation, celles encore de nouveaux venus qui pourront éventuellement prendre le pas sur la première identité fictive, identité que l'on voit parfois traînée comme un boulet de forçat. « *Prendre une identité fictive est aussi quelque chose de souvent perturbant sur le plan culturel,* explique Patrick Faugères. *Pour éviter la soumission, le rejet, l'agressivité, la négation de soi-même, voire la perte d'identité, il faudrait sans doute songer à créer des temps de transitionnalité où les participants iraient déposer une partie de ce qu'ils vont abandonner et construire ce qu'ils ont à construire*[34] ».

33. GATEIN Jean-Jacques, entretien accordé à Francis Yaiche le 24 mai 1992.
34. FAUGÈRES Patrick, entretien accordé à Francis Yaiche le 10 juillet 1992.

Si l'on considère que le lieu-thème de la simulation globale est en quelque sorte une métaphore du pays étranger (la France) dans lequel l'élève est censé se rendre un jour, il est vrai que l'on pourrait songer à mettre en place des espaces transitionnels ou transitoires qui auraient pour fonction de montrer que, lorsque l'on va ailleurs, l'on est obligé d'abandonner un peu, beaucoup…, passionnément dans certains cas, ce qui nous fait.

6. LA TENTATION DE LA RÉGRESSION

A. Les participants et l'ivresse de l'impunité... apparente

Pour certains apprenants incapables d'avoir un peu de recul par rapport aux activités proposées, prendre une identité fictive s'apparente inconsciemment à une seconde naissance. Et ce *rebirth* engendre tout un cortège de comportements régressifs, gênants, voire a-sociaux pour les autres participants : impolitesse, violence, scatologie, sexe, cris, fous rires, etc. C'est qu'en effet, par un phénomène bien connu des acteurs enseignant le jeu théâtral au moyen de masques, l'apprenant revêtant le masque de l'identité fictive peut se croire autorisé à dire et faire tout et n'importe quoi, puisque ce qui est dit et fait l'est sous couvert de son identité fictive et par conséquent ne peut lui être imputable. L'identité fictive et le jeu lui garantissent, pense-t-il, une totale impunité et il peut alors se laisser aller à débrider son expression. Et c'est là toute l'ambiguïté du recours à l'identité fictive : faire et dire ce qui est acceptable dans le cadre de ce qui est proposé sans jamais oublier que ce cadre lui-même est inscrit dans le cadre d'une classe de langue étrangère, laquelle s'inscrit dans le cadre de l'école, etc.

Ainsi, pour prendre un exemple extrême, si un élève doit jouer le rôle d'une sombre brute alcoolique et ordurière, il a besoin pour que son rôle soit crédible de recourir à des expressions et des comportements grossiers ; mais il ne doit pas oublier que c'est un jeu et que ce n'est pas la réalité ; il ne peut, en tout cas, tabler sur l'impunité totale s'il fait voler en éclat les cadres pour sortir de ce qui est acceptable. Il n'est pas juste de dire que celui qui dit et fait quelque chose sous couvert d'un masque ou d'une identité fictive n'est pas responsable de ce qui s'est dit et fait. Sans doute ne l'est-il pas complètement (il y a la logique du rôle), mais il est certain que c'est lui qui va chercher au plus profond de lui cette « sombre brute » pour fournir une composition de rôle différente de celle que le voisin aurait fournie. Beaucoup d'apprenants sont tentés de se réfugier derrière l'impunité apparente de l'identité fictive, mais presque tous découvrent très rapidement la fantastique ambiguïté de ce jeu avec le « je », et en fin de compte, sa grande richesse : une liberté surveillée et contrôlée par l'apprenant lui-même.

La plupart du temps, la régulation de ce type de dérapages s'opère par les individus eux-mêmes ou par le groupe à l'égard des quelques-uns qui n'ont pas compris les limites à ne pas dépasser. Cette pression de conformité, exercée pour la sauvegarde de la vie du groupe et la pérennité de la simulation, doit être relayée (sinon anticipée) par l'enseignant qui doit fixer de façon implicite (ou parfois quand c'est nécessaire de façon explicite !) les règles de bonne conduite et de respect mutuel.

▶ Les maux des mots

Ainsi quand dans une simulation globale Patrice Leblanc dit à Franck Pottier : « Tu es un salaud ! », on peut penser que cela ne prête pas à conséquence puisque ce sont des identités fictives qui échangent dans le cadre de situations fictives. Et pourtant, les mots sont les mots, ils ne sont jamais innocents, et, pour reprendre une formule célèbre, l'on peut dire que les « maux des mots » mettent longtemps à cicatriser. Les mots ont leur charge, leur histoire et leur raison d'être ; une fois lâchés ils ne se rattrapent plus et pourtant ils souffrent, eux aussi (!), bien souvent d'une ambiguïté quant à leur destinateur et leur destinataire : qui a parlé à ce moment-là ? L'identité fictive ou l'identité réelle ?

Si l'on ne prend pas garde à clarifier le « contrat social » de la simulation globale, le doute et le soupçon s'insinuent et finissent par ravager l'aire de jeu. L'enseignant, non averti des risques à laisser développer des situations extrêmes, se retrouve incapable de réagir devant une simulation qui lui file entre les doigts.

Il finit par se rendre compte – mais trop tard – qu'il s'est laissé déposséder de la conduite de la simulation globale par quelques-uns et que le jeu prend des orientations perverses qui n'intéressent plus le reste du groupe.

Il n'est d'ailleurs pas rare de constater que les apprenants les plus investis dans la simulation globale – ceux notamment qui font de la surenchère constante et sont en surjeu – ne le sont pas toujours pour des raisons très avouables et poussent la machine à l'extrême limite pour en casser le ressort et précipiter la simulation à sa perte.

▶ Les sanctions contre l'anti-jeu

Les simulations globales mettent en place des mondes où règne la quasi-impunité (hormis la réprobation générale, ce qui est déjà bien mais qui se révèle parfois insuffisant). Il n'y a pas de loi, de cadre déontologique, de cartons jaunes ou rouges avertissant d'une possible exclusion du jeu. Mais l'on peut envisager de mettre en place un système de points récompensant ou sanctionnant certaines conduites et conférant ainsi plus ou moins de prestige, de pouvoir ou d'argent dans le jeu. En introduisant des gratifications et des sanctions, amendes, peines de prison (comme au Monopoly), l'on peut espérer prévenir, réguler les débordements et les excès de langage parce que cela s'inscrit dans le cadre d'un jeu où il y a des gagnants et des perdants.

L'enseignant ne doit pas laisser saccager le lieu-thème sinon les élèves le déserteront. Et la responsabilité en incombera à l'enseignant vers lequel les apprenants se retourneront. Pourquoi nous avoir laissé tout dégrader vous qui saviez qu'après l'euphorie de la destruction venait le dépit de n'avoir plus qu'un univers dévasté ? Pourquoi nous avoir laissé faire, vous qui aviez la possibilité d'intervenir, de prévenir ? Il faut bien reconnaître cependant que le masochisme consistant à casser et à abîmer ses propres jouets (lieu-thème, histoire, identité fictive) se rencontre plus fréquemment chez les groupes d'adultes que chez les enfants ou adolescents.

B. Les enseignants et la culpabilité du jeu

Certains adultes, et particulièrement les enseignants en formation, culpabilisent bien souvent à l'idée du jeu ! Et pour bien faire comprendre qu'ils ne tomberont pas dans le piège enfantin du jeu, ils se piègent eux-mêmes, soit par une attitude extrêmement réservée, attentiste (qui génère regrets et culpabilité), soit par une attitude extrême et débridée qui génère elle aussi une culpabilité, celle d'avoir dépassé les bornes du cadre proposé, mais aussi les bornes du territoire de la vie privée, avec la sensation désagréable de s'être découvert aux yeux des autres, mis à nu même. Cette culpabilité se retourne souvent contre la méthode (la simulation globale) ou contre l'enseignant.

Les accusations pleuvent alors et souvent ceux qui avaient le plus participé se montrent les plus sévères et les plus critiques. C'est dire qu'ils veulent récupérer leur respectabilité et font alors de la surenchère dans le conservatisme et le sérieux. Après la régression et la formation réactionnelle entrent alors en jeu deux autres mécanismes de défense : le déplacement et la rationalisation. Le jeu est accusé des pires maux alors que ce serait la manière dont certains ont usé du jeu qu'il faudrait mettre en cause.

□ □ □ □ □

Actuellement, le système des sanctions-gratifications dans les simulations globales reste trouble. Qui a le pouvoir ? et le pouvoir de faire et de dire quoi ? Et les contre-pouvoirs exercés à l'intérieur de la simulation globale peuvent-ils se moquer des interventions ou admonestations du pouvoir ?

Dans l'état actuel des choses, l'enseignant reste le maître du jeu... quand il ne se fait pas prendre le pouvoir par les élèves ! Il reste le dispensateur de gratifications et de sanctions, celui qui intervient au nom de la loi, comme le ferait un shérif qui fonctionnerait sans lois écrites et selon la perception qu'il a du Bien et du Mal. La plupart du temps, notamment avec les groupes d'enfants, les choses se passent bien, c'est-à-dire que le groupe se met vite au diapason du code de déontologie personnelle qu'il croit découvrir chez l'enseignant ; mais dans d'autres cas, notamment avec des adultes et particulièrement avec des enseignants qui contestent par principe la légitimité de cette loi, les excès et dérapages sont tels qu'ils peuvent conduire la simulation globale à sa perte, c'est-à-dire à devenir un univers tellement excessif et pervers que plus personne (même les pervers ayant conduit l'opération) ne s'y reconnaît et souhaite continuer. L'enseignant doit donc clarifier le contrat social qui unit les participants à la simulation, préciser les rôles et droits de chacun et... exercer une vigilance de tous les instants pour permettre aux participants d'aimer le lieu où ils ont choisi d'être et d'aimer le personnage qu'ils se sont donné.

CHAPITRE

3

DANS LE FEU DU JEU

1. LES RISQUES DE DÉRAPAGE

Tous les joueurs le savent : dans le feu du jeu chacun peut être conduit à dire ou faire des choses qui dépassent bien souvent le cadre de ce que l'on aurait dit ou fait « hors jeu ». Le climat d'excitation, de plaisir, de compétition, de petits délires ou de petites folies entraîne parfois les participants à faire des déclarations ou des gestes qu'ils regretteront ou ne pourront pas assumer.

Untel aura dit un mot déplaisant qui aura dépassé sa pensée ; tel autre se sera trop vite enthousiasmé pour quelque chose ou quelqu'un ; bref chacun sera allé, à un moment ou à un autre, au-delà de lui-même, comme s'il n'était plus maître de ses propos et actes. Or, comme en matière de conduite de véhicule, perdre le contrôle de son identité fictive peut entraîner des dérapages, des accidents plus ou moins graves.

Les simulations globales sont le plus souvent dans le feu de l'action ; et au centre de ce feu se trouve le sujet (élève et identité fictive), lui-même tout excité la plupart du temps à l'idée de jouer à manipuler les identités. Or, en matière de simulation globale, il n'existe pas de préparation au permis de conduire une identité, pas de préparation non plus au « code ». Chacun se lance dans la mêlée sans se rendre bien compte des dangers et des dégâts que cela peut occasionner. En réalité, il y a les dérapages qui résultent de la pression du groupe pour imposer à un de ses membres un profil particulier, en général peu enviable (ivrogne invétéré, salaud notoire, etc.), et ceux qui résultent du masochisme et/ou de l'exhibitionnisme d'un apprenant qui se sert de la simulation globale pour s'offrir une psychanalyse de groupe à peu de frais, pour prendre à témoin, voire en otage, le groupe et le forcer à écouter ses épanchements sentimentaux, ses demandes de conseils psychologiques ou ses logorrhées de café du commerce.

Malheureusement, les simulations globales, comme toutes les techniques projectives, favorisent les débordements, lesquels peuvent mettre en péril la technique utilisée, voire la dynamique du groupe elle-même. À l'enseignant de réguler avec doigté ces accapareurs (dans chaque groupe il y en a au moins un !) de façon qu'ils ne monopolisent pas la parole et ne nuisent pas à la poursuite de la simulation, l'une des façons les plus sûres étant de proposer des travaux de petits groupes : la logorrhée et l'exhibitionnisme perdront alors de l'intérêt et cela renverra l'individu à lui-même.

2. LES DÉRAPAGES PSYCHODRAMATIQUES

Les simulations globales ont souvent été accusées de favoriser les dérapages psycho-dramatiques en classe et de transformer les enseignants en apprentis-sorciers de la psychologie. Le risque existe effectivement et l'on doit en identifier les signes avant-coureurs pour mieux le prévenir, le guérir ou l'affronter.

Certes, des dérapages peuvent se produire, des conflits éclater à l'intérieur d'un groupe. Mais, à notre sens, les lieux-thèmes des simulations globales ne doivent pas être nécessairement non plus des bulles de bonheur, où coulent le lait et le miel ! car l'on peut trouver avantage à traiter certains conflits en les projetant, dans un monde autre.

Patrick Faugères, psychologue ayant observé les simulations, recommande, la plus grande prudence. « *À certains âges,* explique-t-il *et à certaines périodes, l'on est plus fragile ; et porter une identité qui n'est pas la sienne risque de fragiliser encore plus*[35] ». Quand on se cherche, le meilleur moyen pour se trouver ou pour se retrouver n'est pas précisément de se construire une identité fictive (idéale ou dégradée), même si, sous certaines conditions, cela pourrait permettre de mieux se comprendre. En fait, le principal risque est de figer des élèves dans des rôles alors que l'on devrait donner la possibilité de faire évoluer le personnage et de gérer plusieurs identités fictives secondaires pour ne pas se sentir enfermé dans l'identité fictive principale. « *Un enfant, ça évolue beaucoup et vite,* explique-t-il. *Quelle est, par rapport à cette évolution, la mobilité que l'on donne aux élèves filant une simulation sur 150, voire dans certains cas, 300 heures ?*[36] ».

Une simulation ne doit pas être un piège qui rende les élèves prisonniers des décisions initiales. Si l'on veut éviter le désintérêt de certains pour le personnage qu'ils ont la plupart du temps hâtivement fabriqué et mal fagoté sans se rendre bien compte de l'enjeu que cela représente (par exemple, être « marié » à un alter ego que l'on a choisi à la va-vite), si l'on veut éviter les dérapages psychodramatiques, il faut donner aux participants la possibilité de se rattraper, de changer le cours de leur destin, ce qui peut se faire par la programmation d'événements forts (comme les élections municipales, par exemple) ou d'incidents permettant alors à certains de se distinguer, voire de s'illustrer.

3. LES TABOUS, SOURCE DE DÉRAPAGES

p. 82

Un dérapage psychodramatique surgit quand il n'y a plus de jeu, quand quelqu'un ne joue plus parce que ce qui lui est proposé dans la simulation est trop déstabilisant ou parce que cela rappelle un souvenir ou un présent douloureux.

Le dérapage psychodramatique peut surgir quand on touche aux choses de la vie, de l'amour et de la mort : la biographie, le ragot sont bien sûr des activités favorisant ce genre de dérives indésirables ; mais l'on a vu aussi des descriptions de paysages déclencher de fortes émotions, des jeux de rôle, apparemment anodins, provoquer des larmes. Il est évidemment impossible de tout prévoir mais on peut éviter certains dérapages – à condition que l'on n'ait pas d'objectif cathartique – en distinguant ce qui concerne l'expérience d'un individu, son parcours de ce qui est phénomène collectif, qui concerne le groupe et sa culture, le tabou.

Beaucoup de grandes questions sont susceptibles, suivant les latitudes, de devenir un tabou : l'argent (suspect en France et non aux États-Unis), la maladie (beaucoup boitent !), la vieillesse, la politique, la religion et bien sûr, au premier rang, la plupart du temps, le sexe.

A. La mort

La mort est un tabou traité de façon filtrée et projetée. Il est exceptionnel qu'une identité fictive meure dans une simulation. Si l'on ne s'administre pas pour soi-même le châtiment suprême, par contre, l'on condamne à mort à qui mieux-mieux. On meurt beaucoup dans l'entourage des identités fictives et il n'est pas rare de lire des biographies de personnages qui, non contents d'avoir été précocement orphelins, se retrouvent en plus

---

35. FAUGÈRES Patrick, entretien accordé à Francis Yaiche le 10 juillet 1992.
36. *Ibid.*

veufs et sans enfants. Cette hécatombe est particulièrement fréquente d'ailleurs dans les groupes d'enseignants en formation, comme s'ils réalisaient là enfin un vieux rêve (ou fantasme), celui de se retrouver seuls, sans attaches, libres. Assassins ou anges exterminateurs à bon compte donc.

À la fin d'une simulation, quand il s'agit de faire mourir le groupe, de se débarrasser réellement ou symboliquement des identités fictives, le fantasme de mort de groupe, inhérent à toute séparation, risque d'être vécu par certains comme un arrachement tellement tragique que l'on conseille à l'enseignant de faire un bond dans le futur et de programmer une catastrophe naturelle, une épidémie, un incendie ou un attentat dix ans après l'époque dans laquelle se sera déroulée la simulation.

▶ ▶ ▶ ■ — B. Les relations affectives, sentimentales, sexuelles, le corps

Le sexe apparaît déjà comme un problème quand l'animateur propose de tirer au sort l'appartenance sexuelle, surtout si l'on s'adresse à des adolescents.

En fait, explique Patrick Faugères, « *le passage de l'homme à la femme ne pose pas trop de problème si c'est un adolescent à carrure (et à mental !) de rugbyman qui hérite d'un personnage féminin à endosser (et encore, c'est à voir !) ; mais si c'est un jeune homme frêle, romantique, à la personnalité peu affirmée, cela risque d'être fort délicat, particulièrement à l'extérieur de la classe. Les enseignants doivent être formés non seulement à la technique de la simulation globale mais aussi aux effets possibles des techniques d'animation qu'ils manipulent et à la compréhension de ce qui se passe dans le groupe. Car le risque est que des situations d'hyper-créativité se transforment en situation de blocage* »[37].

Le sexe, affiché, exhibé, raillé et maltraité par les groupes d'adultes qui croient montrer de la sorte leur « libération », transparaît dans la presque totalité des simulations globales au travers des mythes (à la Romulus et Remus), au travers de l'histoire du village (enlèvements de Sabines, amours à la Roméo et Juliette), au travers des rites d'initiations, fêtes votives, pratiques, coutumes, proverbes. À cet égard, le roman d'amour est un moment clé de la simulation globale puisqu'il s'agit de raconter l'histoire d'amour de deux personnages, la plupart du temps tirés au sort. Le choix ou non de cette modalité d'animation est d'ailleurs décisif : le groupe souhaite-t-il former des pioches distinctes (femmes/hommes, personnes âgées/jeunes) dans lesquelles on tirera les protagonistes ou accepte-t-il, en tirant deux fiches d'identités indistinctement dans une pioche unique, de se retrouver à devoir écrire le roman d'amours « contre-nature » : deux personnages du même sexe, une très jeune personne avec une vieille, etc. ?

Bien entendu, l'animateur peut prendre seul la décision de ce qui lui paraît opportun, ou bien le faire débattre (en langue étrangère !) par ses élèves. Pour ou contre... S'il choisit de se conformer à la norme, il doit bien évidemment refuser les amours homosexuelles ; s'il choisit de se conformer à la réalité il n'est pas tenu d'écarter une relation amoureuse de ce type, car il va de soi qu'elle correspond à une réalité. En tout état de cause, l'on peut conseiller à l'animateur d'annoncer qu'il souhaite que soit produit un « beau » roman d'amour qui refuse la vulgarité et la pornographie. Le groupe aura toujours plus de plaisir à entendre et à se retrouver dans une histoire écrite avec élégance et l'animateur aura ménagé les sensibilités particulières.

Tout est donc question de projet pédagogique de l'enseignant et de ce qu'il veut et peut faire passer. En tant que <u>médiateur</u>, il doit alors faire des choix clairs, au risque de se voir accuser d'engager la simulation vers une réalité stéréotypée ou au contraire marginale, au risque d'inventer des mondes pauvres à force de précautions, ou chargés à force d'hyper-créativité contrainte. Mais l'animateur ne doit pas faire d'auto-censure larvée ; il doit prendre ses décisions d'animation en son âme et conscience et surtout après analyse du contexte car il ne peut jamais être sûr des perceptions qui seront celles de

p. 129

p. 104

37. FAUGÈRES Patrick, entretien accordé à Francis Yaiche le 10 juillet 1992.

ses interlocuteurs comme en témoigne le récit de Jean-Jacques Gatein. Enseignant de français à New York, il engage une simulation globale dans laquelle les élèves parlent abondamment et en toute liberté d'amour et de sexe. « *Cela ne souleva aucun problème au groupe* explique-t-il, *ni de la part des élèves ni de la part des parents alors que dans le même temps* French in Action *était mis à l'index par les ligues contestataires féministes pour avoir consacré un passage de la méthode à une gentille scène de drague* »[38].

C. Le sacré, la religion

Jean-Michel Moreau, instituteur à Boston puis à Palo Alto, rapporte que les élèves de sa classe de CM 2 s'étaient mis en tête d'inventer une nouvelle religion pour le village qu'ils avaient construit. Une telle initiative – non découragée par l'enseignant – avait alors déclenché une levée de boucliers de la part de parents d'élèves de cette école privée.
En l'espèce, y avait-il un dérapage scandaleux ? On est en droit de s'interroger dans la mesure où c'était la transgression des tabous des parents (et non pas forcément celle des enfants !) par les enfants eux-mêmes dont il était alors question. J.-M. Moreau recommençant l'expérience en Californie écrivait cette fois : « *La création d'une religion a un peu choqué une élève et la directrice de l'école* ». Protestations véhémentes dans un cas, vraisemblable auto-censure feutrée dans l'autre cas. Il n'est pas bien certain que la seconde réaction soit préférable à la première, parce que les récriminations des parents prouvent avant toute chose qu'ils restent attentifs à ce que font leurs enfants à l'école.
C'est à l'enseignant alors à expliquer sa méthode, sans nécessairement baisser pavillon s'il estime être en face d'une pression de conformité ou de normalité qui n'a qu'un lointain rapport avec un outrage fait à une culture. La linguistique et les mathématiques modernes ayant en leur temps connu ce genre d'attaques… et de combat.

D. Le rire, le manque de sérieux

Certains tabous sont parfois surprenants pour des groupes culturellement éloignés et le manque de sérieux à l'école peut être lui-même un tabou très puissant. Ainsi, dans certains pays, comme dans la France du début du siècle d'ailleurs, le maître ne saurait sourire, rire ou proposer de s'amuser, tant l'autorité qui apporte le savoir doit le faire avec la plus grande sévérité. On ne plaisante pas avec la Connaissance, au point d'ailleurs que l'on ne doit jamais regarder le maître dans les yeux en signe de déférence.

4. LES TABOUS COMME DÉCOUVERTE D'UNE RÉALITÉ CULTURELLE

L'une des principales difficultés réside dans le fait que la démarche d'une simulation globale consiste à faire aller un groupe d'individus en formation vers une autre langue, une autre civilisation dont les tabous sont bien souvent différents ou d'intensité variable. Donc, si on fait l'impasse sur les aspérités et les transgressions possibles des tabous des uns et des autres, que reste-t-il alors de ce parcours vers l'autre, de cet apprentissage de l'autre ?
Par exemple, dans l'activité d'écriture de biographie, l'apprenant égyptien risque de traiter l'item *mariage* à sa manière – à savoir quelque chose comme : « J'ai rencontré une jeune fille, j'ai demandé sa main à ses parents, nous avons fait des fiançailles, elle a constitué une dot et un trousseau et nous nous sommes mariés… » ; alors que dans la réalité française contemporaine le mariage n'est plus guère précédé de fiançailles mais d'une

---

38. GATEIN Jean-Jacques, entretien accordé à Francis Yaiche le 24 mai 1992.

période de vie en concubinage, tandis que dot et trousseau ont disparu des mœurs, etc. En fait, si l'on programme l'item *mariage*, l'on programme l'émergence possible du tabou et de sa nécessaire transgression si l'on veut que l'élève comprenne la réalité de la civilisation française. À cet égard, Jean-Marc Caré se montre aujourd'hui prudent. Il ne s'agit pas, selon lui, de se conformer à la réalité égyptienne mais « *il faut transgresser le tabou à petites doses, en faire un éventuel ressort romanesque et mettre en regard des textes littéraires ou sociologiques (comme* Francoscopie, *par exemple) qui vont informer sur la vraie nature des choses* »[39].

C'est qu'en effet les simulations globales sont aussi un moyen d'approcher une civilisation (celle de la langue cible) et de mesurer ainsi les écarts de représentation ou de fonctionnement entre une culture et une autre. Mais elles peuvent être aussi les plaques sensibles révélant des situations sociales économiques, politiques et culturelles taboues du pays dans lequel se passe la simulation globale.

Ainsi, un roman d'amour écrit à Budapest en 1984 dans le cadre d'un IMMEUBLE posait le problème du logement des amoureux (ceux-ci devant habiter avec la belle-famille), de l'emploi, du nombre d'enfants, des études, des langues à apprendre, etc.

Ainsi, en 1978, un IMMEUBLE fut-il couvert de graffiti par des réfugiés du Sud-Est asiatique, devenant un défouloir anticommuniste.

Ainsi, en 1992, les élections municipales d'un VILLAGE dans l'ex-RDA, à l'époque de la chasse aux anciens collaborateurs de la Stasi, eurent-elles comme slogan destiné à lutter contre un candidat adverse à la mairie : « Gauthier, n'oublie pas ton passé ! », etc.

5. LE TRAITEMENT DE LA « FAUTE CULTURELLE »

D'une façon idéale, le traitement des tabous et des dérapages supposerait, d'une part que les enseignants puissent recevoir une formation au traitement de la « faute culturelle » (notamment à partir de techniques d'animation spécifiques), d'autre part que chaque enseignant puisse connaître l'histoire individuelle de chaque participant, ce qui ne paraît ni possible... ni même souhaitable.

Nous nous autorisons à parler de « faute culturelle » comme s'il existait un dictionnaire établissant la norme du fait culturel. Bien sûr, il n'en est rien et il va de soi que l'on ne peut plus parler aujourd'hui de la culture (française par exemple) comme l'on en parlait il y a seulement cinquante ans et que tout discours sur la culture a été rendu extraordinairement complexe et relatif par les phénomènes d'acculturation et la nouvelle donne communicationnelle. La culture n'existe pas en dehors des femmes et des hommes qui la reçoivent et la transmettent. Or ceux-ci bougent sous la poussée de la déferlante d'informations et de communication qui caractérise cette fin de XXe siècle ; et le champ des possibles en matière de culture est aujourd'hui tellement étendu que le travail d'un enseignant utilisant des simulations globales est devenu à la fois plus simple et plus compliqué :

– plus simple, puisque tout est possible ; tout peut arriver ; par exemple, un ancien ouvrier peut devenir Premier ministre ; un P.-D.G. peut être communiste ; un ouvrier peut s'habiller comme un patron, et réciproquement ; tout un chacun peut manger de la cuisine chinoise, mexicaine ou russe, être consommateur de films japonais, espagnols, ou indiens, courir les concerts de musique africaine, roumaine ou grecque, etc. ;

– plus compliqué, parce que le cadre de définition d'autrefois a volé en éclats et il lui faut pouvoir dire la complexité de la réalité culturelle française contemporaine, du fait de la mise en contact de cultures différentes, à la fois à travers les âges et à travers l'ici et maintenant. Nous parlons donc de « fautes » pour nous référer à une terminologie

---

39. CARÉ Jean-Marc, entretien accordé à Francis Yaiche le 24 mai 1992.

connue, mais l'on pourrait parler tout aussi bien d'incongruité ou de non conformité, etc. Nous parlons de « fautes » sans jamais perdre de vue non plus que la réalité fait parfois des erreurs, qu'elle est pleine de ces dites « fautes culturelles » et qu'un Major Thompson aurait aujourd'hui bien du mal à écrire ses *Carnets* sur les Français à moins de s'évertuer à enfiler des perles... de culture pour faire un collier de lieux-communs, stéréotypes et semi-vérités.

Curieusement, on se retrouve dans ce domaine dans une situation proche de celle que l'on adopte vis-à-vis de la conformité linguistique : ou bien l'on s'efforce de développer des stratégies pédagogiques pour qu'il n'y ait pas de fautes, à l'instar des méthodes structuro-globales ; ou bien l'on privilégie la production, qu'elle soit fautive ou non, et l'on intervient après, en se servant de cette faute comme d'un tremplin vers une conformité négociée. La seconde attitude est bien sûr celle qui a été prônée par les animateurs du BELC ces dernières années, l'idée-force étant qu'il existe une pédagogie de la faute à développer, laquelle faute sera mieux acceptée et corrigée si elle est négociée.

6. LES EFFETS DE STÉRÉOTYPIE

Une simulation globale oscille souvent entre deux dangers : le dérapage psychodramatique et l'excès de stéréotypie. Mais à tout malheur quelque chose est bon. Ces deux travers ont la chance déjà de pouvoir s'exprimer alors qu'en classe, habituellement, ils couvent sous le boisseau mais ne sortent pas. Et, à condition que l'enseignant soit formé à leur repérage et à leur traitement, ils peuvent le plus souvent se traiter aisément et même dans certains cas devenir une aubaine pour l'imaginaire de l'univers en construction.

▶ ▶ ▶ ■ — A. Tentative de définition

Si le dérapage psychodramatique consiste en une perte de contrôle de l'individu sur ses actes, ses mots et ses émotions, le stéréotype consiste au contraire en un excès de contrôle et de raison. Il s'agit, en fait, une inhibition de l'action qui conduit l'individu à aller se réfugier en des lieux sûrs, c'est-à-dire (pour lui) en des lieux, sinon de normalité, du moins de conformité. Le stéréotype est alors une caricature réaliste de la réalité. C'est néanmoins, une fausse sécurité, puisqu'il est avéré que la réalité n'est pas réaliste, ou plus exactement qu'elle n'est pas seulement réaliste. Le stéréotype passe toujours par une surgénéralisation du particulier : la Parisienne est frivole, les Français ont des bérets basques, s'appellent Dupont, sont cultivés, boivent du vin à table, etc.

La stéréotypie, qu'elle exerce dans le positif ou dans le négatif, est en fait une mauvaise capacité à distinguer le général du particulier.

Ainsi, face au délire du jeu, une volonté de ne pas se découvrir peut conduire certains à se réfugier dans la stéréotypie. Morfaux définit les stéréotypes comme étant des : « *Clichés, images préconçues et figées, sommaires et tranchées, des choses et des êtres que se fait l'individu sous l'influence de son milieu social (famille, entourage, études, professions, fréquentations, media de masse, etc.) et qui déterminent à un plus ou moins grand degré ses manières de penser, de sentir et d'agir ; ex. le paysan pour le citadin, l'automobiliste pour le piéton, l'Allemand pour le Français (et réciproquement) ; tout groupe clos, si petit soit-il (même un couple conjugal) a, sur l'autre ou sur les autres, des stéréotypes* »[40].

Un système culturel comporte ainsi toute une panoplie d'images et de représentations partagées par les membres du groupe. Les stéréotypes sont ces images et idées concernant les groupes sociaux ou individus de notre culture ou des autres cultures. Ils sont

---

40. MORFAUX Louis-Marie, *Vocabulaire de la philosophie et des sciences humaines*, Armand Colin, 1980.

fonction de l'état d'esprit, de la façon de voir le monde des uns et des autres, c'est-à-dire des acquis qui servent de références permanentes et inconscientes pour la perception, l'évaluation des choses et qui génèrent des attitudes et orientent le sujet. « *C'est très facile de fonctionner avec le stéréotype du Belge, de l'Italien, du Français,* explique M. Abdallah-Pretceille ; *ça permet d'identifier, de fossiliser, de catégoriser, "d'adjectiver l'autre"* »[41]. Et de fait, le stéréotype permet de définir l'autre en dehors de lui-même ; et par là-même il lui interdit d'être autre chose que ce que j'ai qualifié pour lui en dehors de lui.

L'usage du stéréotype relève en fait soit d'une faible capacité (maturité ?) d'un individu à distinguer la complexité des choses, leur caractère relatif et changeant, soit d'un manque de connaissances sur un sujet (ce qui est naturellement le cas de la plupart des apprenants de Français Langue Étrangère) ; soit encore d'une combinaison des deux phénomènes.

L'individu tombe alors dans le piège des définitions rapides fondées sur des jugements peu nombreux ou des perceptions hâtives. Incapable d'appréhender la globalité probable et le champ des possibles, il se polarise alors sur un ou deux signes particuliers qu'il observe, évalue et élève au niveau général.

En fait, tout ce qu'un individu peut « posséder » (j'ai une femme, des enfants, un appartement, une voiture), tout ce qu'un individu peut montrer et faire valoir (j'ai des relations, des connaissances) est évalué par les autres membres de la culture à laquelle il appartient de façon à le situer dans un système de catégories et de hiérarchie sociale. Même si de nos jours, certains signes extérieurs comme le vêtement, ne sont plus aussi codifiés que par le passé et même s'il n'existe plus véritablement d'interdits vestimentaires frappant telle ou telle classe sociale, il n'en reste pas moins que chacun est jugé, classé à partir d'un ensemble de signes comme le comportement, les attitudes corporelles, l'usage de l'espace, le port de la tête, les gestes, le regard, la voix, etc. Certains ouvrages commentent et raillent ces « typologies franco-françaises » (Doc. 21, p. 94), tel le livre hilarant de Obalk, de Soral et de Pasche, *Les Mouvements de mode expliqués aux parents*[42], guide pratique et satire sociale à la fois permettant d'expliquer les modes depuis trente ans : hippies, new-waves, babas, punks, b.c-b.g, minet, etc., ainsi que les us des uns et les coutumes des autres (goûts, mœurs, idéologies, vocabulaire, comportement, etc.).

► ► ► ■ B. Un recours facile et trompeur

Dans certaines situations se pose la question de l'ignorance, par les élèves, de ce que peut être la France mais aussi de ce que peut être un village ou un immeuble. Il y a là une double étrangeté à l'activité et donc une incapacité quasi totale, pour l'élève, de produire de l'imaginaire qui soit en rapport avec l'univers proposé. C'est la panne sèche pour l'enseignant qui est alors dans l'impossibilité de travailler sur les représentations culturelles puisque celles-ci sont absentes. Les élèves sont sans repères, sans références, sans arrière-plan. Leur imaginaire pourra peut-être imaginer mécaniquement des arborescences de situations dramatiques grâce aux séries américaines, mais il n'y aura pas de chair autour de ce squelette fantomatique de toile de fond à l'action.

Les jeunes générations font bien souvent montre d'une compétence dramatique largement supérieure à celle de leurs aînés mais sont, au contraire, en retard pour tout ce qui va donner lieu et corps à l'action. Il faut dire que les premiers ont été nourris de films d'action alors que les seconds ont été nourris par toute une littérature émaillée de descriptions donnant au décor un statut de personnage. L'imprimerie des *Illusions perdues* de Balzac, la petite ville de Forges-les-Eaux de *Madame Bovary* ne sont nullement

41. ABDALLAH-PRETCEILLE Martine, conférence donnée à Valence, en Espagne, le 4 décembre 1992.
42. OBALK Hector, SORAL Alain, PASCHE Alexandre, *Les Mouvements de mode expliqués aux parents*, Robert Laffont, 1984.

Couple hippie

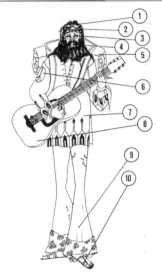

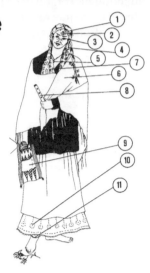

Lui :

1. Cheveux longs et barbe fleurie style Jésus-Christ.
2. Bandeau indien tissé dans une réserve.
3. Regard planant adouci au khôl indien.
4. Chant d'amour et de paix.
5. Sac à dos et sac de couchage du « routard ».
6. Signe de la paix.
7. Chemise tunisienne.
8. Guitare folk.
9. Jean à pattes d'éléphant, délavé, effrangé et agrémenté de diverses pièces et inscriptions (noms de groupes pop ou slogans non violents).
10. Sandales marocaines (artisanat pour touristes).

Elle :

1. Cheveux longs, nattes fleuries.
2. Maquillage psychédélique : fleurs peintes, arabesques, signes ésotériques.
3. Regard doux et planant, ombre à paupière mauve.
4. Boucles d'oreilles (artisanat berbère).
5. Croix de Taizé.
6. Poncho péruvien.
7. Fichu de paysanne.
8. Pipeau.
9. Sac artisanal grec contenant :
   – un paquet de camel sans filtre ;
   – de la marijuana dans une enveloppe ;
   – un briquet à mèche amadou ;
   – une petite bouteille de patchouli ;
   – un ouvrage d'initiation à la méditation transcendantale ;
   – une paire d'aiguilles à tricoter en bois et une pelote de laine vierge.
10. Ensemble « paysanne roumaine », jupon de dentelle apparent.
11. Bracelet de coquillage à la cheville.

Il revenait des Indes. Elle rejoignait une communauté dans les Causses. Mais le hasard a voulu, à l'occasion d'un festival pop, qu'ils se rencontrent sur le chemin. Un soir, autour du feu, ils ont accompagné les chants de leurs compagnons de rencontre, lui à la guitare, elle au pipeau… Depuis, ils font la route ensemble et partagent le même sac de couchage. Objectif lointain « Frisco » (San Francisco). Leurs parents, des braves gens, sont rassurés de les savoir ensemble car voyager seul n'est pas prudent.

Bien sûr, les conditions matérielles sont un peu hard, mais ils sont dans le même trip et c'est ça qui est cool. Et quand parfois la vie straight les speede un peu trop, la « fumette » et l'« acide » ramènent au sein du couple l'harmonie cosmique des « grands initiés ».

Extrait de *Les Mouvements de mode expliqués aux parents*, Hector OBALK, Alain SORAL, Alexandre PASCHE © Robert Laffont, 1984.

des lieux modulaires, interchangeables. Ils sont sources de poésie et de drame. Le décor est prégnant, il a un statut de personnage ; on peut l'aimer ou le détester.

De nombreux enseignants se désolent de ce que bien souvent les univers construits sont d'une stéréotypie consternante et cherchent le moyen de faire en sorte que les productions soient plus riches, plus poétiques, moins conventionnelles.

La stéréotypie des univers ou des identités a bien sûr à voir avec la norme, la vraisemblance et la conformité. Ainsi un village français d'aujourd'hui répond à des normes géographiques, économiques, sociales, culturelles, d'organisation politique, urbanistique, etc. Ces normes sont des critères à la fois statistiques et juridiques : il y a des règles, des textes qui précisent, par exemple, les contraintes des structures de l'habitat en zone périurbaine, rurale, etc.

Néanmoins, un village peut être conforme sans être conformiste et il faut engager les élèves à fabriquer des villages à la française. L'enseignant peut alors intervenir pour expliquer l'organisation d'un village français, aider à la description d'un petit village typique (Riquewihr ou Saint-Guilhem-le-Désert). Il peut alors devenir médiateur pour aider à la mise en conformité de la réalité française et de la réalité du village inventé, aider aussi et surtout à ne pas produire un monde médiocre au point d'en être démotivant, déprimant même.

C. Un équilibre à trouver

Les deux tentations existent : mettre en place un univers noir ou au contraire rose ; à vouloir enjoliver son cadre au point que l'enseignant doive parfois introduire des activités obligeant à trouver des endroits sinistres ou inquiétants. Mais quand la réalité inventée est noire, elle peut devenir le fleuve noir des romans policiers ; quand elle est médiocre, elle peut s'inspirer des univers de Simenon ou de Hammett. Réinventer la médiocrité de la vie c'est alors prendre de la distance, faire une démarche proche de celle des auteurs du nouveau roman, d'un Flaubert de *L'Éducation sentimentale*, d'un Prévert de *La Grasse Matinée*.

En fait, l'enseignant doit veiller à ce que la simulation ne tourne pas à un univers fusionnel, où tout le monde est beau et gentil, mais aussi veiller à ne pas administrer des injonctions paradoxales du genre : « Attention à bien faire un univers plaisant » (ou, ce qui revient au même, « déplaisant ») ; les univers doivent exister (qu'ils soient positifs ou négatifs), et ne pas retomber comme un soufflé. Le choix de la simulation globale sera alors déterminant : ÎLES se prête mieux à l'expression d'un univers mirifique ; L'IMMEUBLE à l'expression éventuelle d'un univers sordide, etc. ; et l'enseignant aura soin alors à ce que ces univers donnent envie, sinon d'y vivre, du moins d'en imaginer et d'en décrire l'existence.

D. Une stéréotypie favorable ou indésirable ?

Pourtant cette expression stéréotypique peut avoir des effets cathartiques. C'est ainsi que dans une classe de bas niveau de qualification de Soissons, toutes les identités fictives masculines de L'IMMEUBLE tournaient autour d'hommes au physique athlétique, grands, beaux, bruns, aux yeux bleus, informaticiens, possédant une Golf GTI noire ou une BMW gris métallisé ; toutes les filles étaient blondes, grandes, sveltes, mannequins ou esthéticiennes, s'appelaient Virginie, Nathalie ou Pamela, avaient les yeux verts, etc. Et quoi de plus naturel que de vouloir s'offrir, pour une « seconde vie », toutes les chances que le hasard et la nature ne vous ont pas forcément données ? ; quoi de plus naturel que de vouloir être le plus beau, le plus riche et le plus intelligent, comme ceux que l'on voit sur les photos de magazine ou à la télévision ? Il faudrait avoir une bonne dose de masochisme, de désespoir, d'ironie, de lucidité amère, et de confiance en soi pour choisir d'être aussi mal loti ou pire qu'à son ordinaire. L'orphelin ou l'enfant battu peut-il rêver à autre chose qu'à une vie d'enfant choyé ?

De tels stéréotypes confrontés à de tels enjeux personnels conduisent nécessairement l'enseignant à se poser un certain nombre de questions :

A-t-on intérêt à autoriser la purgation des passions sociales et son cortège de fantasmes (des élèves de BEP ne seront probablement jamais informaticiens, P.-D.G., ou présentatrices-vedettes de la télévision) en acceptant, dans un monde intermédiaire imaginaire, un monde de rêves où les qualités le disputent aux succès personnels, réussites professionnelles ?

A-t-on le droit de replonger un élève dans la triste réalité de son quotidien ? Peut-on lui laisser la bride du rêve sur le cou, en sachant qu'il produira des rêves bornés par un univers fermé ? Ou doit-on négocier avec lui la réalité projetée en lui demandant de construire une réalité moyenne ?

Questions bien embarrassantes et dont les réponses doivent varier suivant les groupes, les individus, les contextes...

Aucune étude n'a été faite sur la correspondance entre biographie fictive et biographie réelle. Mais peut-être s'apercevrait-on que les groupes « filtrant » peu se projettent sans vergogne dans des univers meilleurs, alors que ceux qui restent soucieux de ne pas se découvrir chargent leur personnage des pires maux.

7. UN EXEMPLE CLASSIQUE DE STÉRÉOTYPIE

▶ *La situation*

Imaginons le cas, assez fréquent avec des adolescents, où tous les habitants du VILLAGE portent des noms d'acteurs de cinéma ou de footballeurs, chose invraisemblable dans la réalité. La plupart du temps, l'enseignant refuse catégoriquement. Et pourtant...

▶ *Quelques idées concrètes*

Plutôt que de refuser cette proposition l'enseignant pourrait :

1. Faire jouer son expertise en prévenant qu'il ne connaît pas de village en France ayant cette concentration de noms célèbres.

2. Donner une page d'annuaire pour la vérification de l'information fournie.

3. Proposer de négocier une solution :

> *Par exemple, de s'amuser à déformer les noms existants pour les rendre méconnaissables ou à les croiser par la méthode des <u>mots-valises</u> : Johnny Halliday et Michel Platini deviendraient Micky Hallini et John Platiday.*

> *Par exemple encore, d'essayer d'imaginer sous quelles conditions l'on pourrait trouver en France une telle concentration de célébrités, l'expertise de l'enseignant venant alors en renfort pour parler de Saint-Tropez, de certaines « villas » du XVIᵉ arrondissement ou de Neuilly, etc.*

Au lieu de faire comme si l'incident n'existait pas, il convient que l'enseignant l'utilise d'une façon ouverte et créative.

▶ *Quelques réflexions en amont*

Le traitement des stéréotypes peut se faire aussi :

1. Par la programmation de contraintes initiales ou intermédiaires :

> *Par exemple, l'on précisera pour l'écriture des biographies qu'il faut systématiquement opposer une qualité à un défaut, un événement heureux à un malheur, etc., la contrainte devenant alors le garant d'un réalisme minimum.*

2. Par l'usage de techniques d'animation spécifiques :

> *Par exemple, au lieu de donner le libre choix des noms, on fait tirer les noms dans une page d'un annuaire ; on peut utiliser la* <u>grille ARTAIR</u> *dans laquelle on concasse la réalité des noms en leur faisant subir des opérations : Delon et Gabin deviendront Galon et Debin (Association) ; Gabinosse, Delonette, Gagabin, Delonde (Augmentation) ; Gab et Del (Réduction) ; Nibag, Noled, Binga et Londe (Inversion), etc. On peut aussi programmer une activité « héritage » où le sort viendra bousculer des destins trop bien établis, etc.*

3. Par une identification conduisant l'animateur à intervenir « à chaud » ou par une mise en conformité *a posteriori*, sorte de régulation culturelle légitimée par l'expertise de l'enseignant. Celui-ci peut alors laisser produire les représentations des élèves et, par la suite, proposer de les courber vers une conformité décrite et expliquée, sans jamais pourtant exclure totalement l'une ou l'autre des représentations des élèves. La production créative doit être alors le résultat d'une négociation entre les élèves et l'enseignant, un compromis entre l'imagination et la réalité, via l'information et la connaissance. Pour ce faire, il est nécessaire de prévoir des apports extérieurs (textes littéraires, banques de données, matrices) que l'on pourra s'exercer à piller, détourner plagier ou parodier. Les films sont aussi d'excellents supports permettant d'entrer dans une réalité contemporaine : *Escalier C, La Vie est un long fleuve tranquille, Le Thé au Harem d'Archimède* pour l'IMMEUBLE, *La Gloire de mon père, Manon des Sources, Jean de Florette* pour le VILLAGE, *Le Sucre* pour l'ENTREPRISE, pour n'en citer que quelques-uns.

De la même manière qu'on ne fait pas de bonne littérature avec de bons sentiments, on ne fait pas de bonne simulation avec des stéréotypes, qu'ils s'inscrivent uniquement dans le positif (toutes les qualités requises, bien sous tous rapports) ou dans le négatif (toutes les tares du monde). Il faut envisager des traitements du stéréotype en s'en remettant à la littérature, au sort venant bouleverser le bel ordonnancement de l'univers et créant des situations de rupture : où l'on découvre par exemple qu'une jeune esthéticienne de 18 ans paie un loyer de 15 000 F par mois pour un appartement de 50 m². Pourquoi ? Comment est-ce possible ?

En fait, si l'on constate une propension à la stéréotypie dans une simulation globale, c'est que l'initiative du rapport à la rationalité du monde est redonnée à l'élève. L'enseignant n'est plus le détenteur absolu d'une réalité à laquelle on évite d'être stéréotypée (par le biais du manuel) ; et l'élève, détenant une part de liberté dans la construction de l'univers, s'expose dès lors à des risques de tentations réductrices. Mais les manuels actuels donnent-ils à lire la complexité du monde ?

8. LES EFFETS DES CONTRAINTES INITIALES

A. Sentir les tensions

Certaines contraintes initiales relevant du canevas d'invention ou des techniques d'animation peuvent, elles aussi, être à l'origine de conflits interpersonnels ou de chocs de cultures. Nous n'en citerons que quelques-uns en exemples, tant les situations de conflits diffèrent selon les groupes.

1. L'attribution ou la <u>distribution des identités fictives</u> est une question délicate à bien des égards. Inutile de dire que, lorsqu'on utilise la <u>technique du tirage au sort</u> pour certains paramètres de l'identité, certains membres du groupe peuvent avoir à endosser un type de rôle qui les bloque ou fasse émerger un climat de méfiance. L'on peut ainsi se

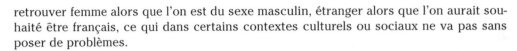

retrouver femme alors que l'on est du sexe masculin, étranger alors que l'on aurait souhaité être français, ce qui dans certains contextes culturels ou sociaux ne va pas sans poser de problèmes.

p. 60

2. La constitution d'un <u>sociogramme</u> des relations dans le groupe peut être aussi bien enrichissant que risqué. Le sociogramme se construit à partir de questions comme : « Qui aime qui ? », « Qui déteste qui ? », « Quelles sont les relations de voisinage, professionnelles, secrètes, amicales, affectueuses ? », etc. Cette activité s'avérera amusante si l'on considère que les élèves sont suffisamment à l'aise avec eux-mêmes et avec leur prochain pour accepter cette possible « violence », compte tenu que chacun s'ingéniera le plus souvent à concevoir des passés chargés, dans la mesure où eux-mêmes ne devront pas vivre avec cette biographie ; néanmoins, elle sera impossible si le climat dans le groupe est un climat de défiance ou si les élèves ont une certaine fragilité du fait d'une difficile insertion sociale ou scolaire.

p. 87

3. La production, par chaque habitant d'un village, de ragot sur un autre habitant est une activité sensible. Ainsi, l'enseignant doit-il envisager les conséquences des procédures d'animation qu'il va utiliser. Nul doute que cette activité engage, dans certains groupes peu matures, un processus qui risque de produire des effets difficilement contrôlables : <u>dérapages psycho-dramatiques</u>, climat de suspicion et de médisance généralisée contamineront la réalité des relations entre participants, aire de jeu du lieu-thème négative, peu engageante, village stéréotypé, voire caricatural, etc.

4. La concrétisation du tissu social, au fur et à mesure de l'avancement de la simulation, peut également poser problème, notamment avec des groupes d'enfants ou d'adolescents. Prenons l'exemple des appariements familiaux : être la fille de… ou le père de… ou la femme de…, sans l'avoir nécessairement choisi, peut engendrer des conflits ou des comportements qui débordent largement le cadre d'une simulation. La cellule familiale, ici comme dans la réalité, est une source de dérapages nombreux et doit être de préférence maintenue à l'arrière-plan par l'intermédiaire des identités secondaires et de productions permettant de mettre à distance d'éventuelles dérives.

L'un des gains essentiels de la simulation globale est précisément d'ouvrir un sas de sécurité pour les participants, en utilisant le texte littéraire, avec des lieux de discours comme la lettre, la page de journal intime, le récit, qui permettent tout à la fois de s'épancher personnellement et d'éviter le fracas de confrontations traumatisantes.

Elle se démarque ainsi du jeu de rôle qui ne comporte pas d'issue « psychologiquement sûre » pour la personne qui se livre aux autres. La simulation globale permet donc aux apprenants de parler d'eux et d'apporter une sorte de décompression sociale individuelle, de catharsis, voire de thérapie.

►►►■ B. Remédier aux tensions

► *Avant la simulation*

Dans certains cas, des décisions doivent être prises avant le début de la simulation globale afin de prévenir les dérapages auxquels le groupe peut être particulièrement sensible.

Plusieurs types de décisions peuvent conduire à réguler les tensions comme la suppression d'activités ou de certains aspects du canevas d'invention.

Voici quelques idées :

– ne pas évoquer la religion dans un milieu très religieux ou ne la faire apparaître qu'en toile de fond, par le biais d'autres activités ; et de ce fait renoncer à l'identité fictive dite « responsable du culte » ;

– faire l'impasse sur les ragots et les potins ;
– ne pas organiser d'élections municipales pour ne pas réactiver des conflits latents dans le groupe, etc.

▶ *Pendant la simulation*

Lorsque la simulation globale est lancée, il n'est plus possible d'évacuer les transgressions ou dérapages. Il n'est d'ailleurs pas souhaitable de faire comme si cela ne s'était pas produit. Il faut gérer les incidents, les traiter et mettre chacun devant ses responsabilités. Le traitement est d'ailleurs plus facile si le groupe est homogène et si l'on traite la <u>faute culturelle</u> de la même manière qu'on intervient sur les fautes de langue. L'usage de techniques d'animation permet d'amoindrir certains aspects, par exemple :
– la constitution de personnalités secondaires, dont on tire les ficelles mais qu'on n'endosse pas (en particulier, les identités fictives à problèmes) ;
– l'utilisation de données « objectives » pour asseoir et justifier certaines décisions : on pourra utiliser des petites fiches faisant état de statistiques, de faits (du genre : « 40 % des gens vivent en concubinage avant de se marier »). On pourra également proposer qu'une rumeur négative soit obligatoirement assortie d'un démenti ou d'une rumeur positive ; que les caractéristiques physiques, intellectuelles, morales, psychologiques fassent état de qualités en nombre équivalent aux défauts, etc. ;
– la mise en regard de textes littéraires dont l'élève pourra se nourrir et qu'il pourra éventuellement détourner pour produire lui-même des textes et de la sorte mettre à distance les aspects existentiels par l'intermédiaire du discours littéraire : un discours rapportant une élection municipale sera ainsi moins dangereux que le discours produit *in situ*, etc., et même si cette mise en regard des textes ne peut pas toujours être utilisée du fait de sa relative lourdeur et des effets normatifs qu'elle est parfois susceptible d'entraîner sur les productions des apprenants.

La démarche est donc de laisser les erreurs se produire et d'intervenir, quand le degré de conformité est faible, de façon à rectifier certaines propositions et à rendre plausible le monde simulé.

□ □ □ □ □

De la même manière qu'il n'est pas toujours souhaitable de vouloir systématiquement évacuer les conflits susceptibles de naître dans une relation, la conduite d'une classe n'a pas pour objectif principal d'éviter aspérités, accrocs ou dérapages. S'il ne convient pas d'en créer quand il n'en existe pas, il ne convient pas non plus de faire comme si cela n'existait pas car ils contiennent parfois des richesses sur le plan de la créativité ou sur le plan relationnel. Les activités de simulation globale réclament une attention de l'enseignant pour les élèves car plus qu'une autre technique, elles requièrent qu'il ouvre les yeux pour voir les manifestations non verbales, qu'il ouvre les oreilles pour saisir les commentaires méta-discursifs.

Les simulations globales, enfin, permettent d'aborder d'une façon différente la question de la culture, la sienne et celle des autres. En lui donnant l'occasion de « fabriquer » une culture « à la française » ou d'en inventer une de toutes pièces, la simulation globale offre à l'apprenant l'opportunité de traiter des aspects culturels de manière plurielle, relative et souple.

Cette ouverture rencontre les préoccupations des spécialistes de la pédagogie interculturelle. C'est ainsi que pour Martine Abdallah-Pretceille, il est dommage que la culture soit approchée à l'école de façon statique, rigide et autoritaire « *alors que ce sont justement le brassage et le mouvement ainsi que les interpénétrations, qui caractérisent les modifications culturelles de la société actuelle. Il va de soi que de telles perspectives nécessitent la mise en œuvre de techniques de formation nouvelles, construites sur d'autres dimensions que la seule dimension cognitive [...] et il convient de développer des approches qui mettent en jeu, de manière plus directe et spontanée, l'expérience des individus : jeux de rôle, simulations, jeux divers de perception et de communication, discussions, échanges, scénarios imaginaires... »* [43]. La question de la représentation de l'autre est la question cruciale de l'acte éducatif. Suivies de discussions, les expériences ainsi menées sont analysées et objectivées. Il s'agit là de démarches nouvelles construites sur la constitution d'un vécu commun, propre au groupe-classe. Il ne s'agit pas de disserter sur un problème (racisme, compréhension internationale ou autre...) car ces discussions sont favorables à l'émergence de pensées stéréotypées conformes à la « bonne morale ». Il est certain que le niveau de conceptualisation et de verbalisation sera différent selon les niveaux et les âges, mais peu importe puisque les situations proposées ne se définissent pas par rapport à une norme. *« Alors que l'enseignement classique se concentre sur les éléments eux-mêmes, le jeu de simulation représente un moyen idéal pour faciliter la perception des relations dynamiques qui existent entre les éléments d'un système complexe. Il est très difficile, sinon impossible, de décrire des interactions simultanées ou interdépendantes par des mots, parlés ou écrits. Il est beaucoup plus facile, on le sait, de comprendre les règles d'un jeu si l'on a vu des personnes y jouer ou si l'on a essayé d'y jouer soi-même »* [44].

Cette dernière remarque de Joël de Rosnay pourrait se traduire à deux niveaux d'interprétation :

1. Il est beaucoup plus facile de comprendre les règles du jeu de la vie si l'on a vu des personnes y jouer – c'est là la fonction du roman, du théâtre, du cinéma ou à un autre niveau, de l'observation – ou si l'on a essayé d'y jouer soi-même. (De nombreux proverbes ou dictons populaires brodent sur ce thème.)

2. Il est beaucoup plus facile de comprendre une simulation globale si l'on a vu en fonctionner une ou si l'on a soi-même été un participant. Il est donc également plus facile d'en appréhender le déroulement et de réagir aux événements qui surgissent dans le feu du jeu...

43. ABDALLAH-PRETCEILLE Martine, « Vers une pédagogie interculturelle », *Homme et Société*, n° 12. Paris, INRP, 1986. p. 208.
44. ROSNAY Joël de, *Le Macroscope. Vers une vision globale*, Paris, Le Seuil, 1975, p. 268.

TROISIÈME PARTIE

L'ANIMATION
d'une
SIMULATION
GLOBALE

1

L'ENSEIGNANT EN QUESTION

1. L'ANIMATEUR DANS TOUS SES ÉTATS

Un enseignant faisant fonctionner une simulation globale doit mobiliser des ressources et des compétences en animation très variées. Il met en place des situations, organise, régule, parfois désigne les groupes, sous-groupes ou apprenants pour telle ou telle tâche, veille à ce que l'information réciproque des participants soit faite, diffuse les renseignements aux uns, les productions aux autres, donne des conseils, corrige, éventuellement archive, affiche, pourvoie aux petits matériels nécessaires à la confection des travaux, enregistre, filme, stocke sur disquette informatique... bref, il doit être un Maître Jacques organisé.

En simulation globale, l'axe maître-apprenant est moins sollicité que dans des activités où l'apprenant détient la plus grande partie de son savoir par le maître. Ici, l'apprenant devient autonome par rapport à l'enseignant, développe même parfois des stratégies d'auto-apprentissage, en tout cas va puiser bien souvent à d'autres sources que celle de l'enseignant. Dans une simulation globale, ce qui prime c'est la mise en situation, l'initialisation d'une situation-problème par l'enseignant. Une fois cela acquis, les apprenants ont à s'organiser et à réagir en tant que groupe, communauté d'individus ; ils s'autorisent l'autonomie même s'ils viennent de temps à autre consulter la personne-ressource ou l'expert qu'est l'enseignant, lequel fonctionne alors comme un « conseil », un conseiller ou un sage. Cela ne signifie pas que l'enseignant perde la direction des opérations ; bien au contraire. Si les objectifs pédagogiques ont été clairement établis, l'enseignant suit alors la progression vers ces objectifs et veille à faciliter certains passages trop difficiles en proposant d'intervenir avec une donnée ou une technique particulières.
La simulation globale exige donc de l'enseignant qu'il soit formé aux différents rôles qu'il sera conduit à assumer : l'expert, la personne-ressource, l'animateur, le modèle et le médiateur.

▶ ▶ ▶ ■ A. L'expert

Un enseignant cherche avant tout à être un expert en sa matière. Un enseignant de langue développera ainsi une expertise en langue et en civilisation qui lui permettra de dominer son sujet le mettant à l'abri de toute contestation. C'est le rôle le moins défectueux de tous dans la formation d'un enseignant, dans la mesure où l'Université, les Instituts de Formation des Maîtres et les individus investissent majoritairement dans cette dimension, et à juste titre puisque c'est elle qui va permettre de rassurer les élèves sur le degré d'expertise et sur la légitimité de l'enseignant.
En réalité, plus on a confiance en son savoir et sa technique, plus cela sécurise le public et le conduit à avoir confiance en l'enseignant. Du bon usage de l'effet Pygmalion appliqué à soi-même en somme ! Il y aurait beaucoup à dire sur la manière de définir l'expertise car celle-ci réside souvent plus dans la façon de savoir gérer ses connaissances que dans leur volume ; et l'expertise en langue se fondera autant sur des critères de gestion de la

parole, de rapport à la langue que sur des critères de richesse de vocabulaire ou de précision grammaticale.

Mais il n'est pas toujours possible d'avoir des connaissances étendues dans tous les domaines. C'est le problème posé particulièrement aux enseignants chargés d'enseigner une langue de spécialité (français des affaires, de la diplomatie, de la médecine, du droit, etc.) sans pour autant connaître de l'intérieur le domaine. Non seulement les expressions typiques du métier leur font parfois défaut, mais aussi ils manquent bien souvent de connaisssances inhérentes à la pratique et à la culture propres au milieu concerné. Mireille Darot propose, pour régler ce problème, de former des binômes : un enseignant de langue pour les aspects fonctionnels, un expert pour le domaine de spécialité (concepts, vocabulaire spécialisé, environnement, problématiques, etc.) ; ou bien encore de mettre en place un « double tutorat » alternant des sessions d'apprentissage linguistique, sous la responsabilité d'un professeur de langue, et stage ou enquête sur le terrain, sous la responsabilité d'un spécialiste du domaine.

Malgré le luxe que représente un tel fonctionnement, certaines actions de formation se donnent les moyens de mettre en œuvre de tels tandems : par exemple, pour le français des conférences, l'université de Perpignan invite des grands noms du journalisme (Jean-Marie Colombani, par exemple) à venir faire un exposé sur le paysage politique français, animer une table ronde ou co-animer un module.

Évidemment, il est difficile de mettre en place de semblables sessions quand on est à l'étranger, pour des raisons financières et de proximité. Mais l'on peut s'assurer alors le concours de ces mêmes signatures par le truchement d'émissions de radio ou de télévision de grande qualité. C'est ainsi que Chantal Cali, par exemple, projette dans la simulation globale LA CONFÉRENCE INTERNATIONALE, l'émission de Jean-Marie Cavada *La marche du siècle* où Roland Dumas, ministre des Affaires Étrangères de François Mitterrand, un conseiller de Mikhaïl Gorbatchev, et un diplomate polonais débattent. Ce type de débat est d'autant plus précieux que :
– les différents débatteurs étrangers s'expriment parfaitement en français et ont alors sinon valeur de modèle, du moins d'incitation ;
– les informations, les prises de position des uns et des autres occultent d'une certaine façon la dimension linguistique pour ne plus laisser apparaître que le domaine de spécialité.

B. La personne-ressource

Un enseignant assume auprès de ses élèves le rôle de « personne-ressource » quand il est disponible pour orienter les recherches d'un élève, indiquer une source documentaire, déléguer les tâches et aider à organiser le travail. C'est un rôle auquel les enseignants ont du mal à se faire, habitués comme ils le sont à une conception héliocentrique de la relation pédagogique. Beaucoup d'entre eux se sentent perdus, dépossédés de leur pouvoir quand ils ne sont plus en situation de distribuer la substance-savoir. Ce rôle est pourtant un rôle essentiel puisque c'est lui qui permet d'engager l'apprenant sur la voie de l'autonomie.

C. L'animateur

Un enseignant est un animateur disposant d'une batterie de techniques d'animation pour parer aux situations inattendues. Les techniques d'animation constituent le carburant de la simulation globale et, sans leur diversité, celle-ci tombe en panne. Un éventail de techniques différentes sera proposé dans le chapitre 2. De plus, elles donnent des sécurités à l'enseignant et lui permettent de s'évader des modalités proposées. L'animateur doit aussi posséder des qualités d'organisation pour gérer (ou faire gérer !) les archives, les fichiers ou l'auto-dictionnaire.

p. 113

p. 112

Le type d'animation choisi par l'enseignant influence très fortement les réactions et les productions des élèves. Comme nous le développons dans le paragraphe suivant, l'enseignant modèle en partie le comportement des élèves. Selon Jean-Marc Caré, « *l'animateur englué, englue sa classe : l'animateur désordonné, désordonne sa classe ; l'animateur angoissé angoisse sa classe*[45]... » En effet, la classe joue souvent le rôle de miroir tendu à l'enseignant. Ainsi, si celui-ci se plaint d'un comportement particulier de ses élèves, qu'il en recherche peut-être en lui les origines.

▶▶▶■ D. Le modèle

Qu'il le veuille ou non, l'enseignant reste un modèle auquel l'apprenant aura tendance à s'identifier et ce, sur le plan de la maîtrise de la langue comme sur celui du style adopté : autoritaire, laxiste, démocratique, esthétique, poétique, technocratique, etc. Ce modèle filtre à travers son comportement, sa manière d'aborder le groupe, les techniques d'animation utilisées, etc., et ce modèle sera « modélisant » de la simulation globale. Dans certains cas, les élèves iront parfois jusqu'à construire une simulation conforme à ce qu'espère l'enseignant... – et cela pour lui faire plaisir ! – parce que l'élève a à cœur de fabriquer un beau jouet que l'enseignant aura alors plaisir à contempler... et arborer !
Bien sûr, ces effets de modélisation concernent davantage les publics de jeunes élèves en période de construction identitaire et donc de possible identification. Mais il n'est pas rare que les attitudes d'un animateur influencent les comportements de groupes d'adultes et colorent fortement leurs productions.

Car l'enseignant est aussi modèle au sens psychologique et idéologique : ses prises de position morales, esthétiques, philosophiques, existentielles vont alors modéliser la production et le rapport des participants à l'univers de la simulation globale.
Ainsi, si l'enseignant a une approche de la vie très pessimiste, il y aura une modélisation du comportement des élèves sur cette approche (ou, plus rarement, une contre-modélisation) ; on observera une mise en conformité de leur univers au diapason du modèle de l'enseignant. Si, au contraire, son approche de l'existence est ludique, il y aura une adéquation des univers y compris dans la manière d'aborder « l'esprit des lois », la politesse, les conventions, etc.

Les enseignants peuvent se sentir mal à l'aise devant un tel rôle car il leur paraît trop lourd à assumer, particulièrement sur le plan moral et idéologique (beaucoup moins sur le plan esthétique !). Pourtant l'enseignant, sur la scène de la classe, est toujours en position d'être observé, « décortiqué » même, et il reste un modèle d'identification puissant pour les élèves.

▶▶▶■ E. Le médiateur

Il existe trois grands modèles sur la question de l'apprentissage :

1. Le modèle cumulatif qui consiste à chaîner ou empiler des objectifs sur un mode transmission-réception : c'est le cours magistral.

2. Le modèle constructiviste de Piaget pour qui existe un rôle fondamental de l'activité dans l'apprentissage de connaissances. C'est par l'interaction à différents stades que se construit l'individu.

3. Le modèle médiatisé de Feuerstein et Rand inspiré des travaux de Piaget, Vygotsky et Bruner. Ce qu'ajoute ce modèle au modèle précédent, c'est l'idée d'un apprentissage, par la médiation et l'intervention d'un tiers, pour favoriser l'interaction entre le sujet et l'objet de l'apprentissage. Le médiateur a un rôle de filtrage et de mise en

p. 89

45. CARÉ Jean-Marc, entretien accordé à Francis Yaiche le 13 mai 1992.

représentation pour donner du sens à l'expérience, comme le montre le document 22, p. 106. Toute expérience passe par le filtre d'une culture et l'enfant ne peut se développer en dehors d'un contexte culturel dont le sens est donné par l'adulte (thèse de Jérôme Bruner).

L'idée fondamentale du modèle médiatisé est d'apprendre à apprendre et de modifier la structure cognitive. L'enseignant va donc procéder à une médiation cognitive à l'aide d'outils pédagogiques et servir « d'adjuvant de l'action immédiate »[46]. L'intention du médiateur est de développer, chez l'enfant, l'autonomie de la réflexion et du comportement. De par ce fait, il œuvre à sa propre disparition et, dans certains cas, il peut (et doit) même être absent, remplacé par des suppléants, des substituts. Le médiateur absent est alors intériorisé : il y a « subordination de l'enseignement à l'apprentissage »[47].

Ainsi, que l'on parle de « médiation », de « médiatisation », (concept utilisé par Feuerstein) ou encore de « guidage » (terme utilisé par Britt Mari-Barth), l'idée sous-jacente est que le médiateur est celui « *qui fait subir une certaine transformation aux stimuli. Il fait une sélection, en choisit certains, en élimine d'autres, les échelonne, les ordonne... les situe dans les dimensions temporelle et spatiale, provoque des comportements anticipés, attribue une signification à certains* »[48], etc.

Dans la mesure où les simulations globales instaurent la circulation de l'information et de la communication à l'intérieur du groupe-classe, l'enseignant-médiateur s'emploie à rendre l'apprenant un peu plus autonome dans son accès au savoir. Il donne les consignes, pose les questions, interprète, amplifie, donne un sens ou une couleur aux événements, modifie, sélectionne, réduit les informations pour transformer une production individuelle en une œuvre collective.

2. DE L'AUTONOMIE DE L'APPRENANT

A. Le risque de l'autonomie

À quoi servira donc l'enseignant si l'élève devient autonome ? C'est la question que bon nombre d'enseignants se posent plus ou moins consciemment quand on aborde cette question cruciale de la pédagogie moderne. Et de fait, si l'on veut que l'école avance au rythme de notre société, il faut sans doute cesser de penser l'enseignant comme une maman-oiseau apportant à ses oisillons piaillant dans le nid une nourriture prédigérée. Si les « élèves » sont à « élever », c'est aussi bien vers un niveau d'éducation et d'instruction que vers un niveau d'autonomisation. Or, la plupart des méthodologies actuelles engagent l'apprenant dans une dépendance dont il lui est d'autant plus difficile de sortir que l'enseignant peut se complaire dans cette situation, et ce, pour des motifs très différents : la peur de voir « ses » élèves échouer et se faire mal ; la peur de se voir dépossédé de son pouvoir et donc de son rôle ; la peur de devoir entrer dans une relation moins dépendante, etc. Parallèlement, l'élève peut, lui aussi, refuser l'effort d'autonomie qui lui est demandé et préférer une situation où tout lui sera préparé, pré-mâché. La loi du moindre effort, de l'économie, va permettre de ne pas trop se fatiguer puisqu'on laisse les autres travailler pour vous, et elle prépare bien mal les futurs citoyens aux lois de la vie active.

46. PIAGET Jean, *Six Études de psychologie*, Denoël, 1964, Saint-Amand Folio, 215 p.
47. GATTEGNO C., Entretiens sur France-Culture, novembre 1978.
48. LIROT C., MEYER D., « L'Expérience d'apprentissage médiatisé », *Bulletin de la société française du Rorschach et des méthodes projectives*, n° 33.

Interactions médiatisées

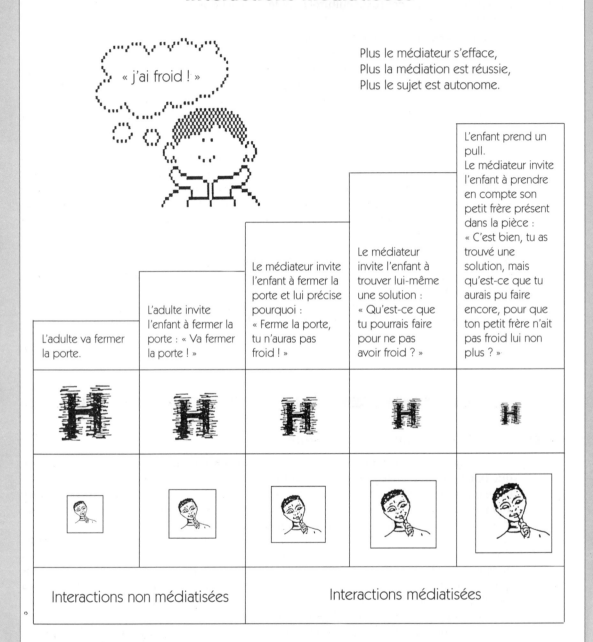

« j'ai froid ! »

Plus le médiateur s'efface,
Plus la médiation est réussie,
Plus le sujet est autonome.

| L'adulte va fermer la porte. | L'adulte invite l'enfant à fermer la porte : « Va fermer la porte ! » | Le médiateur invite l'enfant à fermer la porte et lui précise pourquoi : « Ferme la porte, tu n'auras pas froid ! » | Le médiateur invite l'enfant à trouver lui-même une solution : « Qu'est-ce que tu pourrais faire pour ne pas avoir froid ? » | L'enfant prend un pull. Le médiateur invite l'enfant à prendre en compte son petit frère présent dans la pièce : « C'est bien, tu as trouvé une solution, mais qu'est-ce que tu aurais pu faire encore, pour que ton petit frère n'ait pas froid lui non plus ? » |

| Interactions non médiatisées | | Interactions médiatisées | | |

Document de Vincent Drouard extrait de Médiation n° 50, *1992, Action Éducative Lasallienne, Institut de La salle, 78 A rue de Sèvres 75007 Paris.*

Refuser l'autonomie peut être aussi refuser de changer, de grandir, d'entrer dans le monde des adultes comme le petit garçon du *Tambour* de Günther Grass ou les jumeaux du *Grand Cahier* d'Agota Krystof. La peur de l'autonomie est alors souvent à chercher dans la peur de ne plus être le même pour les autres, comme dans un sentiment de trahison que l'enfant peut éprouver vis-à-vis de ses parents lorsqu'il doit s'en détacher, désimplication dont il sent confusément qu'elle risque de bouleverser la donne familiale, les parents devenant alors – si autonomisation il y a – de moins en moins utiles...

Certains enseignants se sentent menacés dans leur autorité par les méthodologies favorisant le travail autonome : ils font alors des cours magistraux – parfois avec talent – dépossédant l'élève a priori de toute connaissance, ou lui déniant le droit d' être acteur dans la construction de cette connaissance. Le principe pédagogique est celui des vases communicants : je sais tout, vous ne savez rien ; je donne, recevez ; écoutez, je parle... D'autres, en toute bonne foi, essaient de recourir à des approches communicatives engageant l'autonomisation ; pourtant, dans le même temps, ils sont incapables de laisser parler un élève sans lui couper la parole, d'accepter une bonne réponse sans poser une seconde question, beaucoup plus difficile, à laquelle l'élève ne saura pas répondre, l'enseignant conservant de la sorte la supériorité intellectuelle.
C'est donc tout le « système » qui doit être partie prenante dans le processus d'autonomisation.

B. La simulation globale : la pédagogie de l'autonomie

La simulation globale – parce qu'elle permet à l'enseignant de faire jouer la totalité des dimensions d'un pédagogue – place l'enseignant dans une position d'organisateur de l'accès au savoir. L'enseignant, en tant qu'animateur, expert en langue et civilisation, et personne-ressource, est fréquemment requis, consulté, pour corriger une production écrite personnelle que l'on veut sans fautes parce qu'elle est susceptible de figurer dans le « grand roman » ; il est sollicité aussi pour aider à trouver ou pour donner un mot, une forme ou une règle, au moment exact où l'apprenant en a véritablement besoin – et on peut parier alors que ce besoin, surtout s'il apparaît à nouveau « en situation », permettra une meilleure mémorisation, voire intégration. L'élève aura ainsi été l'acteur de la construction de sa propre connaissance.

Dans une simulation globale, l'autonomie se manifeste par des projets personnels d'élèves, essentiellement des productions écrites mais aussi des réalisations plastiques ou artistiques, projets menés au travers d'une pédagogie différenciée. Ces projets s'articulent au projet de la classe – en général une production romanesque, audio-visuelle ou théâtrale – et s'y imbriquent comme les pièces d'un puzzle. Et c'est la réussite de ce puzzle qui donnera un sens aux différents projets personnels dont la mise en cohérence est assurée par l'enseignant. Celui-ci est alors à la fois concepteur-démiurge qui détient la connaissance et l'expertise du canevas d'invention, guide prévenant ou guérissant les multiples dérapages possibles et le veilleur assurant la qualité du produit fini, présenté ou représenté.

Mais si l'enseignant ne chôme pas, c'est aussi parce qu'il a installé dans sa classe une véritable machine à produire des interactions, des activités, des jeux, des exercices écrits ou oraux. L'imagination des élèves – qui constituent en réalité les engrenages de cette machine – n'a pratiquement pas de limites. Une fois mise en place et lancée, la simulation ne s'arrête plus et l'enseignant a intérêt à être vigilant s'il ne veut pas risquer d'être dépassé par les événements. On se rend compte alors que la véritable autonomisation des élèves passe par leur affranchissement vis-à-vis du détenteur de la connaissance et par la capacité des apprenants à générer eux-mêmes des propositions d'accès aux savoirs.

3. DE L'AUTONOMIE DE L'ENSEIGNANT

Que dire de l'autonomie de l'enseignant, cette fois, notamment par rapport à ses propres modèles culturels et pédagogiques ? Comment parvient-il à se démarquer de ce qu'il a appris pour acquérir une liberté de conception pédagogique propre à répondre aux besoins exprimés ?

Une anecdote illustre parfaitement cet aspect. Une enseignante du Tessin – Anne-Madeleine Rigolini – voulut engager avec ses élèves de seize ans la simulation L'IMMEUBLE. Mais quand les adolescents apprirent qu'il était question de vivre dans le même immeuble, ils manifestèrent leur opposition. On ne les ferait pas habiter ensemble ! Fallait-il abandonner le projet ? Non ! On chercha donc une solution : pourquoi ne pas plutôt proposer d'habiter le même quartier ou la même rue ? Décision fut prise. La simulation LA RUE était née. L'autonomie, c'est aussi l'autonomie de l'enseignant par rapport à ses modèles.

Si la simulation est dite « globale », c'est parce qu'elle mobilise la totalité des rôles qu'un enseignant est susceptible de pouvoir tenir. Il n'est ainsi pas question de n'être qu'expert et modèle, car la relation pédagogique n'est pas exclusivement fondée sur le schéma de l'enseignant qui dispense du haut de sa chaire, un savoir ; il n'est pas question non plus de n'être qu'un animateur qui se contente de reproduire une technique éprouvée en stage ; enfin, il ne peut être question de laisser les élèves partir seuls à la découverte d'un univers, même s'il est établi préalablement avec eux que l'enseignant est en position de personne-ressource et est habilité à intervenir dans le jeu pour remédier à certaines situations. Le jeu pédagogique de l'enseignant doit être très libre dans son fonctionnement et donc très riche de variations, car c'est de l'autonomie que dépend l'adaptation adéquate aux particularités d'un groupe.

L'enseignant est susceptible à chaque instant de devoir tenir l'un des cinq rôles déjà évoqués. Il lui faut donc résister à la tentation de prendre une identité fictive pour ne pas être empêché d'intervenir, si besoin est, en tant que maître du jeu.
Indubitablement, l'on passe avec les simulations globales d'un rôle désincarné et modulaire de l'enseignant à un rôle incarné et impliquant sur le plan existentiel. Il lui faut donc se démarquer des approches humanistes qui mettent en avant l'existentiel d'une façon directe, voire brutale – « Je suis triste ce soir », dira un élève, et l'on traitera la question en classe – car les simulations globales opèrent ce traitement d'une façon détournée et sous couvert du masque de l'identité fictive. Quand l'élève dira : « Je suis triste ce soir », ce sera le boulanger ou l'agriculteur qui le dira ! Et tout le monde sait que l'on parvient à mieux exprimer sa colère ou son amour quand on choisit de parler à la place d'un autre. Les masques et loups ont toujours aidé à dire les choses. Se cacher derrière une identité fictive et avancer masqué permet l'expression des sentiments, des émotions, des sensations et des convictions mieux que lorsqu'il faut avancer à visage découvert.
Cette transition par une identité fictive aide le plus souvent l'élève à se détacher de lui-même et à trouver une liberté qui lui permet davantage d'autonomie dans son apprentissage. Et l'enseignant, s'il continue à occuper une place, non plus toujours centrale mais secondaire, n'en est pas moins un élément moteur et donc stratégiquement déterminant dans le dispositif pédagogique.

C H A P I T R E

2

TECHNIQUES ET DISPOSITIFS D'ANIMATION

A

QUELQUES CONSEILS PRATIQUES

La pratique d'une simulation globale requiert, de la part de l'enseignant, compétence, vigilance et souplesse. Il doit conserver, à tout instant, la capacité de se remettre en question ainsi que la capacité également d'inventer ses propres outils d'animation ou encore d'adapter ceux des autres.

Les clés de la réussite résident donc bien en grande partie dans :

– la connaissance de techniques d'animation nombreuses et variées ;

– la capacité à imaginer des dispositifs de classe nouveaux et des procédures permettant d'accélérer ou de ralentir certaines phases de la simulation.

Tel un commandant de bord effectuant une *check-list* des fonctions vitales de l'appareil, l'enseignant devra tout particulièrement veiller aux différents états de son groupe-classe :

– **l'état proxémique :** l'espace de la classe convient-il à l'activité ? Ne peut-on l'organiser autrement ? etc. ;

– **l'état d'âme ou psychologique :** telle activité doit-elle se faire de préférence en petit ou en grand groupe, à l'oral ou à l'écrit, compte tenu de son impact psychologique ? Ne suis-je pas moi-même en train de déraper, de perdre le contrôle, d'être en passe de prendre une identité fictive ? etc. ;

– **l'état « technique » :** est-ce que j'emploie une technique appropriée à l'activité et aux objectifs que je me suis fixés ? N'ai-je point perdu de vue mes objectifs ? Est-ce que j'ai maîtrisé l'utilisation de telle technique d'animation ? Peut-on faire autrement ? etc.

Tous les enseignants ne disposent pas toujours de la formation nécessaire à ce genre de pédagogie. C'est la raison pour laquelle nous proposons, dans cette partie, un éventail de conseils pratiques susceptibles de les aider dans la réalisation de leur projet pédagogique.

1. LA PRÉPARATION ET LA GESTION DES CONDITIONS MATÉRIELLES D'UNE SIMULATION

La gestion de l'invention d'une simulation globale passe par :

– la mise en place d'espaces disposés et aménagés suivant les nécessités de la production ;

– l'utilisation de matériels destinés à réaliser au mieux les productions ;

– la mise en œuvre de méthodes et de techniques que l'enseignant doit avoir en réserve dans sa besace de grand animateur.

▶ ▶ ▶ ■

A. L'aménagement de la classe

Il est évidemment rarissime que les quatre murs d'une classe prédisposent un enseignant et ses élèves à s'imaginer sans difficulté sur une île paradisiaque, dans un hôtel de luxe ou dans un petit village de montagne. Les ambiances feutrées, la multiplicité des salles et l'abondance du matériel n'existent que dans les formations d'ingénierie éducative à la pointe ou peut-être dans certains pays dont le cadre naturel se prête directement à la richesse des rêves. Il nous faut donc la plupart du temps faire contre mauvaise fortune bon cœur et établir l'espace de la classe pour mieux établir le lieu et le milieu de la simulation.

▶ *Établir l'espace matériel de la classe*

Dans l'ordinaire d'un établissement scolaire, l'espace de la classe est rarement pensé et aménagé pour permettre d'atteindre au mieux les objectifs pédagogiques que l'on s'est fixés. À dire vrai, il est négligé par de nombreux enseignants qui répugnent le plus souvent à bouger chaises et tables par peur de perdre du temps ou d'être accusé de subversion de l'ordre établi. Malheureusement, l'espace est le plus souvent subi au lieu d'être agencé pour des nécessités pédagogiques.

Pourtant, l'aménagement participe de la réussite ou du semi-échec d'une entreprise pédagogique : lors d'une simulation globale, s'impose très rapidement la nécessité d'*organiser l'espace de la classe* et notamment de le diviser toutes les fois où cela est possible en deux « territoires » ou espaces distincts :

– **l'espace réservé aux activités cognitives :** les tables sont regroupées et y sont disposés tous les documents, outils, fichiers de l'invention, auto-dictionnaires, archives, permettant d'avoir, en fin d'apprentissage, un dossier complet des productions et un « dictionnaire monolingue » répertoriant les mots programmés, découverts ou recherchés ;
– **l'espace réservé aux activités communicatives** laissé volontairement vide et dévolu aux jeux et exercices réutilisant les éléments appris dans l'espace du cognitif.

Le passage d'une aire à l'autre suppose un déplacement, presque un voyage, et permet de distinguer où commence et finit le jeu, d'établir le territoire des activités et de réussir le mariage de l'invention et de l'apprentissage.

▶ *Établir des procédures d'organisation*

Toutes les fois où il s'avère pourtant impossible de modifier l'agencement de la classe, il est important de mettre en place des procédures ou des rituels visant à organiser l'espace. Certains groupes choisissent d'afficher une grande photo de leur village ou de leur entreprise ; d'autres n'hésitent pas à construire une maquette de leur hôtel ou de leur immeuble ; d'autres encore, à exposer le modèle réduit de leur lieu-thème, ce qui est évidemment plus facile quand il s'agit d'un paquebot sur lequel on effectue une croisière. Il ne fait aucun doute que la possibilité d'« accrocher » les esprits par une « politique » d'affichage consistant à représenter, dans la classe, les lieux de vie de la simulation, contribue à rendre concrets ces lieux et à leur conférer un caractère de réalité, même si la contemplation de certains lieux de notre imaginaire peut dans certains cas brider notre imagination.

C'est ainsi que Mireille Venturelli raconte avoir planté le décor de la simulation ÎLES une fois pour toutes dans sa classe, la grille horaire ne permettant pas de perdre cinq minutes pour déplacer et replacer les tables à chaque leçon. Pour palier cet inconvénient, la mise en scène avait été soigneusement préparée : « *À l'entrée de la classe, la carte de l'île avec sa devise "Bienvenu soit qui bien y voit". Au mur, face aux élèves, quelques dessins d'animaux rencontrés sur l'île, des affiches représentant la plage des Brille-la-Nuit ou des Bains Linguistix ; sur le mur du fond, la crique du Gitan-Tremoure ; et par la fenêtre les quelques arbres entrevus vont représenter la jungle de notre île.* »[49] Cette expérience concernant la simulation ÎLES peut évidemment s'appliquer à toutes les autres simulations.

Matérialiser et spécifier les lieux, métaphoriser l'espace de la simulation par l'espace de la classe, seront des auxiliaires précieux de la créativité car ils contribueront à rendre visible et présent l'univers en construction. Dans le meilleur des cas, les élèves pourront ajouter ainsi à la dimension imaginaire la composante spatiale du déplacement physique et de la localisation. Mais aménager la classe peut signifier également décorer cet espace en affichant notamment des productions d'apprenants qui contribueront ainsi à rendre encore plus coloré et vivant le lieu-thème choisi.

▶ ▶ ▶ ■ B. Les matériels

De très nombreux matériels peuvent aider les élèves dans leurs différentes productions :
– des feuilles de format A3 et A4 pour réaliser les dépliants, tracts ou affiches publicitaires, notices biographiques, nouvelles ou romans ;
– des fiches bristol pour fabriquer par exemple les passeports, cartes d'identité ou de visite ;
– des journaux et magazines, des feutres, de la colle et des ciseaux, pour découper des photos et se constituer des « pioches » de personnages, de bâtiments ou de paysages ;
– la multitude de documents authentiques que l'on peut collecter pour nourrir chaque simulation ;
– des cartes de géographie, des livres d'histoire, des romans qu'on s'emploiera à exploiter et à détourner ;
– des ouvrages linguistiques de référence : dictionnaires bilingues et monolingues, grammaires, etc. ;
– des dictionnaires de type : *Dictionnaire des grands événements historiques*[50] *; Dictionnaire des assassins*[51] *; Trois Cents Héros et personnages du roman français d'Atala à Zazie*[52], etc. Ils permettront de trouver des cadres historiques, des types de personnages et donc... l'inspiration.

On peut également s'adjoindre les services :
– de jeux de cartes : par exemple, *le Tarot de Mlle Lenormand, le Jaro, la Sybille des salons, le Tarot des Visconti, le Tarot des Mille et un contes*, etc. Tous ces jeux de cartes peuvent servir à décrire des personnages, construire des intrigues, imaginer des biographies, etc. ;
– de dés pour tirer au sort des activités, produire aléatoirement des nombres, etc. ;
– de lettres de *Scrabble* pour composer aléatoirement des noms de lieux ou de personnes ;
– d'une collection d'objets hétéroclites susceptibles d'appartenir à telle ou telle personne ou de jouer un rôle quelconque à un moment précis de la simulation ;
– de romans, articles de presse, documents, chansons, films portant sur le thème de la simulation ou l'un de ses sous-thèmes.
Ces collections d'instruments ou accessoires constituent des réserves, des gisements potentiels dans lesquels l'élève pourra puiser.

Pour les mieux outillés :
– si un ou plusieurs ordinateurs peuvent être utilisés par les élèves pour le traitement des textes, les productions en deviennent immédiatement plus présentables et plus gratifiantes ;
– si une caméra vidéo peut être mise à disposition, il est possible de filmer telle ou telle « tranche de vie » ou de réaliser un clip, un reportage ou un spot publicitaire.

---

49. VENTURELLI Mireille, *Les Chemins de Goufrantale, simulation globale grammaticale*, mémoire rédigé pour la commission 123 L.S., sous la direction de M. le Professeur René Richterich, Dipartimento Istruzione e Cultura, Ufficio Insegnamento Medio, Bellinzona, août 1992, p. 21.
50. MASQUET Georges, *Dictionnaire des grands événements historiques*, Éd. Marabout, n° 389, 1985.
51. RÉOUVEN René, *Dictionnaire des assassins*, Éd. Denoël, 1974.
52. AJAME Pierre, *Trois Cents Héros et personnages du roman français...*, Éd. Balland, 1981.

p. 142

C. L'archivage des productions

Sans la production d'un recueil de textes, d'un « grand roman », d'un film, d'une pièce de théâtre ou de toute autre manifestation visible, une simulation risque de s'essouffler. La perspective de pouvoir montrer leurs productions aux autres classes, aux parents et amis et de faire œuvre de création collective engage les élèves à peaufiner leurs productions. Mais l'archivage de textes divers, la gestion d'un fichier d'identités fictives, d'un auto-dictionnaire, de plans demande des habiletés qu'un enseignant n'a pas toujours. Il lui faut donc apprendre ce nouveau rôle, ne rien négliger, ne pas se laisser submerger ou envahir.

Deux modes d'organisation de cet archivage sont possibles :

1. L'enseignant conserve la responsabilité de la gestion de la production : classer, archiver, afficher toutes les productions significatives et sélectionner les meilleures pour les faire figurer dans la production finale.

☐ *Avantages de cette option*
L'enseignant peut surveiller l'investissement de chacun, intervenir et maîtriser la qualité des productions, évaluer les progrès des apprenants.

☐ *Inconvénients*
Il supporte seul une charge lourde en temps et organisation ; il impose des choix personnels qui ne seront pas forcément ceux des apprenants, lesquels risquent de ne plus totalement se reconnaître dans la production de l'objet final. La tentation est alors de corriger les fautes des textes choisis (au lieu de les faire corriger par les élèves), voire d'en récrire certains pour qu'ils apparaissent meilleurs encore.

2. L'enseignant délègue la responsabilité de la gestion des productions à un ou plusieurs élèves. Cette responsabilité s'opère de façon tournante et les dossiers font l'objet d'un examen périodique avec l'enseignant.
Les tâches de l'équipe en charge de la gestion de l'archivage sont bien spécifiées à l'avance :
– collecter les travaux des élèves et les classer dans des chemises par type de productions : cartes d'identité, biographies, lettres, plans, etc. Rappeler les productions en retard ;
– donner des avis et des conseils aux élèves sur la qualité des documents fournis : possibilité d'une bonne reproduction (encre, marge), lisibilité de l'écriture, opportunité de retenir un texte abordant tel thème ou de tel style, etc. Leur recommander de les améliorer ;
– faire une première sélection des documents en archivant dans une chemise particulière les belles et bonnes productions pouvant figurer dans la publication finale et dans l'attente d'une décision collective ;
– organiser l'affichage des productions sur les murs de la classe pour que les élèves puissent prendre connaissance des travaux des autres participants ;
– organiser des consultations du groupe pour sélectionner les meilleures productions.

☐ *Avantages de cette option*
Les élèves assument seuls la responsabilité de leur « œuvre » ; ils sont confrontés à des problèmes d'organisation et de sélection. Ils apprennent donc à gérer à la fois des productions mais aussi des relations humaines. Ils doivent, par exemple, apprendre à dire avec diplomatie et persuasion à un élève dont ils n'ont pas retenu le texte les raisons de ce choix.

☐ *Inconvénients*
Certaines productions peuvent être égarées, abîmées ; les choix faits peuvent donner lieu à des jalousies, des injustices et des règlements de compte que l'enseignant doit gérer.

2. LES TECHNIQUES D'ANIMATION

Parmi les nombreuses techniques d'animation utilisées dans une simulation, nous avons choisi de présenter ici trois d'entre elles parmi les plus employées :
– le Panel de Recherche d'Idées en Groupe (PRIG)[53],
– la constellation de mots,
– le Rêve Éveillé Dirigé (RED).

A. Le panel de recherche d'idées en groupe

Cette technique d'associations d'idées est une incubation d'idées qui permet de faire émerger, à côté du contenu manifeste, le contenu latent concernant un sujet donné. C'est un tremplin pour se lancer dans l'écriture de textes, poétiques ou réflexifs, composés à partir des formules produites par la rencontre inattendue de mots a priori non destinés à se rencontrer, formules souvent paradoxales et étranges – mais à la réflexion pleines de sens !

Le PRIG comporte deux grandes phases :

▶ Première phase : la production

Elle consiste en deux temps :

1. Faire produire par écrit, sur un grand tableau, le maximum de mots sur un thème donné ou en réponse à une question posée par l'enseignant. Les mots sont écrits par chacun sans aucun souci de logique, de bonne orthographe ni de cohérence, et sans aucun commentaire, en silence. L'objectif est de produire le maximum de mots à partir du mot ou du concept déclencheur. Cinq ou six élèves peuvent être ensemble au tableau.

2. Demander aux apprenants :
– d'aller souligner les mots avec lesquels ils se sentent en accord ;
– puis d'aller barrer les mots avec lesquels ils se sentent en désaccord, étant entendu qu'ils peuvent souligner et barrer autant de mots qu'ils le souhaitent ou autant de fois le même mot, mais qu'à chaque fois ils doivent s'éloigner du tableau pour céder la place à ceux qui attendent.

Attention ! Ce second temps n'est pas un passage obligé. Il n'a d'intérêt que si l'on souhaite :
– ouvrir un débat contradictoire sur une question ;
– permettre à chacun de s'exprimer sans pénaliser ceux qui se sentent ordinairement étouffés par les plus extravertis ;
– obliger chacun à une écoute active en ouvrant le champ de la compréhension et de la réflexion ;
– faire visualiser l'échantillon de la production et ainsi entraîner des associations d'idées et de mots.

☐ Conseil pratique

Pour rendre plus aisé le repérage visuel puis la lisibilité et le décompte des expressions, l'animateur proposera que le premier soulignage se fasse en bleu, le premier barrage en rouge ; puis, qu'au lieu de continuer à surcharger les mots de soulignages et de barrages, l'on porte à chaque fois que l'on souhaite signifier son accord, un bâton à la droite du mot augmenté d'une unité, à chaque fois que l'on souhaite signifier son désaccord, un bâton à la gauche du mot.

---

53. YAICHE Francis, *Grilles et Méthodes de Recherche d'Idées*, Paris, BELC, 1986.

Productions d'enfants de migrants de CM 1
à partir de PRIG

Un livre, c'est...

La géographie des pages,
La mathématique des romans,
La gentille roue de l'imprimerie,
La nourriture des princes,
Le prince des nourritures,
Un cahier d'histoire,
La science des paragraphes et des chapitres.

Écrire, c'est...

Relire quelque chose,
Faire de la poésie à la fraise,
Comprendre et parler
Un français reptile,
Faire pleurer l'école,
Voir des carreaux et des majuscules,
Jouer doucement sur la plastique des mots
Et la ronde des lettres.
Un stylo qui imagine...

La rue Ramponneau, c'est...

Un maternelle de loubards
La rue des anges en pleurs
Un trottoir de bandits
Un quartier « chique »
Un grande poubelle
Un arrondissement en pente
Une merveilleuse pourriture
La montée d'une prison
Un paradis de passage
Un bar sans bière
Une cantine de quartier
Des magasins volés
Un commissariat propre
Une ville jolie à pleurer
Un palace : l'école
Un restaurant, une boulangerie, une épicerie
Une institutrice, une librairie.

Classe de Chantal Alatienne. École de la rue Ramponneau. Paris XXᵉ.

Constellation de mots à partir du thème :
« La démocratie comme critère d'aide au développement »

tordu – droit – passage – moderne
non alignés – coup de dés – mot – mensonge
cri – histoire – choix – responsabilité
alignement – espoir – faibles – débat
police – mur– magouille
domination – **démocratie** pouvoir
élections libres – comme critère opinion
oligarchie – d'**aide** au **déve-** piège
urne – vote – **loppement** riches
loup – Europe – leurre – peuple
citoyen – pauvre – intervention – modèle
militaire – institution – occidental – fruit
social – humanitaire – néo-colonialisme
anonnée – échanges – clientélisme – maturité
réunion – plus – tiers-monde – sujétion
régime.

La démocratie comme critère d'aide au développement, c'est...

– un coup de dés tordus
– le choix de la responsabilité
  et de l'alignement
– le fruit occidental
– un pauvre modèle de poète
– le vote des riches et des pauvres
– des élections libres
– l'espoir d'un choix de pouvoir
– le cri de l'histoire
– le piège des urnes et le leurre d'un peuple
– de l'humanitaire social
– un néo-colonialisme de luxe.

▶ *Seconde phase : l'exploitation de la production*

Deux possibilités s'offrent à l'enseignant :

1. Soit **une exploitation analytique** qui consiste à classer les mots produits en grandes catégories (grammaticales, thématiques, idéologiques, sémantiques) de façon à mieux comprendre la manière dont le groupe a répondu à la question posée et à en envisager les différentes facettes.

2. Soit **une exploitation créative** qui consiste à :
– faire tracer sur le tableau de mots des lignes aléatoires : une ligne droite, une ligne courbe, une ligne brisée barrant la totalité du tableau de mots ;
– fabriquer du sens à partir des mots que l'on va mettre en relation les uns avec les autres en suivant les lignes aléatoires tracées ;
– produire des textes poétiques, définitionnels, publicitaires, etc.

☐ *Exploitations possibles en simulations globales*

Le PRIG est utilisé en simulations globales pour lancer essentiellement deux grands types d'activités :

1. Pour rassembler des opinions, des avis ou des représentations sur un sujet, puis lancer un débat contradictoire :
– énoncer le thème d'une CONFÉRENCE INTERNATIONALE,
– confectionner une plateforme électorale pour présenter la politique d'un parti aux élections municipales du VILLAGE, etc.

2. Pour trouver un maximum d'idées sur un sujet, puis associer ces idées en vue d'en tirer un parti créatif :
– écrire une accroche publicitaire pour L'HÔTEL, LE VILLAGE ;
– découvrir un nouveau concept de produit pour L'ENTREPRISE ;
– écrire des poèmes par la production d'oxymores, etc. (Doc. 23, p. 114).

Doc. 23

B. La constellation de mots

Les élèves éprouvent souvent des difficultés en expression écrite parce qu'ils ne parviennent pas à mobiliser des connaissances qu'ils possèdent la plupart du temps sans en avoir conscience. Les techniques comme le PRIG ou la Constellation de mots recourent principalement au cerveau droit (pour reprendre la dichotomie de la PNL ou Programmation Neuro-Linguistique) et permettent d'aller rechercher des idées qui ne seraient pas parvenues à la conscience si l'on s'était contenté d'utiliser des techniques activant prioritairement la rationalité du cerveau gauche.

Ce procédé se développe sur trois phases :

▶ *Première phase : la préparation*

Il s'agit de créer les conditions matérielles et psychologiques propices à la détente des élèves. À ces fins, l'enseignant peut :
– pratiquer des petits exercices de relaxation fondés sur la respiration et éventuellement appuyés par une musique douce ;
– éteindre la lumière ou tirer les rideaux et recommander aux élèves de fermer les yeux pour être plus disponibles à eux-mêmes ;
– guider les élèves vers le sujet à aborder, en les engageant à se laisser aller tout doucement vers un état de semi-conscience et à s'ouvrir sans auto-censure aux différentes idées, sensations, sentiments, souvenirs que le mot ou le concept placés au centre de la constellation pourraient évoquer.

▶ *Deuxième phase : la production*

Chaque élève devra écrire au milieu d'une page blanche le mot ou le concept proposés à la réflexion. Il pourra alors spontanément laisser aller sa « plume » au fil de son inspiration et disposer un maximum d'autres mots en couronnes sans souci de logique par rapport au thème central…

▶ *Troisième phase : l'exploitation de la production*

L'exploitation de la production peut se faire de deux façons :

1. Une exploitation créative : chaque élève est engagé à tracer des sortes de grosses bulles sur la production de façon à mettre en contact des mots non nécessairement destinés à se rencontrer et ainsi :
– créer des formules oxymoriques, paradoxales, étranges et poétiques ;
– fabriquer des textes poétiques utilisant et agençant ces formules ;
– écrire des textes plus longs dont les créations seront le point de départ.

2. Une exploitation débouchant sur une réflexion et un débat d'idées
Comme dans le PRIG, on va s'employer à classer les mots produits en grandes catégories (grammaticales, thématiques, idéologiques, sémantiques) de façon à mieux cerner les différentes facettes du sujet.

☐ *Exploitations possibles en simulations globales*
Le champ d'application de cet outil se distingue de celui du PRIG par le fait qu'il sollicite individuellement l'apprenant et non pas le groupe et qu'il n'est donc pas susceptible d'être utilisé pour lancer des débats contradictoires. La constellation de mots est par contre recommandée lorsqu'il s'agit de réfléchir à des sujets dissertatifs.

☐ *Un exemple*
Si un apprenant doit composer, dans une simulation CONFÉRENCE INTERNATIONALE, un discours sur le thème de « La démocratie comme critère d'aide au développement », il pourra faire précéder sa réflexion rationnelle de trois constellations autour des mots « démocratie », « aide », « développement », et ainsi non seulement s'ouvrir à des données personnelles faisant appel à sa propre expérience mais aussi dresser les <u>champs sémantiques et idéologiques de ces trois concepts</u>. (Doc. 24, p. 114)

Doc. 24

C. Le rêve éveillé dirigé

Le RED est une technique qui se développe en trois phases :

▶ *Première phase : la préparation*

Elle a pour but :
– d'annoncer aux élèves les objectifs recherchés par l'utilisation d'une telle technique : la production de textes descriptifs, narratifs, poétiques, des lettres, etc. ;
– de décrire les différentes phases du RED ;
– de mettre en condition de relaxation maximum les apprenants de façon à ce qu'ils puissent laisser aller leur imagination et répondre aux sollicitations de l'enseignant guidant leur itinéraire onirique. Se reporter pour cette mise en condition aux conseils donnés précédemment dans la <u>phase de préparation de la production de la constellation.</u>

p. 115

▶ *Deuxième phase : la production*

L'enseignant propose aux élèves d'une classe de laisser vagabonder leur imagination sur un thème donné et à partir de documents de départ divers :
– Il peut lire, par exemple, un court texte aux élèves qui l'écouteront les yeux fermés et

auxquels il posera ensuite des questions visant à enrichir le texte par la somme des suggestions individuelles ;
– Il peut, plus simplement, partir d'un visuel, photo ou peinture, à partir duquel les élèves feront part de leurs idées et impressions.

▶ Troisième phase : l'exploitation de la production

On aura eu soin de poster préalablement aux quatre coins de la classe des élèves ayant une fonction de scribe et notant les mots de leurs camarades. Cette matière brute est destinée à produire ensuite des textes : description d'un décor, expression des sentiments, relation d'un événement vécu par tout le groupe, etc.
La mise en forme se fait ensuite à partir des notes prises par les élèves scribes. L'enseignant peut utiliser certaines contraintes, en donnant des embrayeurs qui ponctueront la production, comme par exemple « Je me souviens... », ou « Il y avait... ».

☐ Exploitations possibles en simulations globales

– Le réveil des rescapés sur ÎLES, chacun reprenant progressivement conscience après le naufrage et découvrant le milieu où il a échoué : ce que je sens, ce que j'entends, ce que je ressens et éprouve...
– Le « démarrage » d'une simulation VILLAGE, HÔTEL ou ENTREPRISE : on rêvera alors à voix haute et collectivement d'un village où l'on a décidé de s'installer, d'un hôtel que l'on vient de gagner au loto, d'une entreprise dont on va hériter, d'une île sur laquelle on se retirera, etc.
– Le nom d'un VILLAGE ou d'une ÎLE, peut être le point de départ d'un rêve éveillé dirigé. Ses sonorités, sa morphologie, ses possibles étymologies, ses évocations historiques et dramatiques permettent d'inventer le monde dont il est l'enseigne. Habiter Frouille-la-Torride n'aura pas le même impact ni la même signification qu'habiter Nombrigny, La Bastide-Sainte-Angélique ou Uchuchistan. Et appartenir à une communauté de Torrs, d'Anges ou de Flanqués marquera sûrement le sens d'une action.
– On peut s'embarquer à bord d'un bateau en partance pour une croisière, en s'allongeant sur la moquette d'une salle et en écoutant, sur un fond musical approprié, l'enseignant donner les premières informations concernant le voyage ; puis réagir à voix haute à ses questions ou sollicitations.

▷ *Un exemple : On peut démarrer un RED en faisant réagir les élèves sur des textes déclencheurs, tel ce texte sur Saint-Briac, bourg d'Île-et-Vilaine, extrait d'un numéro spécial de* l'Express *consacré aux trente villages « chic » de France (Doc. 25, p. 118).*

Après une lecture lente et expressive du texte, l'enseignant sollicite les propositions des participants au RED pour rappeler à la mémoire et à la compréhension du groupe les éléments fournis par le texte. Cela permet d'enrichir l'univers en incubation à partir de trois niveaux d'approche :

1. Une vision d'altitude. Quelles sont les couleurs, les odeurs, les formes, les impressions, les sensations dominantes quand on regarde, du haut de son rêve, ce village ?

2. Une vision rapprochée. On se promène dans les différents lieux du village : le port, la plage, la place de la Mairie, l'église, le cimetière, une maison ancienne, la place du marché, l'école, une entreprise, l'hôtel, etc., et on leur donne vie en enrichissant leur description.

3. Une vision de l'intérieur. On identifie des habitants dont on commence à imaginer des bribes de conversation, des éléments biographiques, des traits de personnalité, etc.

Exemple de document déclencheur
Saint-Briac (Île-et-Vilaine)

Souvent, dans les ports lointains, à l'arrivée d'un navire débarquant de France, on entendait un homme de l'équipage lancer : « Holà ! y a-t-il ici quelqu'un de Saint-Briac ? » Car ce village de 1 500 habitants fut longtemps une pépinière de capitaines au long cours. Pourquoi ? Peut-être parce que les anciens seigneurs du lieu, les Pontbriand, participèrent à beaucoup des expéditions de Jacques Cartier. Ou bien faut-il considérer que la carrière était un must pour les rejetons des familles briacines, dans leur ensemble assez bien dotées ?

Quoi qu'il en soit, quelques générations plus tard, leurs descendants se sont naturellement tournés vers la chose militaire. Actuellement, Saint-Briac compte cinq généraux en retraite, un nombre nettement supérieur de colonels et la présence, fort appréciée, d'Yvon Bourges, ancien ministre de la Défense. Dans le petit cimetière, les jeunes lieutenants morts pour la France sont en surreprésentation. Il était donc normal que le dernier héros de l'armée française, notre général Courage, soit un enfant du pays. Près de la mairie, la maison de Philippe Morillon attend le retour, sans cesse retardé, du chef des Casques bleus.

Mais ne comptez pas sur les Briacins pour s'en émouvoir. Ici, l'attente est depuis toujours à l'horizon. Quant à la réserve et au refus de la publicité, n'en parlons pas. Le nom même de Briac vient d'un ermite irlandais qui passa sa vie à fuir la célébrité due à ses talents de guérisseur. Saint-Briac pratique à outrance l'autoprotection. Qui sut, avant 1992, que le chef de la maison Romanov, le grand-duc Vladimir de Russie, y arriva à l'âge de 4 ans et y passa sa vie, paisible et solitaire ? Il faut dire que ce village est un endroit rêvé pour la tranquillité. Une retraite, avec ce qu'il faut d'anglais dans le paysage pour séduire ces âmes bien trempées qui ont beaucoup bourlingué et cherchent un havre où passer le reste de leur âge.

Saint-Briac est un répertoire en miniature de tous les paysages maritimes possibles. Un chapelet de rochers, une multitude de baies et de plages. Une mer toujours changeante, où vient mourir un bras du Gulf Stream. Un paysage de bocage, où les valérianes s'accrochent aux murets de pierre. Les camélias fleurissent à Noël, les mimosas en janvier. Le bourg, lui, n'a pas changé depuis des décennies.

Dès 1860, quand les Anglais découvraient les bains de mer et le doux climat des côtes françaises, l'endroit séduit les vieux officiers de l'armée des Indes. On y bâtit donc le Dinard Golf, le plus vieux de France après Pau, links très réputé, d'où l'on voit la mer depuis presque chaque trou. Plus tard, le village voit converger les peintres (Émile Bernard, Signac, Henri Rivière, Renoir), les golfeurs du club de Saint-Cloud, les riches familles de Versailles qui envoyaient leurs fils à Saint-Cyr et, au moment de la guerre, des gens du Nord et de l'Est qui ont fui l'occupation allemande. Tous des amoureux jaloux de leur coin, qui alternent, chaque saison, les sorties en mer, les parties de tennis, le golf. Chatouillent, par tradition, le pinceau. Et cultivent en chœur, face aux « hors-venus », un talent local : l'art de faire l'huître.

Marylène Dagouat ■

Extrait de L'Express du 24 juin 1993.

Exemple de texte produit à partir de RED
et mis en forme à partir des embrayeurs « Je me souviens » et « Il y avait »

Je me souviens de Saint-Briac,
Village breton du bout du monde,
Du bruit des arbres et des ondes,
De notre ami Jacques le pêcheur,
De son visage équilibré,
Marqué par le vent et le soleil.
Je me souviens des petites ruelles,
Des maisons et des jardins de fleurs
Qui emplissent tout de leurs odeurs,
Du son des cloches de la chapelle,
Des tombes de pêcheurs et de marins,
Des peintres et des écrivains,
Je me souviens de la plage
Où nous nous sommes rencontrés la première fois,
Je me souviens des yeux des enfants,
Des champs de fleurs et du lever de soleil,
De l'odeur de la terre
Qui avait des nuances contraires,
Je me souviens de la place,
De la fontaine et des fleurs,

Du petit bistrot où nous parlions
De toi et de moi...
Je me souviens des rochers où nous nous asseyions
Pour observer les pêcheurs,
Je me souviens du premier baiser que tu m'as donné,
Il y avait un petit bateau qui nous avait amenés
Dans cet endroit abandonné,
Je me souviens de l'église
Où tu t'es mariée...
Il y avait la mer et le bruit de l'eau,
Il y avait la plage blanche et toi,
Assise sur le sable,
Il y avait une chapelle sur une petite
colline, peuplée de vieilles maisons,
Il y avait l'école des cadets
Et une vieille femme triste,
Il y avait ton visage confus
De ne pas avoir entendu mes pas.

Production des étudiants de l'Université Karl Marx
de Leipzig en Allemagne (1993).

3. LES TECHNIQUES D'ARGUMENTATION

Les techniques d'argumentation, généralement enseignées dans les grandes écoles et ignorées des autres publics, restent de la plus grande utilité à un animateur désireux de pratiquer une maïeutique efficace et professionnelle. Nous nous bornons ici à n'en envisager que quelques-unes couramment utilisées[54].

► ► ► ■
A. La résolution de problèmes et l'étude de cas

Beaucoup d'entreprises utilisent aujourd'hui des méthodes de résolution de problèmes pour minimiser les risques d'erreur et ne pas se précipiter tête baissée sur une solution qu'elles pourraient ensuite regretter. De ce fait les méthodes sont assez nombreuses mais, au-delà de leurs sigles mnémotechniques différents, force est de constater qu'elles développent toutes la même méthodologie. Nous avons donc choisi de citer ici la plus connue : **SOS-RAS**.

S   **situation :** description, narration du cas ou du problème.
O   **organisation** (et hiérarchisation) des éléments pertinents du cas ou du problème.
S   **subjectivité :** sensibilité, sentiments, souvenirs par rapport au cas ou au problème : « fiel » ou « miel ».
R   **réflexion :** analyse du cas ou du problème ; confirmation ou infirmation des hypothèses.
A   **actions** possibles à entreprendre dans l'immédiat.
S   **solutions** à envisager dans le moyen ou long terme quand on pourra disposer des ressources financières, techniques ou humaines.

☐ *Exploitations possibles en simulations globales*
Cette méthode de résolution de problèmes peut servir :
– à développer une méthodologie de conduite de réunions :
  • dans l'IMMEUBLE pour animer une réunion de co-propriétaires,
  • dans Le VILLAGE pour faire fonctionner une association de défense de riverains, etc. ;
– à étudier des cas dans des simulations globales fonctionnelles comme :
  • dans LA CONFÉRENCE INTERNATIONALE : le paiement d'une éco-taxe par les pays pollueurs ; les droits de la mer, etc. ;
– à résoudre des problèmes :
  • dans L'ENTREPRISE : l'entreprise X doit-elle ouvrir une nouvelle filiale, faire une OPA sur une concurrente, se recentrer sur ses métiers d'origine, se séparer d'un directeur commercial qui détient pourtant des secrets stratégiques, investir dans la recherche de nouveaux produits, délocaliser sa production ? etc.
  • dans L'HÔTEL : l'hôtel doit-il entreprendre une nouvelle stratégie pour s'ouvrir à une nouvelle clientèle ? Quel plan d'action commerciale peut-on envisager ? Doit-on faire de la publicité ?

► ► ► ■
B. Les grilles de recherche d'idées et d'argumentation

Les grilles de recherche d'idées et d'argumentation sont des sortes de commodes à tiroirs qui peuvent être utilisées de trois façons :

1. Pour rechercher des idées pour une rédaction, une dissertation ou un exposé et ainsi convoquer des savoirs (que l'on a bien souvent sans le savoir) et vérifier, par un balisage systématique, qu'aucun domaine n'a été oublié.

---

54. *Cf.* YAICHE Francis, *Grilles et Méthodes de Recherche d'Idées, op. cit.*

2. Pour ranger des informations nombreuses et éparses et ainsi les classer en vue d'un travail de synthèse, une fiche de lecture, un compte rendu, un résumé.

3. Pour lancer une recherche méthodique de documents ou encore pour distribuer à chacun une tâche différente suivant les différentes rubriques de la liste.

▶ La grille de Quintilien

C'est la grille la plus connue, celle recommandée par un rhéteur romain de la Rome des Antonins, réactivée dans les années 1950 pour les besoins de la saisie informatique et enseignée par les écoles de commerce américaines sous la forme des **5 W** : Who ? What ? Where ? When ? Why ?

En France, elle est enseignée sous le vocable mnémotechnique : **QQOQCCP** (ou CQQCO-QP pour les plus petits !)

soit : QUI ? QUOI ? OÙ ? QUAND ? COMMENT ? COMBIEN ? POURQUOI ?

Attention ! Cette grille peut ouvrir l'arborescence des interrogations si :

1. La question POURQUOI est envisagée comme opérant les questions précédentes : *Pourquoi qui ? Pourquoi quoi ? Pourquoi où ? Pourquoi quand ? Pourquoi comment ? Pourquoi combien ?*

2. Si l'on fait suivre les questions de prépositions comme « à, de ; par, pour, avec », etc. *À qui ? De qui ? Par qui ? Pour qui ? Avec qui ? À quoi ? De quoi ? Par quoi ? Pour quoi ? Avec quoi ? D'où ? Pour où ? De quand ? Pour quand ? À combien ? Pour combien ?*

☐ Exploitations possibles en simulations globales

Appliquée à une simulation globale, *la grille QQOQCCP* peut permettre de commencer un lieu-thème. On pourra par exemple produire le maximum d'informations sur un village à partir d'interrogations (Doc. 26, p. 122).

☐ Les modalités d'animation

Elles peuvent être de :

– faire travailler chacun, individuellement ou en groupe, sur une entrée précise ;

– mettre en commun en débattant les différentes propositions en vue d'un choix ;

– considérer que le premier qui a parlé a raison, aussi incongrue ou loufoque que soit sa proposition. À charge à chacun de la rendre cohérente ou compatible avec les autres propositions ;

– ne jamais refuser une proposition mais chercher comment la rendre compatible avec l'univers déjà élaboré.

Doc. 26

▶ La grille ECCSOTIC

Cette grille – initialement connue sous la forme CETOCSIC et refondue en une mémorisation plus internationale – a été conçue pour permettre de développer des discours sans trop s'impliquer personnellement. Elle est aujourd'hui utilisée d'une façon plus large :

– par les étudiants pour partir en quête d'informations, ordonner et classer des savoirs ou des arguments (par exemple, dans les épreuves de synthèse de dossier) ;

– par des élèves pour construire des exposés, rédiger des fiches de lecture, mener des débats contradictoires, renvoyer des discours par des reformulations préconstruites.

Elle propose d'activer une recherche à partir des huit rubriques suivantes :

E   **Économique**
C   **Culture, communication**
C   **Commercial**
S   **Social et sociologie**
O   **Organisation**
T   **Technique**
I   **Individuel et psychologique**
C   **Contexte, conditions de l'environnement**

☐ *Exploitations possibles en simulations globales*
Une telle grille offre des possibilités multiples :

1. On peut l'utiliser comme un instrument de pédagogie différenciée, chaque élève étant chargé dans sa recherche d'une rubrique.

2. On peut la croiser avec **QQOQCCP**. Dans l'exemple développé précédemment pour la grille Quintilien (Doc. 26, p. 122), on peut greffer des questions comme : Comment se passe la vie du village sur les plans **É**conomique, **C**ulturel (et de la **C**ommunication), **C**ommercial, **S**ocial, **O**rganisationnel, **T**echnique, **I**ndividuel et **P**sychologique, **C**ontextuel (conditions de l'environnement naturel, géographique, géopolitique, etc.).

3. On peut l'utiliser pour s'interroger sur certaines opportunités ou stratégies propres aux problèmes traités par les simulations professionnelles.
– Pour une ENTREPRISE, on pourra étudier d'une façon très systématique l'intérêt qu'il peut y avoir à installer une usine ou un siège social dans telle région ou ville en activant les différentes rubriques et en faisant jouer pour chacune d'elles des couples comme :

- avantages inconvénients
- causes conséquences
- objectifs moyens
- valeur limites

- particulier général
- diachronique synchronique
- lacunaire totalitaire

– Pour un VILLAGE, on pourra construire un programme politique sur la base de ces différentes rubriques.

4. On peut également croiser les trois paramètres : QQOQCCP, ECCSOTIC et l'introduction de couples dans certaines rubriques.
– Pour ÎLES, on pourra penser l'organisation de la vie et l'ordre des activités en utilisant le *croisement des deux grilles* (Doc. 27, p. 122).
Attention ! La disposition des couples de mots (ou des ouvreurs prépositionnels) sur la grille, aléatoirement ou non, offre différentes possibilités d'ouvertures. Il va de soi que chaque couple peut s'appliquer à chacune des cases !

▶ *Des grilles à adapter, un savoir à transférer*

Au regard des deux exemples proposés, les grilles d'argumentation apparaissent alors comme des filets permettant :
– de ramener des informations en lançant des interrogations ou des recherches, notamment dans le cadre d'une pédagogie différenciée ;
– de synthétiser et de classer des données en vue d'une présentation claire.
Les meilleures grilles sont celles que l'on se crée pour les besoins de sa cause : ainsi pouvons-nous signaler la grille CETOCSIC utilisée pour les explications de textes ou de visuels. Ses différentes rubriques peuvent fonctionner comme un aide-mémoire permettant à l'élève de ne rien oublier lors d'un commentaire :

C **Composition**
E **Espace**
T **Temps**
O **Organisation de l'argumentation**
C **Comparaisons**
S **Style-syntaxe**
I **Intertextualité**
C **Contexte et conditions de production**

De telles grilles débordent bien sûr le cadre de la classe de FLE et s'avèrent être des techniques transférables en langue maternelle, en histoire, philosophie, économie, gestion, etc. Apprendre le français sera alors aussi une occasion d'apprendre des choses directement utiles dans d'autres disciplines ou dans des pratiques professionnelles.

La grille QQOQCCP utilisée pour commencer une simulation du VILLAGE

Qui ? Qui a fondé le village ? Esquisse d'un portrait et d'une biographie du ou des fondateurs. Typologie des villageois. Qui est qui ? Identification des villageois, des grandes familles. Y a-t-il une organisation classique, avec chefferies, séparation des villageois en deux clans (type Capulets et Montaigus) ? etc. Quelles sont les grandes figures, personnages célèbres du village (homme politique, romancière, artiste, sorcière, personnage de légende ? etc.). Qui fait quoi ? Qui aime qui ? Qui déteste qui ? Quelles sont les relations des uns et des autres ? À qui ? De qui ? Par qui ? Pour qui ? Avec qui ? (Alliances, par exemple).

Quoi ? Quelles sont les ressources du village ? Les monuments ? Les curiosités ? Les particularités ? etc.

Où ? Situation du village ? D'où venaient les premiers habitants ?

Quand ? Grandes périodes, dates importantes de l'histoire du village ?

Comment ? Comment se déroule la vie quotidienne au village ? Qu'est-ce que l'on voit, entend, sent, ressent ; le lundi matin à 8 heures, le dimanche après-midi ? etc. Quelles sont les coutumes, les traditions, habitudes culturelles, culinaires, communicatives, etc. ? Les fêtes, célébrations ? etc.

Combien ? Aspects quantitatifs : nombre d'habitants recensés, proportions natifs/ étrangers, jeunes/vieux, superficie de la commune, etc.

Pourquoi ? Pourquoi y a-t-il eu installation d'un village sur ce site ? Pourquoi fait-il bon vivre dans ce village ? etc.

Croisement des grilles QQOQCCP et ECCSOTIC utilisé pour organiser la vie sur L'ÎLE

	QUI ?	QUOI ?	OÙ ?	QUAND ?	COMMENT ?	COMBIEN ?	POURQUOI ?
ÉCONOMIQUE	causes conséquences						vue audition kinesthésie odorat
CULTURE-COMMUNICATION		objectifs moyens			esthétique philosophique religieux		
COMMERCIAL			avantages inconvénients		lacunaire totalitaire		
SOCIAL-SOCIOLOGIQUE				valeur limites	politique éthique		
ORGANISATION				Quand ? Pour quand ?	diachronique synchronique		
TECHNIQUE			Par où ? Pour où ?			particulier général	
INDIVIDUEL-PSYCHOLOGIQUE		À quoi ? Par quoi ? Pour quoi ? Avec quoi ?					forces faiblesses
CONTEXTE-CONDITIONS DE L'ENVIRONNEMENT	À qui ? Par qui ? Pour qui ? Avec qui ?					opportunités menaces	

4. LES TECHNIQUES D'INVENTION ET DE NARRATION

Les techniques d'invention et de narration sont, elles aussi, innombrables. Ce sont des méthodes de production de discours reposant sur la fixation de règles et de contraintes, celles-ci pouvant relever des procédures d'animation ou du matériel mis à disposition.

▶ ▶ ▶ ■

A. La fixation de règles et de contraintes

Ces règles et ces contraintes sont évidemment sans limites.
Ce peuvent être des contraintes utilisées tout particulièrement par les auteurs classiques du XVIIᵉ siècle :
– contraintes d'unités de temps et de lieu : l'action doit se passer par exemple dans l'espace d'une même journée et en un même lieu ;
– contraintes de versification et de métrique : emploi de l'alexandrin régulier (césure à l'hémistiche) ou de l'octosyllabe.

Ce peuvent être aussi des contraintes plus surprenantes comme celles employées par les auteurs de l'OULIPO et dont nous ne citerons que quelques-unes parmi les plus célèbres :

1. Contrainte d'écrire un texte sans que jamais n'apparaisse une lettre, la lettre « e » par exemple, lettre majoritaire en français.

> ▷ *Ce tour de force a été réalisé par Georges Perec dans un roman à intrigue policière,* La Disparition. *C'est la lettre « e » justement qui a disparu mais les lecteurs ne s'en rendent pas toujours compte !*

2. Contrainte d'écrire un texte dans lequel figure un certain nombre de mots donnés au préalable.

3. Contrainte d'écrire un texte dans lequel figure un certain nombre de phrases fabriquées au préalable ou piochées dans des romans.

> ▷ *On prendra par exemple la première phrase de dix romans et on disposera ces phrases dans le texte futur à écrire :* – *au début du 1ᵉʳ paragraphe,*
> – *à la fin du 1ᵉʳ paragraphe,*
> – *au milieu du 2ᵉ paragraphe, etc.*

Ce récit à étapes obligées est une technique très appréciée des élèves. En effet, l'imaginaire de « l'écrivain » est excitée par ces « chicanes » par lesquelles il va devoir passer et par la nécessité de mettre en relation et en cohérence des phrases extraites d'univers différents et non destinées à se rencontrer.

4. Contrainte d'écrire un texte à partir d'un autre texte que l'on va déformer en remplaçant chacun de ses mots par le septième mot de la même catégorie grammaticale qui suit ce mot dans le dictionnaire. (On exclut les mots-outils). Cette technique, très célèbre et connue sous le nom de **S + 7**, aboutit à des rencontres incongrues et à des textes savoureux.

> ▷ *C'est ainsi que « Le corbeau et le renard » pourrait devenir « Le corbillard et le rhinocéros ».*

5. Contrainte d'écrire un texte à partir d'un autre texte en remplaçant chaque mot du texte par sa définition dans le dictionnaire, jeu de littérature définitionnelle qui n'a évidemment pas de fin.

6. Contrainte d'écrire un texte à partir d'un autre texte que l'on va déformer en remplaçant les personnages, les relations entre eux, les lieux par leur exemple contraire.

> ▷ *Le Petit Chaperon rouge est grand et noir, Il veut manger le mignon petit loup, etc. Le Petit Poucet est un ogre qui cherche à se débarrasser de ses parents.*

7. Contrainte d'écrire un texte à partir d'un texte connu que l'on a réduit à quelques mots et auquel on va ajouter deux ou trois autres mots, de préférence très incongrus, pour recomposer une histoire autour de ces mots-noyaux.

▷ *Loup, grand-mère, petite fille, petit pot de beurre* auxquels on ajoute *hélicoptère, ordinateur, etc.*

8. Contrainte d'écrire un texte à partir d'un autre texte dont la moitié de droite a été déchirée, texte qu'il faut recomposer de sorte que les fins de phrases que l'on a composées s'enchaînent parfaitement avec les débuts de phrases qui ont été conservées.

B. La grille ARTAIR

Il s'agit d'une méthode très proche des techniques combinatoires utilisées par Jacques Roubaud dans le cadre de sa théorie générale du rythme : la concaténation, l'imbrication, l'enchâssement, l'empiètement, la permutation, l'effacement, le parenthésage ; ou plus encore des catégories énoncées par Marcel Benamou dans son tableau TOLLÉ (Tableau des Opérations Linguistiques et Littéraires Élémentaires), tableau complétant la table élaborée par Raymond Queneau en 1974 dans son *Atlas de Littérature Potentielle*[55] et qui propose huit opérations linguistiques : le déplacement, la substitution, l'addition, la soustraction, la multiplication, la division, le prélèvement, la contraction.

La grille ARTAIR est une liste d'opérations intellectuelles permettant de concasser une réalité (objet, cas, problème, mot) à partir d'opérateurs logiques ($+$; $-$; $\div$; $\times$; translation dans l'espace).

On peut ainsi :

A **Agrandir,** augmenter la taille (ou les paramètres) d'un objet, d'un cas, d'un phénomène ou d'un mot.

R **Réduire,** diminuer ces mêmes paramètres.

T **Transformer** les formes des choses, problèmes ou mots.
▷ *Avec des changements de catégories grammaticales : « Il est trop » ou « Ça craint ».*

A **Associer** les objets, cas, problèmes ou mots entre eux.
▷ *« Le loto sportif c'est spormidable ».*

I **Inverser** les termes d'un problème, les éléments d'une proposition ou d'un mot.
▷ *« Tonton laisse pas béton » ; « La beauté des ruines ou les ruines de la beauté ».*

R **Réassembler**, reconstruire l'objet, le cas ou le problème en choisissant tout ou partie de ces opérations[56].

□ *Exploitations possibles en simulations globales*

– Intervenir sur un objet : Dans une simulation ENTREPRISE : Que faire avec un objet dont on doublerait les dimensions ou les propriétés, ou au contraire, que l'on réduirait ? Les services « recherches et développement » des entreprises font fréquemment fonctionner ce genre d'opérations pour mettre sur le marché des innovations et investir des créneaux

▷ *Une cigarette de 16 cm de long ou de 3 cm de diamètre, les barils de lessive « bi-actif » ou « micro ».*

– Intervenir sur un cas : Dans une simulation VILLAGE : Que ferait-on si 90 % (ou 5 %) de la population fumait ? Quelles mesures la municipalité devrait-elle prendre ?

– Intervenir sur un phénomène : Dans une simulation ÎLES : On peut s'employer à produire des mots dont la forme est agrandie par des affixes ou une langue dont le sens est hyperbolique.

▷ *« C'est un superdébilissime en maths. »*

---

55. QUENEAU Raymond, *Atlas de Littérature Potentielle*, Éd. Gallimard, Coll. Idées, pp. 74-77.
56. YAICHE Francis, *Grilles et Méthodes de Recherche d'Idées*, BELC, 1986.

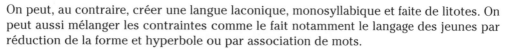

On peut, au contraire, créer une langue laconique, monosyllabique et faite de litotes. On peut aussi mélanger les contraintes comme le fait notamment le langage des jeunes par réduction de la forme et hyperbole ou par association de mots.

> ▷ *« C'est un deb, un gol ! » ; « C'est un stargol en maths ».*

On peut concevoir des accroches publicitaires originales en jouant sur les mots pour un hôtel ou un produit d'une entreprise.

– Intervenir sur un nom : La technique des <u>mots-valises</u>, chère à Lewis Carrol, est très souvent utilisée. Elle consiste à grouper deux mots en un seul. On peut ainsi inventer :
• des noms de pays dans ÎLES, LE VILLAGE, LA CONFÉRENCE INTERNATIONALE ;

> ▷ *Frantagne, Portuède, Madacorsion.*

• des noms de produits dans L'ENTREPRISE ;

> ▷ *l'haboutil, l'hebdrolmadaire, l'héripadaire.*

• des patronymes ou des noms d'animaux ou de végétaux dans ÎLES, LE VILLAGE, LA CROISIÈRE ou L'EXPÉDITION.

> ▷ *le sphynxiphère, le digicalyptus, le rinoféroce.*

C. La technique des « petits papiers »

Elle consiste à inviter l'aléatoire dans la créativité. Elle est utilisée :
– Pour dresser la carte de l'île dans la simulation ÎLES : un papier hâtivement déchiré ou « scientifiquement » découpé deviendra la carte du territoire de l'île. Il pourrait bien sûr en être de même pour le territoire du VILLAGE et une feuille froissée en boule pourrait devenir, à l'observation, la forme de l'AUTRE PLANÈTE.
– Pour former la carte du continent supplémentaire dans la CONFÉRENCE INTERNA-TIONALE. Il s'agit ici de déchirer des petits bouts de papier figurant des pays ou des portions de territoire et de les agencer ensuite, soit d'une façon réfléchie, soit au hasard pour former un nouveau continent qu'on ira disposer sur l'espace disponible d'un océan.
– Pour faire écrire des textes collectivement, chaque élève écrivant à tour de rôle un morceau de phrase d'un texte développé à partir d'une matrice. Cette technique proche de la technique dite du « cadavre exquis » des surréalistes est notamment employée pour produire à partir de matrices des lettres de vacances ou des recettes de cuisine. Le choc provoqué par la mise en contact d'items, produits en toute méconnaissance de ce qui s'est écrit avant et de ce qui s'écrira après, donne des effets amusants et savoureux.

D. L'enrichissement de textes

L'une des techniques d'écriture couramment utilisée consiste à enrichir des textes que l'on aura soi-même produits ou que l'on aura puisés dans un corpus particulier. Cet <u>enrichissement créatif</u> peut s'opérer à trois niveaux :

1. Au niveau du mot : On se donne ainsi comme contrainte d'ajouter, par exemple, cinq mots à chaque phrase du texte (deux adjectifs, deux adverbes, un substantif par exemple, si l'on veut travailler sur la notion de catégorie grammaticale ou activer un vocabulaire spécifique).

2. Au niveau de la phrase : On peut se donner comme nouvelle contrainte d'ajouter dix phrases au texte, ou de doubler le nombre de phrases, en laissant la liberté de leur situation ou au contraire en spécifiant leur place dans le texte : une phrase supplémentaire entre chaque phrase, « *n* » phrases au début du texte, « *n* » phrases à la fin, etc. Les textes enflent et s'enrichissent, des idées nouvelles surgissent. L'ordinateur est évidemment un outil précieux pour ce genre d'intervention.
L'opération inverse de réduction est bien sûr tout à fait possible.

Exemple de texte enrichi, extrait d'un roman d'amour.

Chapitre 8
L'amour triomphe

Après plusieurs semaines de rencontres furtives, après tant de difficultés, ils comprennent, enfin, que pour eux, le plus important c'est leur amour, si grand, si fort, si doux, si beau.

LUI : Je t'invite à vivre une passion unique.

ELLE : Qui me permettra d'oublier le reste du monde ?

LUI : C'est mon seul désir.

ELLE : Je ne me sens pas capable de résister à l'idée de nous séparer.

LUI : Et de perdre ces moments incomparables que nous vivons ensemble ? Jamais !

Chaque fois qu'ils se retrouvent c'est plus fort, c'est plus merveilleux, c'est plus émouvant. Cette émotion ne peut être comprise que par ceux qui ont éprouvé un sentiment pareil, ceux qui sont prêts à aimer sans rien demander.

L'éternité leur était donnée afin de reprendre leur vie en profondeur plus attentivement, plus intelligemment, plus sensuellement qu'il n'était possible de le faire. C'était oublier tout, même soi-même, pour ne penser qu'à cette personne merveilleuse.

Alors, dorénavant, sans hésitations, les tourtereaux s'installent dans un petit nid d'amour, un endroit baigné d'une atmosphère romantique où le chant des vagues murmure doucement. Ils trouvent leur nouvelle vie charmante et ils se donnent seulement à la joie de vivre l'un pour l'autre, en ignorant tout ce qui pourrait devenir un obstacle à leur passion, la famille, les amis et la société.

Stage organisé pour des enseignants. Cuba, septembre 1995.

– mots en romain : texte de base.
– mots soulignés : matériel discursif ajouté pour enrichir le texte.
– mots *EN ITALIQUE* : entrées des dialogues créés.

3. Au niveau du discours : On peut se donner comme nouvelle contrainte de « truffer » un texte de petits textes supplémentaires : descriptions, dialogues, lettres, pages de journaux intimes, articles, etc., de telle sorte que le texte de base s'augmente au point parfois de se dissoudre...

Le document 28 (p. 126) est un *extrait du « roman d'amour »* d'une simulation du VILLAGE. Il montre comment il est possible d'enrichir un texte simple avec mots, phrases et dialogues.

E. Les outils de narration

Même si, aujourd'hui, l'outil informatique aide à écrire des textes, la production de discours à partir d'outils narratologiques n'est pas une chose récente. Francis Debyser rappelle, dans un article paru en 1986 dans *Pratiques*, que Jack London décrivait en 1909 un *Martin Eden* – sans aucun doute l'*alter ego* du romancier – mettant au point des matrices combinatoires pour écrire ses nouvelles.

« *Martin se fit une demi-douzaine de schémas qu'il consultait toujours avant d'écrire une nouvelle. Ces schémas étaient semblables à ces ingénieuses tables employées par les mathématiciens, qui peuvent se consulter par le haut, le bas, la droite, la gauche, au moyen d'une quantité de lignes et de colonnes, et dont on peut tirer, sans raisonnement et sans calcul, des milliers de conclusions différentes, toutes invariablement précises et exactes. De cette manière, Martin pouvait, à l'aide de ses schémas, en l'espace d'une demi-heure, faire une douzaine de nouvelles, qu'il mettait de côté et développait à son gré* »[57].

Le *schéma actantiel* **SODDAO** s'inspire des travaux menés par Propp sur la morphologie des contes, puis de ceux de Genette et Greimas sur la notion d'actants (Doc. 29, p. 128).

Ce schéma pose qu'il y a dans tout récit :

S **Un sujet** à qui il manque quelque chose : une qualité, une portion de territoire, un objet, une personne. L'origine de l'action est alors le manque ; le sujet part en quête de son « objet ».

O **Un objet**, au sens générique du terme qui – comme défini précédemment – est le but théorique de la quête.

D **Un destinateur** (ou plusieurs) qui pousse le héros à accomplir sa quête.

D **Un destinataire** (ou plusieurs) au profit duquel le héros va accomplir sa quête.

A **Un adjuvant** (ou plusieurs) qui aidera le héros dans le succès de son entreprise.

O **Un opposant** (ou plusieurs) qui déploiera des efforts pour empêcher le héros de parvenir à ses fins.

Attention ! Il est logique de retrouver, parmi les destinataires, des actants figurant parmi les destinateurs et les adjuvants. Il y a ce qu'on appelle une « collusion » d'actants.

☐ *Exploitations possibles en simulations globales*

Le schéma actantiel **SODDAO** peut être utilisé en simulations globales pour :

1. Développer des analyses de drame – au sens étymologique d'« action ». On fait alors varier le prisme actantiel en mettant en position de sujets les différents protagonistes. Toute action, individuelle ou sociale, romanesque ou non est susceptible d'être analysée.

▷ *On pourra ainsi s'intéresser à la trajectoire d'un chef d'entreprise, au récit de vie d'un vieil homme du village, à l'histoire d'un pays lors d'une CONFÉRENCE INTERNATIONALE, au destin personnel d'un médecin en hôpital, d'un chef d'expédition, etc.*

2. Fonctionner comme une matrice de production de récits. On pourra de la sorte imaginer l'itinéraire de vie d'un réfugié arrivant dans un village ou dans un immeuble ou l'histoire d'une princesse régnant sur une ÎLE ou sur une AUTRE PLANÈTE.

57. DEBYSER Francis, « Production de textes et matrices narratives », *Pratiques* n° 50, juin 1986, p. 111.

Schéma actantiel SODDAO

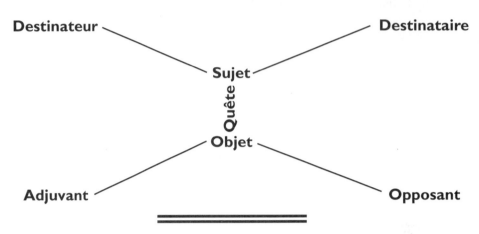

Exemple d'exploitation du schéma actantiel SODDAO
pour l'écriture d'un récit

Sujet :
– La belle princesse Khali.
> → *On pourra utiliser la grille de Quintilien pour la description du personnage et la grille ECCSOTIC pour la description du pays où vit la princesse.*

Objet :
– Une bague magique, dérobée par le vilain vizir Heez Noghout, que la princesse veut récupérer car il y va de la paix du royaume de son père.
> → *On pourra utiliser la grille de Quintilien pour explorer l'histoire de la bague.*

Destinateurs :
– Le roi Khal, son père, menacé d'être détrôné si la bague n'est pas retrouvée ;
– un jeune bûcheron, Tom, amoureux d'elle mais que son statut empêche de se marier.

Destinataires :
– Le roi qui retrouvera son pouvoir ;
– Tom qui pourra épouser la princesse ;
– les Khalins et les Khalines dont la sérénité dépend de cette bague de sagesse et de paix, etc.

Adjuvants :
– Tom qui ira, conseillé par un vieux mage, affronter le terrible vizir Heez Noghout.

Opposants :
– Le vizir et ses quatre-vingts fripouilles.

Remarque : Il est à noter que chaque actant (le vizir ou Tom, par exemple) peut se voir appliquer, au moment où l'on commence à parler de lui, le schéma actantiel pour comprendre quel est l'objet de sa propre quête.

5. L'UTILISATION DE MATRICES

Il est possible d'utiliser de nombreuses matrices, en appui d'activités d'expression, dans toutes les phases d'une simulation : <u>matrice de portraits, d'identités et biographies</u> (Doc 30, p. 130), de paysages, <u>de lettres</u> (Doc. 31, p. 131), de titres de journaux, de slogans publicitaires, de discours politiques, de conférences de presse, de blason, etc. Les matrices sont les locomotives des simulations globales au même titre que les techniques d'animation en sont le carburant ; elles mettent l'élève sur les rails, sûrement, lui montrent le parcours à accomplir et lui indiquent les grandes étapes du récit. Il suffit de monter dans le train et de se laisser tirer par la locomotive : le stylo et l'imagination suivent et font le reste.

▶ ▶ ▶ ■

A. La matrice de <u>fiche zoologique</u>

Elle se présente comme une liste d'informations à apporter sur l'animal décrit :

1. Description de l'animal : taille, couleurs, poids, volume, pelage, comparaison avec un autre animal.
2. Milieu naturel : où l'animal vit-il ?
3. Mode d'alimentation : que mange-t-il ?
   de qui est-il le prédateur ? par qui est-il mangé ?
4. Mœurs, habitudes : mode de reproduction, habitus
5. Est-il utile, nuisible ? À quoi sert-il ?
6. Est-il comestible ?

On propose ici à l'élève une série de questions simples auxquelles il est facile de répondre si l'enseignant a veillé à la programmation grammaticale et lexicale ou bien s'il a verrouillé le questionnaire en posant des questions fermées ou en éventail de façon à faire découvrir un vocabulaire spécialisé.

▶ ▶ ▶ ■

B. La matrice de roman d'amour

Elle se présente comme une succession de dix-neuf chapitres à écrire dont une première partie est rose et ascensionnelle et une deuxième partie morose et descensionnelle (Doc. 32, p. 131).

☐ *Exploitations possibles en simulations globales*

Suivant le nombre de participants, on peut regrouper certains chapitres ou bien au contraire les dédoubler ou encore en insérer de nouveaux. Suivant le type de roman que l'on souhaite produire, on peut aussi choisir de s'arrêter à l'acmé heureuse de l'action (chapitre 9) et refuser de sombrer dans le malheur, voire le misérabilisme.

Mais ce qui est exceptionnel dans l'utilisation de cette matrice – d'ailleurs confectionnée à partir de l'étude de nombreux romans d'amour, des plus grands textes aux romans de gare – c'est qu'elle serait très décourageante et sans doute peu productive si elle ne se doublait pas d'une procédure d'animation particulière qui rend, non seulement l'écriture possible en un temps limité, voire record (30 à 60 minutes dans certains cas), mais aussi tout à fait performante.

En effet, la matrice peut se coupler avec une contrainte, celle du tirage au sort :
– tirage au sort des deux protagonistes (une carte d'identité chez les femmes, une chez les hommes) ;
– tirage au sort du chapitre que chacun devra rédiger ;
– tirage au sort éventuel du lieu, type, genre de discours : narration (dans un système temporel imparfait, passé simple) ; pages de journaux intimes ; pages de journaux de voyage ; articles de journaux ; lettres (d'amour, à un ami, à un parent) ; dialogues,

Matrice de portraits d'identité et de biographie

	Verbes au présent	Compléments
1	**ÊTRE** Je suis – tu es – il est – etc. **NE PAS (PLUS) ÊTRE** Je ne suis pas – tu n'es pas – il n'est pas – etc.	charitable – bon – méchant – gentil(le) – dur – faible – sérieux – intransigeant – généreux – jaloux – timide – avare – courageux – sentimental – intelligent – peureux – de bonne/mauvaise composition – etc.
2	**AVOIR** J'ai – tu as – il a – etc. **NE PAS (PLUS) AVOIR** Je n'ai pas – tu n'as pas – il n'a pas – etc.	de la volonté – de l'ambition – du caractère – de l'imagination – le sens de l'effort, de l'amitié, de la famille – un bon/mauvais caractère – de la chance – de cravate – d'amis – d'ennemis – un secret – un malheur – etc.
3	**FAIRE** Je fais – tu fais – il fait – etc. **NE PAS (PLUS) FAIRE** Je ne fais pas – tu ne fais pas – il ne fait pas – etc.	du théâtre – du yoga – des voyages – de la peinture sur soie – le clown – du cinéma – des études – l'école buissonnière – des séjours – des stages – etc.
4	**AIMER** J'aime – tu aimes – il aime – etc. **NE PAS (PLUS) AIMER** Je n'aime pas – tu n'aimes pas – il n'aime pas – etc.	les promenades – le théâtre – le lapin à la moutarde – le champagne – la couleur verte – la politique – les champignons – le foie – l'hypocrisie – les vacances – l'alcool – les mathématiques – etc.
5	**VOULOIR** Je veux – tu veux – il veut – etc. **NE PAS (PLUS) VOULOIR** Je ne veux pas – tu ne veux pas – il ne veut pas – etc.	escalader l'Himalaya – trouver le compagnon idéal – écrire un roman voyager – avoir des enfants – mourir – vieillir – être au chômage – se marier – etc.
6	**CROIRE** Je crois – tu crois – il croit – etc. **NE PAS (PLUS) CROIRE** Je ne crois pas – tu ne crois pas – il ne croit pas – etc.	en Dieu – dans les étoiles – en l'homme – à la réincarnation – en la science – à la magie – à la sorcellerie – à la métempsycose – à la vie éternelle – en lui – en ses chances de réussite.

Extrait de *Photos-Expressions*, F. Yaiche, éd. BELC-CIEP.

• LISTE DES PARAMÈTRES ENVISAGEABLES

1. Détails sur la naissance, lieu, circonstances particulières.
2. Prime enfance : rapports avec le père, la mère, les grands-parents, les frères et sœurs, une nourrice, etc.
3. Les premières années d'école : type de scolarité (brillante, laborieuse, etc.).
4. Événements particuliers de l'enfance : voyages, rencontres.
5. Études secondaires et universitaires.
6. Événements particuliers de l'adolescence.
7. Vie affective (amicale, amoureuse, familiale).
8. Service militaire.
9. Débuts dans la vie professionnelle.
10. Événements particuliers de la période 20-30 ans : mariage(s), naissance(s), séparation(s), décès, etc.
11. Rencontres, voyages.
12. Projets.
13. Particularités physiques, santé.
14. Traits de caractère, personnalité, tempérament.

◀ • **FICHE LEXICALE**

▼ • **SUPPORT DE RÉDACTION**

BIOGRAPHIE de ....

(prénom) ....
(nom) ....
naît le ....
(date de naissance)
(ville / village) à ....
(pays / nation) en / au ....
Ce jour-là il fait ....
(froid / chaud / il pleut / il neige…)
et ....
Tout petit, il a avec ....
(son père / sa mère / son frère / sa sœur…)
un(e) très grande ....
(sympathie / antipathie / amour / amitié / haine / affection…)
À quatre ans il *(elle)* ....
....
(verbe au présent et complément)
Quelques années plus tard ....
....
Ses parents décident alors de ....
....
.... entre alors au ....
....
(nom – prénom) (collège / lycée)
et commence des études ....
(faciles / difficiles…) de ....
(maths / italien / astronomie…)
À .... ans *(âge)*, il *(elle)* rencontre
.... *(nom – prénom)*
qui ....
et ....
En 19........ il *(elle)* ....
En 19........ il *(elle)* ....
Ses loisirs sont ....
....

D'après J.-M. Caré et F. Debyser.

Matrice de lettres de vacances

1. Mode d'adresse (*nom, appellatif, éventuellement métaphore affectueuse*) ;
2. Raison du séjour (*ici, pas d'indication de lieux*) ;
   (*je me fais bronzer, je me repose, nous nous promenons...*)
3. Lieu (*sur une petite plage méditerranéenne ou à Marseille*) ;
4. Comparaison avec un autre lieu (*ça ressemble ; on dirait ; ça me fait penser...*) ;
5. Mais, restriction ou nuance (*en plus ou en moins*) ;
6. Effusion lyrique (*c'est formidable, extraordinaire, etc.*) ;
7. Notation météorologique ;
8. Commentaire sur les gens du pays, les compagnons du séjour (*ils sont ; ils font ; ils ont*) ;
9. Mais, restriction ou nuance (*en plus ou en moins*) ;
10. Précisions sur les occupations quotidiennes du destinateur (*moi, je + verbe au présent*) ;
11. Commentaire (*c'est épouvantable ; c'est fantastique, etc.*) ;
12. Événement survenu à un proche (*passé composé*) ;
    (*Hier, Jacques s'est cassé la jambe...*) ;
13. Commentaire ou jugement (*c'est toujours la même chose ; il n'en fait qu'à sa tête*) ;
14. Appréciation générale sur le séjour ;
15. Marque d'intérêt pour le destinataire (*et toi, au fait, comment vas-tu ?...*) ;
16. Demande d'informations, de nouvelles sur un point précis (*et ton genou ? ton examen ?*) ;
17. Vœux, souhaits concernant le destinataire (*j'espère, je souhaite, etc.*) ;
18. Conseils (*fais bien attention ; prends bien garde à, etc.*) ;
19. Demande d'aide (*peux-tu nous envoyer mille francs ? Est-ce que tu pourrais aller arroser les plantes ?*) ;
20. Justification de la demande (*nous sommes complètement fauchés, etc.*) ;
21. Évocation d'une rencontre proche, congé, tendresse, salutations. Signature (*on se verra en septembre ; à bientôt, bises, etc.*).

Extrait de Jeu, langage et créativité, J.-M. Caré, F. Debyser, Éd. Hachette.

Matrice de roman d'amour

Chapitre 1 : – La rencontre
Chapitre 2 : – L'amour naît
Chapitre 3 : – La déclaration
Chapitre 4 : – L'amour augmente et se fortifie
Chapitre 5 : – L'amour plus fort que les obstacles matériels
Chapitre 6 : – L'amour plus fort que les ennemis
Chapitre 7 : – Elle est en danger : il la sauve
Chapitre 8 : – Il est en danger : elle le sauve

Chapitre 9 : – L'amour triomphe

Chapitre 10 : – L'amour s'installe
Chapitre 11 : – L'amour affaibli par les obstacles matériels

Chapitre 12 : – L'amour diminue
Chapitre 13 : – L'amour vaincu par les ennemis
Chapitre 14 : – Elle est en danger : il ne la sauve pas
Chapitre 15 : – Il est en danger : elle ne le sauve pas
Chapitre 16 : – L'amour meurt
Chapitre 17 : – La rupture, la séparation
Chapitre 18 : – Une nouvelle rencontre pour elle
Chapitre 19 : – Une nouvelle rencontre pour lui

D'après J.-M. Caré et F. Debyser.

Matrice de discours politique utilisant la langue de bois

Dix mille combinaisons pour un discours de quarante heures.

I	II	III	IV
Chers collègues	la réalisation des devoirs du programme	nous oblige à l'analyse	des conditions financières et administratives existantes
D'autre part	la complexité et le lieu des études des cadres	accomplit un rôle essentiel dans la formation	des directions de développement pour l'avenir
de même	l'augmentation constante de quantité et d'étendue de notre activité	nécessite la précision et la détermination	du système de la participation générale
Cependant n'oublions pas que	la structure actuelle de l'organisation	aide à la précision et à la réalisation	des attitudes des membres des organisations envers leurs devoirs
Ainsi	le nouveau modèle de l'activité de l'organisation	garantit la participation d'un groupe important dans la formation	des nouvelles propositions
La pratique de la vie quotidienne prouve que	le développement continu des diverses formes d'activité	remplit des devoirs importants dans la détermination	des directions d'éducation dans le sens du progrès
Il n'est pas indispensable d'argumenter largement le poids et la signification de ces problèmes car	la garantie constante, notre activité d'information et de propagande	permet davantage la création	du système de formation des cadres qui correspond aux besoins
Les expériences riches et diverses	le renforcement et le développement des structures	entrave l'appréciation de l'importance	des conditions d'activités appropriées
Le souci de l'organisation mais surtout	la consultation avec les nombreux militants	présente un essai intéressant de vérification	du modèle de développement
Les principes supérieurs idéologiques mais aussi	le commencement de l'action générale de formation des attitudes	entraîne le procès de restructuration et de modernisation	des formes d'action

Extrait du *Code Universel du discours* in Zycie Warsawy, juillet 1981.

poèmes, écrits fonctionnels (procès-verbaux, testaments, télégrammes, rapports, actes de jugement, transcription, notes d'hôtel), etc.

D'une façon tout à fait étonnante – et à condition que l'on ait bien spécifié les profils des protagonistes, les lieux et les temps possibles – les différents chapitres s'accordent bien les uns aux autres, surtout quand l'écoute, la motivation et la connaissance partagée de la simulation auront été grandes. Très peu d'incohérences et donc très peu de raccords à faire.

☐ *Remarque*

Cette activité – le roman d'amour – semble tout à fait emblématique de ce que peut être, au fond, une simulation globale :
– un travail individuel pour une production de groupe, le travail de chacun donnant une valeur ajoutée, à la somme des travaux ;
– une alliance de la recherche des modèles, par l'utilisation de matrices de production avec la convocation du sort ou de l'aléatoire ;
– une aire de jeu commune : un lieu-thème et une époque donnée ;
– une possibilité de sortir de son identité pour investir une autre identité, en l'occurrence un va-et-vient constant entre l'identité réelle et l'identité fictive et le rôle que joue l'apprenant dans le roman d'amour.

▶ ▶ ▶ ■ ────── ## C. La matrice de discours politique

C'est une matrice de langue de bois fournie fréquemment – non pas comme modèle – mais comme base d'écriture : dix entrées en colonnes, quatre entrées en ligne, 10 000 combinaisons possibles pour un discours de 40 heures suivant les itinéraires tracés. (Doc. 33, p. 132)

Jeux avec la langue, artifices de discours bien sûr, mais aussi réflexion sur le pouvoir des mots et, au-delà, sur la communication politique. En s'amusant, une élection municipale de simulation globale peut devenir une formation du citoyen de demain que deviendra l'élève, mieux armé sans doute pour décrypter les discours et déjouer les manipulations.

☐ *Exploitations possibles en simulations globales*

Cette matrice de langue de bois est le plus souvent utilisée avec dérision dans des simulations comme ÎLES, LE VILLAGE, LA CONFÉRENCE INTERNATIONALE :
– en tant que modèle de matrice, les apprenants s'efforçant de confectionner leur propre matrice après l'étude du fonctionnement de celle-ci ;
– en tant que « texte-martyr » à pirater et à enrichir : on lui fera subir alors quantité de déformations, d'augmentations et transformations au moyen des techniques signalées plus haut (grille ARTAIR, littérature définitionnelle, enrichissement).

▶ ▶ ▶ ■ ────── ## D. Des matrices de dessins

De nombreuses matrices ont été inventées pour résoudre des problèmes particuliers d'expression. Les plus utilisées dans les simulations globales sont le blason et le carré de 64 cases.

▶ *Le blason*

On demande fréquemment à l'élève de se doter d'un blason pour pouvoir être identifié et se présenter de façon originale ; mais il est bien souvent en panne d'imagination. En laissant aller librement son crayon pour compléter les différentes accroches de chaque case de la matrice de blason, il produira des éléments qu'il pourra faire figurer sur son propre blason. (Doc. 34, p. 134).

Blason dessiné à partir de la matrice donnée p. 135

D'après Denis Bertrand.

Carré de 64 cases

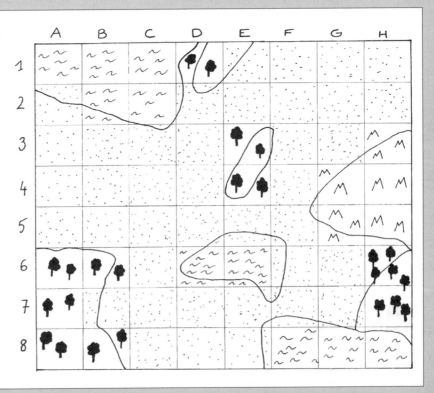

LÉGENDE

 TERRE
(routes, maisons)

 EAU
(lacs)

 FORÊT
(et végétation)

 RELIEF
(montagnes)

Cette procédure a permis de réaliser le dessin du village (cf. Doc. 1, page 30).

Le blason peut se doubler d'une activité de présentation si l'enseignant révèle aux élèves, une fois la matrice complétée, la signification attribuée par les psychologues utilisant ces six cases pour tester la personnalité de leurs patients.

Mais que l'on ne se méprenne pas : l'interprétation psychologique que l'on fera d'un dessin en apprendra plus sur la personne tenant le discours que sur celle dont on parle puisqu'aucune n'a les clefs détenues par les psychologues professionnels.

C'est ainsi que l'on pourra tenir un discours sur le dessinateur et sur :

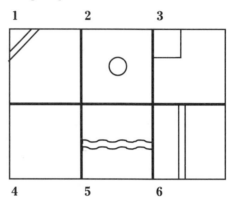

– sa façon de résoudre les problèmes (case 1) ;
– son degré d'introversion et d'extraversion (case 2) ;
– son foyer et sa famille (case 3) ;
– le sens qu'il donne à sa vie (case 4) ; on remarquera que la case blanche est souvent la dernière complétée car, ne fournissant pas d'accroches, elle crée une situation d'injonction paradoxale : « soyez libre » ;
– ses qualités de synthèse (bas du dessin) et d'analyse (haut) (case 5) ;
– sa vie sentimentale, affective et sexuelle (case 6).

▶ Le carré de 64 cases et le dessin du village

On avait pour habitude, jusque dans les années 1980, de commencer certaines simulations globales par un <u>rêve éveillé dirigé</u> ou en pointant au hasard sur une carte, une île ou un village. Le <u>carré de 64 cases</u>, emprunté au test psychotechnique Mabille, se mit à fonctionner comme une matrice dès lors qu'on y associa les quatre couleurs pour signifier la terre (jaune), l'eau (le bleu), les forêts (le vert), le relief (le rouge) (Doc. 35, p. 134).

Ainsi, sans se soucier nécessairement de la plausibilité de l'environnement construit, on propose aux élèves d'aller colorier les soixante-quatre cases d'un carré (ou d'un rectangle) de huit cases de côté (ABCDEFGH / 12345678) à partir de crédits couleurs (symboles) qu'on leur accorde :
– 64 cases jaunes pour signifier la terre ou le sable ;
– 16 cases bleues pour signifier l'eau des océans, mers, fleuves, rivières, lacs ;
– 16 cartes vertes pour signifier les forêts ou les bois ;
– 16 cases rouges pour signifier le relief : montagnes ou volcans.

□ Déroulement de la procédure

1. Chaque élève va au tableau à tour de rôle, colorier une ou plusieurs cases avec les couleurs qu'on lui a attribuées, en indiquant les raisons de son choix.
Ce choix peut être l'occasion pour l'enseignant de penser certaines programmations linguistiques :
– les présentatifs : « *il y a* » ; « *c'est* » ; « *je propose de mettre* » ;
– les outils de la localisation : *à gauche, à droite, au nord, au sud,* etc. ;
– les couleurs ainsi que les coordonnées : « *Je mets de l'eau dans la case B5* » ;
– le vocabulaire de la nature ;
– l'expression de la cause : « *parce que j'aime marcher en montagne* », « *parce que j'adore me faire bronzer sur les plages* », etc.

Faute de tableau ou de grande feuille cartonnée, ce carré peut devenir une activité de type « bataille navale » très ludique et beaucoup plus facile à assumer pour des débutants.

2. Une fois le carré rempli, on entame un second tour pour aller, à tour de rôle, entourer des cases de même nature et leur attribuer :
– une spécificité : par exemple, un ensemble de cases bleues sera un bras de mer, un lac ou une rivière ; un ensemble de cases rouges formera, au choix, une chaîne de montagnes ou des collines ;
– un nom et des qualifications : la forêt est hantée, exploitée, sauvage, etc.
Les traits n'ont pas nécessairement à être tracés de façon rectiligne. Les forêts, les rivières, les frontières du VILLAGE seront tracées à main levée et s'en trouveront plus intéressantes – car quelle est la commune dont la topographie est rectiligne ?

3. Le territoire du village est maintenant connu dans sa topographie et on peut passer à la phase d'urbanisation de la commune.
Le travail de cartographie peut se faire d'une façon raisonnée et négociée en grand groupe ou petits groupes, comme il peut se faire d'une façon aléatoire, tant pour le tracé que pour les noms de voies. Sans doute le raisonnement et la logique peuvent-ils apparaître de meilleurs conseillers que l'aléatoire ; et les élèves préfèrent généralement travailler dans cette direction pour avoir prise sur leur milieu. Mais cette volonté de maîtriser l'environnement ne rend pas forcément compte de la réalité de tous les villages français, quelques-uns s'étant construits au petit bonheur la chance – ou la malchance.
L'utilisation de procédures aléatoires pour l'animation, par jeu de dés ou tirage au sort, rendra compte alors du désordre de la vie, de l'anarchisme de certaines constructions.

La négociation des noms et des tracés des ponts et chaussées, revêt un caractère primordial tant sur les plans linguistique, culturel, dramatique, que sur les plans de la géographie humaine. Habiter un village où les voies s'appellent Grande Rue, Allée des Platanes ou Esplanade de la Victoire n'aura pas les mêmes effets sur ses habitants que d'habiter un village où les voies se nomment Quai des Amoureux, Boulevard des Infidèles ou Sentier des Voleurs.

□ *Remarques*
Il y a un crédit de 112 cases de couleurs alors que le carré n'en compte que 64. Ce choix permet au groupe de garder une certaine liberté. En effet, il n'est pas interdit de concevoir un territoire entièrement constitué par de la terre mais il n'est pas possible de le concevoir uniquement composé de montagnes, de forêts et *a fortiori* d'eau.
Lorsque le coloriage du carré est terminé, on obtient une carte rarement incohérente, comme si chacun avait eu à cœur de respecter une certaine logique à l'intérieur d'une négociation secrète. La carte est une somme de propositions qui s'agencent au fur et à mesure que la physionomie du village-puzzle se révèle. Bien souvent, cette phase du travail est le reflet du type de communication instaurée dans le groupe, le cas le plus fréquemment rencontré étant celui du village coupé en deux par un obstacle naturel : une rivière, une chaîne de montagnes (ou de volcans !), une forêt en plein cœur du territoire interdisant de fait toute installation centralisatrice.
Il y a ainsi des paysages consensuels et harmonieux, où il fait bon vivre et dans lesquels la variété permettra de développer de nombreuses ressources.
Et il y a des paysages aux éléments naturels atomisés, en rupture incessante les uns par rapport aux autres où la vie sera difficile car elle se confrontera à une nature aride, désordonnée, inhospitalière.

6. LES TECHNIQUES D'ORGANISATION DU TRAVAIL EN GROUPE

Les techniques de travail en groupe, de motivation et de responsabilisation sont autant de cordes de l'arc simulation globale. Les plus simples sont aussi parfois les plus efficaces : gammes Philipps 6/6, Tortues, Pyramides.

A. L'animation de groupe par les « gammes Philipps 6/6 »

Il s'agit d'une méthode issue de la dynamique des groupes restreints et inventée par l'Américain Donald J. Philipps. Elle consiste à :
– diviser le groupe en sous-groupes de six personnes ;
– proposer une tâche après en avoir indiqué les objectifs et les limites (possibilité de recourir à l'analyse systémique) ;
– donner la parole à chacun à l'intérieur du groupe pendant une minute : un « chronométreur » est chargé de veiller au temps et un rapporteur prend des notes en vue d'une synthèse à proposer ensuite au grand groupe ; ceux-ci abandonnent leur rôle au voisin le temps de leur prise de parole.
On peut évidemment convenir que le tour de parole initial ne sera pas d'une, mais de deux ou trois minutes, si le sujet s'y prête et qu'il sera suivi d'un second tour.
On aura intérêt à prévoir un temps important de discussion et de synthèse à l'intérieur des sous-groupes avant la restitution en grand groupe, de la même manière que l'on pourra faire précéder le premier tour de parole par une réflexion personnelle sur certains sujets.
Pour des sujets d'envergure, on pratiquera des gammes Philipps 6/6 : l'animateur ayant eu soin de décomposer au préalable le problème en différentes parties, il fera fonctionner autant de Philipps 6/6 que de sous-problèmes et proposera une synthèse en grand groupe. Cette distribution des tâches par sous-groupe permet d'aller vite en besogne ou de pratiquer une pédagogie différenciée.

□ *Avantages des Gammes Philipps 6/6*
– Le temps de prise de parole est réglé et convenu d'avance et, si le gardien du temps est vigilant, il n'y a pas de débordement. Le contingentement du temps facilite aussi les prises de parole des plus timides tout en régulant celles des bavards.
– Il est plus facile de s'exprimer devant cinq personnes que devant une classe entière ; il est aussi plus facile de s'écouter.

B. La « tortue »

La technique de la tortue consiste à faire débattre quelques interlocuteurs défendant des opinions franchement différentes. Les autres participants vont alors se placer derrière celui qui leur paraît avancer des arguments convaincants. Cette fluctuation permet à chaque orateur de visualiser, en une photographie permanente et mouvante, sa force de conviction sur l'opinion publique.
L'animateur pourra en outre fixer des modalités de débat. Par exemple :
– reformuler systématiquement les propos de l'interlocuteur précédent avant d'exprimer son opinion ;
– ne prendre la parole qu'après avoir fait un tour autour de son doigt avec une pelote de laine, ceci afin de tempérer les échanges.

C. La « pyramide »

La technique de la pyramide consiste à diviser le groupe-classe d'une façon inversement proportionnelle au temps du débat. Une classe de 32 élèves est ainsi divisée :
– en **16** équipes de **2** élèves auxquelles on accorde **2** minutes pour discuter du problème ;
– puis en **8** équipes de **4** élèves auxquelles on accorde **4** minutes (chaque binôme se joint à un autre binôme) ;
– puis en **4** équipes de **8** élèves auxquelles on accorde **8** minutes ;
– et enfin en **2** équipes de **16** élèves auxquelles on accorde **16** minutes.
De la sorte, au bout de 30 minutes, on sera rendu au débat de grand groupe et chacun aura eu l'occasion de s'exprimer.

B

QUELQUES POINTS CLÉS

7. COMMENT COMMENCER ?

Tous les pédagogues savent combien il peut être difficile de commencer un cours ou une formation. Cette phase d'initialisation n'est pas seulement délicate parce qu'elle engage l'enseignant dans une relation avec ses élèves ou qu'elle met en jeu des contenus ; elle est délicate parce que les choix initiaux faits par l'enseignant, puis par les élèves, vont souvent engager la simulation sur des chemins dont il sera très difficile de sortir et qui vont bien souvent en conditionner le succès ou l'échec. Commencer, c'est engager une relation et s'engager ensemble dans une voie, un travail. Pour que ce premier pas puisse se faire, il faut que le désir soit présent des deux côtés : désir de découvrir pour l'élève, désir de faire découvrir pour l'enseignant, et désir aussi de la découverte mutuelle.
La simulation globale est la plupart du temps une énigme pour les élèves parce qu'elle ne renvoie à rien de connu d'eux-mêmes, de leurs parents, voire des autres enseignants. Au mieux les élèves ont-ils été touchés par la rumeur, si l'enseignant a déjà pratiqué la technique avec d'autres classes ; et les élèves, pour les uns avec excitation, pour les autres avec circonspection, ont l'impression de pénétrer dans l'antre mystérieux de quelque secte pédagogique. Ce sentiment dure peu et les élèves ont tôt fait d'évaluer les premiers bénéfices de la chose – on va s'amuser ! – et d'entrer dans le vif du sujet.

A. Le choix initial du réalisme ou de l'imaginaire absolu ?

Vouloir faire débarquer une classe sur un village par exemple, soit, mais quel village ? Un village imaginaire ou un village réaliste, voire réel ? Un village du temps présent, des temps anciens, du futur ou intergalactique ? Un village français ou de l'espace francophone ? Un village traditionnel ou moderne ?
La même question se pose pour toutes les autres simulations, généralistes ou professionnelles. Certes ces dernières penchent *a priori* davantage vers le réalisme mais l'option de l'imaginaire absolu pourrait sans doute être exploitée par des enseignants désireux de se projeter dans un ailleurs ou dans un futur plus ou moins lointains. Le choix reste donc libre...

► *L'option réaliste*

Pour un VILLAGE cette option consiste à choisir, négocier ou pointer au hasard un village sur la carte de France. Ce sera Montigny-Lengrain dans l'Aisne, Nérondes dans le Cher ou Sallenelles en Normandie.

Ce choix fait, l'on imagine la configuration du village, le paysage, le type d'habitat en allant éventuellement rechercher des informations sur la région.

ÎLES, qu'on ne s'y trompe pas, peut être l'objet d'une simulation réaliste. Certaines d'entre elles sont d'une normalité presque affligeante, voire suspecte ; d'autres, comme l'île de Porquerolles, sont déjà tellement chargées d'histoires rocambolesques qu'il paraît urgent de les remettre sur les rails de la réalité si l'on veut qu'elles ne partent pas à la dérive !

L'IMMEUBLE a été initialement conçu par ses auteurs pour se situer dans une réalité urbaine contemporaine. Mais n'oublions pas que les effets de réel seront produits par la prise en compte des aspects insensés de la ville, ceux rapportés notamment par des auteurs de romans policiers comme *La Fée Carabine* de Daniel Pennac, *Nec* de Daniel Picouly, *Les Orpailleurs* de Thierry Jonquet.

☐ *Avantages de cette option*

La simulation est ancrée dans la réalité de la civilisation française et permet d'aborder et de faire jouer de façon réaliste et documentée des aspects culturels, économiques, techniques, sociaux, politiques, historiques, géographiques, psychologiques, organisationnels, commerciaux, etc. ; et de pouvoir éventuellement organiser, en fin de simulation, un voyage sur le terrain pour que les élèves puissent comparer leurs représentations et la réalité.

► *L'option de l'imaginaire absolu*

À l'opposé de cette option réaliste, on trouve l'option qui consiste à situer la simulation dans une France probable sinon probante, tant dans le temps et l'espace que dans ses aspects géographiques et climatiques. LE VILLAGE sera « lancé », par exemple, au moyen du carré de 64 cases. ÎLES sera rêvée à partir d'un R.E.D. ou de la lecture d'un roman.

Suivant les cultures, les contextes institutionnels, les publics, les objectifs que l'on se fixe, il est donc possible d'embarquer ses élèves pour un voyage dans un « monde de réalités » ou pour une odyssée dans un monde imaginaire, voire onirique.

L'une et l'autre options sont aussi fertiles d'ailleurs en imprévus et en aventures tant il est vrai :

– que les dérapages les plus invraisemblables peuvent se produire dans la réalité suivant la célèbre formule : « la réalité n'est pas réaliste » ;

– qu'il peut y avoir plus de risques ou d'aventures à aller chercher des cigarettes au bureau de tabac du coin de la rue que de vivre dans un vaisseau spatial ; simplement cette première option se référera à un monde tangible, connu, ou à connaître ; la seconde évoluera dans un monde prétendument inventé de toutes pièces.

B. L'ordre des activités

Dans la mise en œuvre d'une simulation globale, l'animateur est toujours confronté à la nécessité de gérer dès le début et très rapidement, s'il ne veut pas que l'intérêt de l'apprenant ne tombe, deux phases de l'invention de l'univers simulé :

– la phase descriptive, avec la description du décor et la description des personnages correspondant aux identités fictives ;

– la phase narrative ou dramatique, avec la narration d'événements et d'incidents.

Indubitablement, il est très difficile de se lancer dans le narratif si l'on n'a pas installé un décor et des personnages. La phase descriptive est un passage obligé servant à donner des assises, à délimiter un cadre de références. Mais il faut bien avouer que son côté inventaire de l'existant peut être désespérant, de par son statisme, pour un participant désireux de se lancer dans l'action.

En réalité, décrire ou présenter permettent également de raconter ou de se raconter. L'on ne peut pas ne pas se présenter – prétendent les théoriciens du Collège Invisible – et, ce faisant, l'on ne peut pas ne pas se raconter. Tout est signe. Toute information sera narration et instruira sur la place de l'objet ou de l'individu et sur son rapport au monde. Toute description sera finalement spéculation, projection de son propre système de valeurs et de représentations.

Si la phase descriptive est parfois jugée statique et trop lourde par les élèves, c'est que l'on ne prend pas suffisamment en compte cette dimension dramatique de la description. Sans doute, peut-on choisir d'instiller très tôt des incidents donnant un dynamisme à la simulation, de par l'effet de rupture qu'ils peuvent provoquer dans un monde en train d'être décrit, inventorié. Mais ce n'est pas nécessaire si l'on considère qu'un paysage est en lui-même porteur de signes et donc de drames potentiels.

Pour L'ENTREPRISE, faut-il commencer par imaginer un lieu, un milieu, un contexte desquels naîtront, tout naturellement un concept de produit et une entreprise ? Ou doit-on s'accorder avant toute chose sur un secteur d'activités, puis sur un produit pour enfin partir en quête du milieu le plus porteur, du site le plus adapté ? Par quelle porte entrer dans l'univers en gestation, par quel fil dévider l'écheveau de la narration à construire ? Que choisir prioritairement, le lieu ou le thème, les choses ou les gens ? Quel chemin prendre à ce premier carrefour de la simulation globale ?

La réponse à un tel problème est ouverte. Nul doute qu'il soit nécessaire d'organiser les progressions, celle visant à graduer la difficulté des exercices, celle visant à dérouler l'action de la simulation.

Pour L'IMMEUBLE, s'il semble naturel de rédiger la biographie d'un habitant après avoir mis en place un certain nombre d'indices, rien n'empêche d'établir une identité préalable à la construction de l'immeuble, l'emménagement étant alors précédé d'une recherche et d'une négociation avec le promoteur immobilier.

Pour ÎLES, la simulation suit la progression des naufragés : le naufrage, la découverte de l'île, les premières installations, les tentatives d'organisation, etc. Mais on peut casser la linéarité d'un canevas trop sage et prévisible par des incidents dont la programmation peut se faire à la manière des pioches du Monopoly.

Pour LE VILLAGE, faut-il commencer par imaginer l'environnement naturel comme le propose le canevas d'invention, ou bien commencer par l'attribution d'identités fictives ? Villageois ou découvreurs ? Si les premiers sont souvent façonnés par leur milieu, les seconds exercent une influence directe sur leur environnement par le choix du site où ils s'installent mais aussi par l'installation et la construction du village : réglé à la romaine, en deux parties (village haut/village bas), disposition anarchoïde, etc.

Là encore, le choix reste ouvert. Afin de prolonger la réflexion, l'exemple ci-dessous propose un démarrage différent de celui du canevas de base.

▶ *L'exemple du VILLAGE : commencer par la distribution des identités fictives*

L'attribution des identités fictives est une question délicate qui nécessite l'emploi de techniques d'animation particulières. Avant de débuter la simulation, l'enseignant doit veiller à conserver certains équilibres et notamment à :

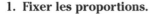

1. Fixer les proportions.

2. Établir le pourcentage représenté par le groupe-classe par rapport à la population supposée de la simulation.

> ▷ *Une classe de 30 élèves peut représenter, par exemple, un bourg de 3 000 habitants (1 %) ou UN VILLAGE d'environ 300 âmes (10 %).*

Chaque élève gérera donc des identités secondaires, celles de ses proches notamment : parents, enfants, frères, sœurs, cousins, etc., toutes choses à prévoir.

> ▷ *Un groupe de 30 participants à une CONFÉRENCE INTERNATIONALE risque de rendre impossible les négociations inter-délégations. On formera alors des binômes par délégation, un apprenant étant le négociateur en titre, l'autre étant son assistant ou remplaçant.*

3. Identifier les professions et fonctions nécessaires à la vie de son lieu-thème.

4. Programmer une fausse identité. Une manière de mettre un peu de « piment » dans les relations entre les protagonistes consiste à annoncer que quelqu'un dans le village cache sa véritable identité pour une raison inconnue.

5. Programmer une éventuelle activité « héritages » permettant de redresser certains sorts malheureux.

☐ *Modalités d'animation possibles*

Les modalités d'animation, tout comme les <u>contraintes initiales</u>, peuvent être à l'origine de conflits ou de <u>dérapages</u>. Il revient à l'enseignant de bien choisir celles qui conviennent à son groupe. Voici quelques idées :

– L'enseignant fabrique des pioches de petits papiers sur lesquels il a inscrit les informations (sexe, tranche d'âge, nationalité, profession) et les élèves tirent au sort. C'est la modalité la plus courante, la plus pratique et la plus ludique.

– L'enseignant assouplit les règles du sort et les apprenants sont autorisés à échanger les petits papiers contenant les éléments de leur condition. Cela donne lieu à d'excellentes activités de négociation et de langue.

– L'enseignant propose de rédiger la fiche d'identité de son voisin, et non la sienne. Cette activité n'est envisageable que si le climat du groupe est détendu et confiant.

– L'enseignant laisse chacun rédiger sa fiche d'identité et sa biographie et procède à des échanges ou à un tirage au sort, une fois les rédactions achevées. Le risque est de voir apparaître un sentiment de frustration et de démotivation chez ceux qui s'étaient déjà attachés à leur personnage. L'avantage est d'introduire de l'inattendu et du risque.

☐ *Conseils pratiques*

– Il est préférable que chaque participant remplisse sa fiche d'identité avant de tirer au sort sa <u>profession</u> pour éviter les stéréotypes flagrants : que le boulanger ne s'appelle pas Monsieur Farine ou Madame Pain, que ses signes particuliers, qualités, défauts, objets ne soient pas dépendants de son activité professionnelle ; un boulanger peut posséder une collection d'objets ésotériques, s'intéresser à l'Histoire de France, à la physique nucléaire ou à l'anthropologie.

– Il peut être souhaitable que la <u>fausse identité</u> relève du choix de l'enseignant et non du sort. Il convient alors de repérer un élève capable d'assumer la charge dramatique mais aussi la mise en abîme de sa personnalité (identité fictive et fausse identité) et de lui proposer secrètement de devenir le personnage mystérieux qui agira dans l'ombre et se dévoilera peut-être le moment venu.

8. LA SYNERGIE LECTURE-ÉCRITURE

De nombreux enseignants choisissent de greffer une simulation globale sur une œuvre littéraire étudiée en classe de façon à inscrire cette simulation dans une synergie lecture-écriture, analyse-production de discours.

On pourra de la sorte étudier *Vendredi ou les limbes du Pacifique* ou *La Vie sauvage* de Michel Tournier en imaginant que les élèves sont des passagers du *Whitebird* ayant fait naufrage sur une île voisine de Speranza et en construisant l'univers de cette île à partir du canevas dramatique proposé par le romancier.

On pourra étudier *La Vie mode d'emploi* de Georges Perec en devenant soi-même l'un des habitants de l'immeuble évoqué. On pourra étudier un roman de Jean Giono *(Le Chant du Monde, Regain, Un Roi sans divertissement)*, de Marcel Pagnol *(Jean de Florette, Manon des Sources)* ou de Henri Bosco *(L'Enfant et la rivière)* en imaginant être l'un des habitants de tel ou tel village : Chichiliane, Les Bastides blanches ou Villevieille.

Mais l'on pourra aussi faire des « salades » de roman : faire se rencontrer par exemple les récits du *Vendredi* de Michel Tournier, de *Paul et Virginie* de Bernardin de Saint-Pierre et *La Case de l'oncle Tom* de Mrs Beecher Stowe. Robinson aurait voyagé sur le même bateau que son ami et associé Paul, l'amoureux de Virginie, la fille du capitaine Van Deyssell. Quant à Vendredi, il se serait avéré être le père de l'Oncle Tom, vendu en esclavage par le commandant William Hunter, etc. !

Néanmoins, il faut savoir qu'une telle activité réclame beaucoup de préparation de la part de l'enseignant ou une très bonne connaissance de la littérature de la part des apprenants.

▶ ▶ ▶ ■ A. Lire pour écrire

Dans les simulations globales, « *les actes de lecture et d'écriture ne sont pas des exercices ponctuels faits à la commande, mais prennent leur sens dans la réalisation du projet collectif qui les intègre et les finalise* » écrit Jean-Claude Bourguignon[58], et il poursuit : « *La simulation fournit "naturellement" des occasions et des directions d'écriture. En ce sens elle se substitue très avantageusement aux "sujets", consignes et inductions de rédaction habituels, et a le mérite d'intégrer, en les finalisant, les productions des élèves au projet global de construction de l'univers inventé. La grande variété de ces productions permet d'autre part d'approcher l'ensemble des types d'écrits et des fonctions qui leur sont attachés* »[59].

Et de fait, la même variété déjà signalée à l'oral, règne à l'écrit : textes narratifs et descriptifs, comptes rendus, lettres, pages de journaux intimes, articles de journaux, poèmes, dialogues, chansons, formulaires, fiches, règlements, monographies, schémas, cartes, plans, procès-verbaux.

Mais pour écrire tous ces textes, les élèves doivent lire :

– des textes d'auteurs dont les thèmes rejoignent le lieu-thème de la simulation globale de façon à s'imprégner d'un univers, mais aussi à saisir certains détails qui « feront vrais » au moment de la production. On pourra de la sorte prendre appui sur, copier même dans certains cas tel ou tel discours (fiche botanique, roman policier, procès-verbal de gendarmerie, etc.) ou bien en détourner les thèmes ;

– des documents de façon à en savoir plus sur tel ou tel aspect de la réalité (manuels de sciences naturelles, de géographie, d'histoire, etc.) afin d'assurer un ancrage de la fiction dans le réel et de fournir des effets de réel ;

– des dictionnaires ou encyclopédies sur le mode de la consultation afin de rechercher des renseignements ponctuels ;

58. BOURGUIGNON Jean-Claude, « Simulations globales et enseignement du français en milieu non francophone », *Annales du CRDP* de Strasbourg, avril 1985.
59. *Ibid.*

– **les textes qu'ils ont personnellement écrits** pour les peaufiner ; relire le texte de leur voisin pour le retravailler avec lui ;
– **les textes produits par chacun** de façon à les mettre en commun et à favoriser les ajustements. Il s'agit surtout de porter à la connaissance des autres des faits ou événements dont le récit aurait été fait en sous-groupes ou individuellement dans le cadre d'une pédagogie différenciée.

La simulation globale engage les élèves à lire un texte littéraire pour s'informer et se former le goût, pour produire un univers en gestation ; mais, d'autre part, elle fait appel à différents lieux de discours permettant de varier les formes et les voix. L'enseignant doit donc avoir à sa disposition une très grande variété de textes susceptibles d'être des supports d'écriture, l'idéal étant sans doute de prendre prioritairement appui sur la trame d'un texte littéraire et occasionnellement sur des écrits fonctionnels.

B. Toutes les occasions d'écrire

Dans une simulation globale, toutes les occasions d'écrire sont bonnes. Chaque simulation possède sa dominante sur le plan des fonctions communicatives mobilisées. Ainsi, nous pouvons concevoir le tableau de dominantes suivant :

Dominante	Lieux-thèmes
imaginer	L'IMMEUBLE, L'HÔTEL, L'HÔPITAL
décrire	LE VILLAGE, LE CIRQUE
imaginer	ÎLES
raconter	L'EXPÉDITION, LA CROISIÈRE
argumenter	LA CONFÉRENCE INTERNATIONALE, L'ENTREPRISE

De la même manière, les différentes phases de la simulation mobilisent de préférence certaines dominantes communicatives et nous pouvons proposer le tableau suivant :

Phases	Dominantes
1. Établir le lieu et le milieu	imaginer, décrire
2. Établir les identités fictives	identifier
3. Donner épaisseur et vie par des interactions	raconter, argumenter
4. Donner épaisseur et vie par des traces écrites	imaginer, décrire
5. Faire intervenir des événements et des incidents	raconter, argumenter

Bien sûr, signaler une dominante communicative ne signifie nullement que les autres fonctions ne soient pas activées, loin de là, et il y a parfois débat autour de celle qui l'emporte sur l'autre. Quoi qu'il en soit, petits ou grands textes, on écrit donc pour :

– **IDENTIFIER,** nommer, inventorier : on écrit des cartes de visite, des cartes d'identité, des fiches d'embarquement, des curriculum vitae, des listes d'adresses, des inventaires d'objets, des cartes ou plans de territoires, quartiers, entreprises, etc. ;

– **DÉCRIRE,** et définir : on écrit des portraits, des descriptions de paysages, de lieux, d'objets, des événements (rites, cérémonies, etc.) ;

– **IMAGINER :**

• des aventures extraordinaires, tribulations, histoires d'amour ou de haine, récits de guerre ou d'exploration, histoires policières ou contes de la vie ordinaire...

• des règles de vie en société, organiser, prescrire : on écrit des chartes, codes, règlements, conventions, lois mais aussi des avis, pancartes, annonces, proverbes, maximes, recettes de cuisine, etc. ;

– **RACONTER :** on écrit des pages de romans, de nouvelles, de contes, de journaux intimes, de journaux de voyage ou de bord, des lettres, des mémoires, des recueils de souvenirs, etc. ;

– **ARGUMENTER :** on écrit des articles de journaux, des discours politiques, de circonstances professionnelles ou de conférences, des boniments, des plaidoieries de procès, des slogans publicitaires,des tracts.

Dans une simulation globale, les acteurs sont en même temps auteurs et réciproquement ; la réciproque est tellement vraie et l'équilibre entre les deux rôles est tellement installé, que l'on ne sait pas faire la part de qui invente et de qui vit le récit...

9. LA FIN D'UNE SIMULATION GLOBALE

L'une des questions souvent posées, en atelier de simulation globale est : Comment se débarrasser d'une simulation globale ?

Comment en finir une fois pour toutes avec son univers si attachant qu'il colle aux doigts – qui veulent continuer à écrire – et aux têtes – qui veulent continuer à rêver ? Comment donc terminer, et de préférence « bien » terminer, c'est-à-dire en gérant le fantasme de mort de groupe et de mort du lieu-thème ? On ne veut plus se quitter et on envisage donc différentes stratégies de survie qui aboutissent presque toujours à se revoir un an plus tard ou à jurer de s'écrire après avoir échangé les adresses. La parenthèse est en passe de se refermer et l'angoisse du vide est au bout, même si ce sentiment est mêlé et largement dominé par la satisfaction d'avoir mené à bien l'aventure.

A. Couper le cordon, ou le sucre dans le verre d'eau

Deux attitudes extrêmes sont possibles pour terminer une simulation :

– la manière forte qui consiste à couper le cordon ombilical en faisant disparaître de façon violente et définitive L'IMMEUBLE, L'ÎLE, LE VILLAGE ou tout autre lieu par un incendie, un tremblement de terre, un projet immobilier, etc. ;

– la manière douce qui laisse le sucre du lieu-thème se dissoudre lentement dans le verre plein d'eau du futur. On propose ainsi aux élèves une projection dans l'avenir sur le thème « l'Immeuble, l'île, le village, etc., dix ou vingt ans après » ; le temps, la vieillesse, la camarde et les aléas de l'existence faisant leur ouvrage de tranquille détachement, de dissémination et de mort. L'immeuble n'est plus alors ce qu'il était et donc il n'est plus ; avatar identitaire philosophiquement intéressant tant il est vrai que l'on est en droit de se demander, avec Paul Ricœur, si un bateau auquel on aurait successivement changé toutes les pièces resterait le même ou serait un autre...[60]

60. RICŒUR Paul, *Soi-même comme un autre*, Le Seuil, Paris, 1990.

ÎLES se clôt rituellement par trois types de fin :
– un bateau accoste enfin et embarque les naufragés pour un retour vers la civilisation de la mère-patrie ;
– une catastrophe se produit sur l'île (éruption volcanique, explosion « des quarante tonneaux de poudre ») ;
– les insulaires décident, plus rarement, de rester sur leur île et l'on se transporte alors vingt ans après…

LE VILLAGE est traditionnellement victime d'épidémies, projet autoroutier, attentat terroriste ou scénario catastrophe susceptibles de le faire disparaître (Doc. 36, p. 146). Ceci est la fin noire, même s'il peut y avoir une certaine jubilation à se prendre pour Attila le ravageur.

Une manière plus douce d'en finir une bonne fois pour toutes avec LE VILLAGE – pour ne parler que de cette simulation – est de se rendre dans un village français, ou si l'on a choisi l'option réaliste, dans « le village » sur lequel on a jeté son dévolu. De la même manière, on peut envisager aussi de se rendre dans un quartier, de visiter une entreprise, d'assister à une conférence internationale ou à un procès, etc. Ainsi, passer quelques jours, par exemple, dans un petit village de Touraine ou à l'éco-musée d'Ungersheim en Alsace permet de rencontrer les « villageois » et la réalité quotidienne d'un village.

Le passage du village fictif au village réel permet alors de faire le voyage qui va de l'imaginaire à la réalité. Dans le cadre d'une pédagogie des échanges scolaires, une simulation peut être une excellente préparation au voyage : on imaginera alors être les habitants du village, du bourg ou du quartier dans lequel le séjour s'opérera[61] ; on pourra même entretenir une correspondance, par lettres, téléphone, télécopie ou Internet avec ses « homologues ».

B. Une fin en fête

La fin d'une simulation globale est souvent l'occasion de marquer d'une façon solennelle et parfois festive la fin de l'activité.

Tel enseignant organise donc une représentation théâtrale pour les parents amis et élèves de l'école, succession de petites scènes rendant compte de l'univers simulé : L'IMMEUBLE, LE VILLAGE, LA CROISIÈRE, L'ÎLE.

Tel autre enseignant organise une projection de film qu'il aura réalisé ou qu'il aura fait faire par des élèves chargés de suivre au camescope-stylo les différents moments de la simulation globale. Il existe aussi des échanges de lettres-vidéo classe à classe sur le mode du Réseau Vidéo Correspondance de Micheline Maurice.

Tel autre enseignant enfin choisit de monter une petite exposition présentant les différents travaux d'élèves et dans certains cas de commercialiser « Le grand roman de… » pour la coopérative scolaire ou pour faire une grande fête… manière de finir dans la joie.

Certains romans policiers proposent des modèles d'organisation du récit qui permettent de confectionner un document final présentant le travail accompli en simulation globale. Ils rassemblent des collections de textes à géométrie et à entrée variables réunis par le fil rouge (ou noir) de l'enquête. Les plus célèbres sont sans doute les deux romans policiers de D. Wheatley, *L'Affaire Prentice*[62] et *Meurtre à Miami*[63] qui se présentent comme étant des dossiers archivant des dépêches télégraphiques, des documents originaux manuscrits, des photographies, des archives criminelles, des extraits de casiers judiciaires et même des pièces à conviction telles que cheveux, mégot dont le filtre porte une trace de rouge à lèvres, allumette cassée, etc., le tout relié par un charmant ruban rouge.

---

61. On pourra consulter à ce propos l'article du *Français dans le Monde*, « Saint-Briac-sur-Leipzig », février-mars 1994.
62. WHEATLEY Dennis, *L'Affaire Prentice*, Éd. Ramsay, 1982.
63. WHEATLEY Dennis, *Meurtre à Miami*, Éd. Ramsay, 1983.

TROUGLOUTY,
C'EST FINI OU COMMENT SE DÉBARRASSER D'UN VILLAGE

Nous sommes en 2002, souvenez-vous. C'était en 1991. Vous habitiez autrefois ce charmant petit village de TROUGLOUTY. Peut-être même y avez-vous conservé un pied-à-terre. Mais au fait vous souvenez-vous de ce lundi 1er avril ? Un lundi noir ? Une série d'accidents. Une série noire...

– À 7 heures 7 du matin, le coiffeur Ahmed Lasoup ne coupait plus les cheveux en quatre. On l'avait scalpé et rangé le tout au fond de sa gorge. S'il avait su, il n'aurait pas choisi une coiffure castra-afro. C'était étouffe-chrétien.

– À 8 heures 8 du matin, le facteur Louis Du Quesnet avait pris son vélo. En pleine poitrine. Guidon et fourche. Retour à l'envoyeur. Il n'avait pas été affranchi.

– À 9 heures 9 du matin, l'acrobate Lola Lapaiste avait dû se prendre les pieds et le cou dans sa corde à sauter. Elle avait la gorge un peu sèche. Faut dire qu'elle n'avait plus beaucoup les pieds sur terre...

– À 10 heures 10, Alexandre Psar et Aglaé Dupain prenaient des poses sur la voie ferrée du Paris-Trouglouty. L'express avait de l'avance. Eux ne seraient plus jamais en retard.

– À 11 heures 11, la gendarmerie sautait. Yvan Denisovitch aussi. Un gros pain de plastic. Son médecin lui avait dit de se méfier du pain.

– À 12 heures 12, à l'heure de l'apéro, une rafale de mitraillette était tirée en direction du bistrot. Anaïs Bensoussan, le patron, avait trinqué.

– À 13 heures 13, le volcan Diraton entrait en éruption, aidé par quelques charges de dynamite habilement placées. Carla Zuppas qui herborisait sur les pentes s'enflamma pour la beauté du spectacle.

– À 14 heures 14, Violette Samy était projetée contre la digue. Son bateau n'avait pas résisté au raz-de-marée de la Mare Malade. Le résultat tenait autant d'une peinture de Mathieu que d'un test de Rorschach.

– À 15 heures 15, les survivants, c'est-à-dire les suspects, décidaient que ça ne pouvait plus durer. Ils se réunissaient à la mairie : Fred Aster, Camille Pentean, Gérard Rogotudju, Judith Smith, Margot Deschamps, Julien Sorel, Marguerite Schnock.

– À 16 heures 16, vous receviez un télégramme de revendication : « *Je suis Grégoire le Noir. Unissez-vous derrière le barbare. L'éternité sera à vous. Il n'y a déjà plus rien. Enfuyez-vous avant l'anéantissement. Ne taisez plus votre haine de l'ordre* ».

– À 17 heures 17, le feu prenait à la mairie. Vous décidiez de vous télétransporter dans l'antique Troglodyte.

– À 18 heures 18, vous entendiez des voix, des musiques, des chants célestes. Votre enquête ne progressait pas. Bien au contraire. Vous régressiez. Tout le monde soupçonnait tout le monde, accusait, agressait, récusait, régressait.

– À 19 heures 19, Fanny, la boulangère, était retrouvée la mine enfarinée, étouffée par quelques mille-feuilles. Quant à son punk de mari, il était dans le pétrin. Mais chez lui, c'était le croque-monsieur en béton qui ne passait pas. Indigeste.

– À 22 heures 22, venait la solution... avec un second télégramme : « Un punk est mort. Vive le punk tué ! Le coupable est majuscule, bande de minus. Un point, c'est tout ! ».

Solution : Avez-vous trouvé le coupable ? Il suffit de prendre la première lettre de chaque phrase du message en italiques. Vous obtenez : JULIEN.

Le lecteur est l'enquêteur mais aussi d'une certaine façon le romancier puisque l'histoire n'est pas faite, l'énigme n'est pas résolue. C'est à lui d'écrire le récit des événements tels qu'ils se sont vraisemblablement passés, c'est à lui de mener l'enquête, de désigner l'assassin, c'est à lui d'écrire l'histoire.

Ce principe d'organisation qui a souvent été utilisé est particulièrement indiqué pour des simulations comme L'IMMEUBLE, LA CROISIÈRE ou LE VILLAGE. Mais rien n'interdit bien sûr, de concevoir la présentation d'une simulation fonctionnelle comme L'ENTREPRISE ou comme LA CONFÉRENCE INTERNATIONALE sur le mode de l'enquête policière, le fil étant alors une enquête sur un vol, un attentat, un soupçon d'espionnage, etc.

C. La mort d'une situation fictive

Il est difficile pour les apprenants investis au plus profond d'une activité d'accepter que cela finisse un jour. Car ce jour est précisément la mort de leur identité fictive et, sans prétendre que l'angoisse s'y rapportant est aussi grande que celle se rapportant à la « vraie vie », il n'empêche qu'il est important que l'enseignant ait conscience de son devoir de gérer cette situation problématique en trouvant, si tant est que cela soit possible, une solution acceptable : la poursuite du « petit bonhomme de chemin », le sabordage, le « suicide » collectif, la diaspora, l'auto-dissolution du groupe, ou le voyage heureux dans les limbes, etc.

Il est déconseillé de laisser une situation pendante, où aucune décision quant à la pérennisation de cette relation – qui fut si forte – n'est prise, où rien n'est dit et où chacun part dans sa propre dérive sans jamais le montrer à l'autre. Ce n'est pas toujours un moment facile : les lumières s'éteignent, il faut quitter son costume de scène et rentrer chez soi pour affronter des problèmes bien réels cette fois, mais en bénéficiant de l'expérience de la simulation, pour replonger dans un monde gris (ou rose) mais où l'on n'a pas la sensation d'avoir toutes les cartes du jeu en main et où l'on sait ne pas pouvoir tirer toutes les ficelles des personnages et du destin.

Il faut donc accompagner ce retour sur terre, à la réalité, et faire le choix qui semble le plus approprié à la maturité affective du groupe... et préférer des solutions heureuses qui préservent la vie, le souvenir et « le lieu de l'innocence » pour reprendre l'expression de Rousseau.

CHAPITRE

3

DES INTERVENTIONS
À POINT NOMMÉ

A

LA SIMULATION GLOBALE
ET LES CONTRAINTES INSTITUTIONNELLES

Les simulations globales ont actuellement quatre grands types d'interrogations.

1. Comment peuvent-elles s'accommoder des instructions officielles, s'inscrire dans des programmes et des progressions ?

2. Comment inventer et apprendre en même temps ? Comment faire de la grammaire dans une simulation globale où par définition l'on s'amuse ? Comment concilier apprentissage d'une langue pour des grands débutants et ludisme d'une approche qui requiert en apparence des savoirs de niveau avancé ?

3. Quelle place accorder à la correction des productions ? Comment « corriger » des fautes à l'intérieur d'activités ludiques, créatives, communicatives ?

4. Comment évaluer les capacités des apprenants et la performance de la simulation globale en tant que méthode pédagogique ?

Il ne sera pas question d'apporter ici des réponses uniques car chaque contexte spécifique d'enseignement nécessiterait des commentaires différents, mais plutôt d'ouvrir des pistes de réflexion et de faire part d'expériences.

1. LES INSTRUCTIONS OFFICIELLES ET LES PROGRAMMES

▶▶▶ ■ A. La recherche d'une compatibilité

Qu'ils l'avouent ou non, en utilisant les simulations globales dans leurs classes, de nombreux enseignants craignent, non seulement de ne pas être pris au sérieux, mais aussi de se voir reprocher par un inspecteur de ne pas suivre les programmes et les instructions officielles. Et de fait, l'on pourrait imaginer qu'un enseignant soit accusé d'outrepasser ses fonctions en abordant en classe des questions existentielles fortes, en faisant de la dynamique de groupe alors qu'on lui demande officiellement de se borner à être un expert en langue et civilisation. C'est que bien souvent on voit du jeu là où l'on voudrait voir du « travail », là où l'on devrait voir une manière de restaurer le plaisir à travailler.

Pourtant, les simulations globales ont commencé à être tolérées, puis à gagner de la considération ces dernières années parce qu'elles apparaissaient comme étant susceptibles d'apporter des solutions là où les approches conventionnelles avaient échoué : milieu non francophone, classes spéciales, d'insertion, de remise à niveau, etc. Malgré cela, l'enseignant qui pratique une simulation globale est exposé à ce genre de critiques et ce doit être pour lui une raison supplémentaire de bien expliquer aux élèves, aux parents, aux collègues, aux membres de l'institution, les objectifs de son initiative. En effet, une simulation globale n'a pas pour vocation première de s'accorder aux objectifs des nombreux programmes développés ici ou là et il faut souvent faire de l'acrobatie pour être en phase avec les instructions officielles. Ainsi, Jean-Claude Stammbach le reconnaît sans ambages :

« *L'évasion et le rêve ont leurs limites, notre île ne répond pas à toutes les exigences des objectifs pédagogiques* [...]. *La méthodologie des simulations globales ne peut en aucun cas être un cadre "fourre-tout" qui contiendrait l'essentiel du programme pour le cycle des approfondissements. Nous partons sur notre île en moyenne 2 à 3 heures par semaine et les activités de français, de mathématique ou d'éveil n'ont qu'occasionnellement une relation avec l'activité "simulation". Le lien avec une autre activité scolaire n'existe que par le besoin ponctuel de connaître :*
– les subtilités et les avantages d'un traitement de texte : savoir écrire, corriger, sauvegarder et imprimer sans aucune aide magistrale ;
– le vocabulaire géographique utile et quelques caractéristiques d'un plan et d'une carte résultant de l'observation de plusieurs îles dans des documents et des atlas pour tracer la carte de l'île ;
– les climats et les types de végétation pour la monographie ;
– la proportionnalité pour calculer les masses d'ingrédients nécessaires pour une recette de "tarte aux croassis" ;
– un règlement intérieur ou la Déclaration des Droits de l'Homme avant de rédiger des lois pour notre île ;
– un logiciel de base de données pour constituer des fichiers de l'île.
Ces nouvelles compétences seront ensuite réinvesties dans la situation simulée »[64].

Lorsqu'un enseignant se lance dans une simulation globale, il peut parfois donner l'impression de préférer le chemin buissonnier des approches communicatives à l'autoroute de l'apprentissage tel qu'il est défini par les programmes. Or il n'y a pas, en théorie, d'incompatibilité.

▶ ▶ ▶ ■ B. Allier les impératifs du programme et le canevas d'invention

L'examen des fiches pédagogiques reproduites ici montre qu'un enseignant peut allier les impératifs du programme et les nécessités du canevas d'invention. En réalité trois attitudes pédagogiques sont possibles :

1. L'enseignant fixe préalablement des objectifs à atteindre : objectifs pédagogiques, linguistiques, communicatifs, comme c'est le cas dans la fiche ÎLES, le naufrage (Doc. 37, p. 150), et à partir de là, il construit une série d'activités imaginables lors d'un naufrage, pour lesquelles il prévoit des supports documentaires et des techniques de créativité et d'animation.
Il est à noter que la question de la programmation est plus facile à traiter pour ce qui concerne les simulations globales sur objectifs spécifiques. En effet, les apprenants y ont à affronter des situations très classiques prévisibles, répertoriées, voire stéréotypées.

64. STAMMBACH J.-C. : *Essai d'adaptation de la méthodologie des simulations globales au cycle de consolidation et d'approfondissement en milieu non dialectophone.* Strasbourg, mémoire de CAFIMF, 1991, p. 30.

ÎLES : Le naufrage

Objectifs communicatifs	Activités	Supports	Techniques de créativité	Production orale	Événements incidents
1. Présenter Se présenter.	Identification des naufragés : Créer des noms correspondant à chaque nationalité.	Document sonore : « Tempête houleuse ». Extrait d'annuaire.	Tirage au sort : choix des identités. Identification par analogie personnelle. Questionnaire d'identification.	Présentation d'un personnage au groupe.	Découverte, lors de la présentation, d'un savant fou.
2. Raconter (succession des événements dans le passé).	Récit du naufrage Qui ? Où ? Quand ? Comment ? Pourquoi ? Combien ?	Récit du naufrage extrait d'*Archipel 3*.	Projections hypothétiques.	Situation : les naufragés se retrouvent dans une île.	
3. Dire que l'on se souvient ou non de quelque chose.	Élaboration d'une fiche lexicale sur ce thème.		Brain-storming.	Amorces possibles : *Si vous aviez 24 h à vivre… Si vous deviez changer de pays… Si vous pouviez tout recommencer…*	

LE VILLAGE : Recrutement d'un garde-champêtre – Procédures d'activités

Activités	Production orale/écrite
1. Avis de concours	Rédaction de l'avis de concours
2. Lettre + CV, demande de participation au concours	Rédaction de la lettre et du CV
3. Enquête sur les 2 candidats présentés au concours	Prise de notes lors de l'enquête
4. Constitution du Comité de sélection	Élaboration de la liste du Comité, sur papier à en-tête de la mairie
5. Élaboration des épreuves : tests d'aptitude physique. Questions de culture générale. Connaissance de la nature (faune, flore…)	Élaboration des questions à poser aux candidats
6. Gestion de l'espace : locaux de la mairie où les candidats subissent le concours	Établissement d'un plan des locaux
7. Entretien avec les candidats	Les candidats répondent oralement aux questions posées
8. Réunion du Conseil communal : en présence du maire, les examinateurs donnent leur avis, font des commentaires et proposent des notes concernant chacun des candidats. La secrétaire du maire prend des notes. Décision finale lue par le maire.	Commentaire oral et débat sur les circonstances du concours et les résultats de l'enquête. Prise de notes lors des entretiens.
9. Lettre adressée au candidat admis.	Rédaction de la lettre.

Les documents authentiques qui serviront de base pourront être recherchés par les élèves : avis de concours, CV, papier à en-tête, questionnaire d'entretien, lettre d'embauche, etc.

D'après Abdelhak Daigham et Ahmed Islah.

Extrait du Bulletin de liaison des cours de langue des Centres Culturels Français, *B.L.11, Alliances franco-marocaines, octobre 1992.*

2. L'enseignant suit le canevas d'invention et insère, toutes les fois où il en rencontre la possibilité, un élément du programme comme c'est le cas de la fiche <u>LE VILLAGE, recruter un garde-champêtre</u> (*cf.* Doc. 38, p. 150). L'enseignant doit d'autant mieux maîtriser les programmes et sa discipline qu'il est susceptible d'adapter sa progression aux nécessités de l'invention et aux propositions des élèves.

3. L'enseignant construit des itinéraires d'apprentissage, comme c'est le cas de la fiche ci-jointe (*cf.* Doc. 39, p. 152) et s'efforce de provoquer avec finesse des situations conduisant les apprenants à avoir besoin de telle ou telle habileté langagière de façon à associer étroitement la simulation et les apprentissages en cours. Cette démarche emprunte aux deux précédentes et suppose écoute, disponibilité, aisance et habileté de la part de l'enseignant.

Même si l'enseignant choisit de se laisser porter par le cours naturel de l'invention afin de permettre que tous les apprentissages soient « en situation », il lui est toujours loisible d'articuler des outils linguistiques ou grammaticaux fournis par les référentiels des programmes d'enseignement. Le lieu-thème de la simulation globale fournit alors un lieu d'expression privilégié. La plus grande difficulté résidant alors dans le fait de convaincre les apprenants de borner leurs ambitions, quant à l'expression de leur imaginaire, de façon à « cadrer » avec les impératifs du programme sans trop déborder ; à ce moment-là, on peut éventuellement prévoir de recourir à la langue maternelle pour toutes les activités dépassant le niveau de complexité imparti au niveau de la classe.

2. LA LOGIQUE DE L'INVENTION

A. Il n'y a pas d'apprentissage sans désir et besoin

Pour beaucoup de praticiens, une simulation globale n'est pas et ne devra jamais devenir une méthode. Elle n'offre pas aux enseignants s'apprêtant à entrer en classe des listes de mots, de structures et de phrases calées sur une activité créative ou communicative. Ceci ne doit pas être vécu comme un handicap rédhibitoire, bien au contraire. C'est en effet la logique du besoin – et elle seule – qui domine.
C'est quand un élève a besoin d'un mot, d'une structure pour s'exprimer que l'on doit faire un « point langue ». La langue doit être au service de l'invention et non l'inverse. La logique de l'invention détermine la logique de la langue et il n'y a pas d'apprentissage s'il n'y a pas besoin et désir. Ainsi, si l'on n'a pas besoin de certains éléments d'un paradigme, on ne les apprendra pas en vertu d'un principe d'économie d'énergie.

Dans la simulation <u>LE VILLAGE</u> montée <u>pour des débutants</u> par exemple, on apprend le masculin et lui seul dès le début de l'invention, à partir du jeu avec les couleurs des <u>64 cases du carré</u> : *le vert, le rouge, le bleu, le jaune* ; puis on en vient au relief et à la nécessité de programmer le féminin : *la forêt, la montagne, la mer, la terre.* On a de la sorte une partie du paradigme et l'on verra plus tard, quand le besoin s'en fera sentir, *les, du, des, de.* Quand tous les éléments ont été vus, on procède alors à un regroupement paradigmatique, lors d'un « point langue ».

Il ne s'agit donc pas de vouloir faire tout apprendre et de se confronter à trente-six mille difficultés à la fois mais de faire des petits pas, ceux dont on a besoin pour avancer dans une expression donnée pour les nécessités d'une invention. Si par contre l'on a besoin de tous les éléments d'un paradigme, ils sont immédiatement activés, rendus utiles en situation et donc mieux mémorisés.

ITINÉRAIRES D'APPRENTISSAGE

Savoirs interdisciplinaires	Savoir-faire communicatifs	Techniques d'animation et de recherche d'idées	Savoirs culturels	Savoir-être
– Se documenter. – Développer sa créativité. – Rédiger des documents. – Confectionner des cartes de visite, des enseignes, des affichettes, des pancartes. – Faire des enquêtes, des sondages d'opinion. – Enregistrer des reportages, des interviews. – Construire le décor, les accessoires.	– Réagir à des situations de communication authentiques et non stéréotypées. – Développer des réactions spontanées. – Gérer l'imprévu et l'aléatoire.	– Se doter de méthodes, de grilles d'analyse et de recherche d'idées : QQOQCCP, ECCSOTIC, SODDAO, ARTAIR, SOSRAS. – Animer différents types de réunion : brain-storming, Philipps 6/6, cadavre exquis et y participer. – Organiser l'espace classe selon le type d'activités : en carré, en rond, en U, en petit groupe, en panel, en face à face.	– S'ouvrir à d'autres cultures, modes de vie, traditions, au moyen de films, diapositives, cassettes, chansons.	– Développer confiance en soi, esprit d'initiative. – Instaurer la cohésion d'un groupe.

Les savoirs de type linguistique sont au service de l'ensemble de ces savoir-faire.

D'après Abdelak Daigham et Ahmed Islah.

Extrait du Bulletin de liaison des cours de langue des Centres Culturels Français, *B.L. 11, Alliances franco-marocaines, octobre 1992.*

B. Un renversement de perspective

Ce renversement de perspective provoque bien évidemment quelques mécontentements de la part d'enseignants habitués aux fortes progressions et programmations linguistiques. Une telle démarche comporte également l'inconvénient, pour l'enseignant, de devoir manifester une très grande rigueur dans la gestion du paradigme, par un archivage pointilleux. Sans cette rigueur, nul doute qu'il se fasse vite accuser de ne pas faire de grammaire.

Dans une simulation globale il faut exister dans un monde que l'on saura nommer. Si les élèves peuvent décrire le monde, l'interaction sera plus riche, moins caricaturale. Il n'y a rien de plus navrant que de voir des débutants plonger dans des tentatives d'interaction sans aucune ressource lexicale, se débattant à coups de pauvres phrases toutes faites au nom d'un communicatif qui réduirait l'apprentissage d'une langue à de l'interactivité touristique. Sans doute les phrases toutes faites sont-elles souvent sécurisantes et utiles, et la déconstruction du paradigme oblige-t-elle à programmer très tôt de la phraséologie figée, interdite par ailleurs dans les méthodes. Mais si l'interactivité n'intervient qu'au bout d'une cinquantaine d'heures, dans un monde et avec des identités fictives dont on puisse parler, l'on en retirera de nombreux avantages :
– sur le plan lexical, les échanges seront plus nourris, riches ; ils seront moins caricaturaux que s'ils interviennent à la leçon 0 ;
– sur le plan psycho-pédagogique, le choc sera moins rude : avant d'endosser l'habit de l'identité fictive, l'on aura patiemment tendu les filets de la description du monde, et l'on se sera de la sorte apprivoisé « soi-même » à l'idée de ce monde et à l'idée de représenter quelqu'un dans ce monde. Là aussi les échanges seront moins caricaturaux car ils auront été étayés, par cette première phase.

Les simulations globales réconcilient l'apprentissage avec le lexique car elles sont des machines à décrire des mondes inventés.

3. LA GREFFE SUR MÉTHODE

De nombreux enseignants choisissent de s'engager sur la voie d'une simulation globale avec leur classe, sans pour autant abandonner la méthode ordinairement utilisée.

La manière douce, par exemple, va consister à construire un univers à partir de différents éléments fournis par la méthode utilisée en classe et cela « mine de rien ».
On s'attardera, par exemple, sur le portrait possible de tel personnage évoqué à la leçon 1, sur la photo ou le dessin de la leçon 2, sur la biographie de tel autre personnage de la leçon 3, sur le paysage ou le bâtiment de la leçon 4, etc. ; mais en s'efforçant de toujours relier les différents éléments entre eux de façon à ce que chaque élément vienne s'agencer comme un morceau de puzzle d'un univers.
Cet univers ne prend que très peu de place dans les premières leçons ; il n'est même pas « apparent » dans bien des cas et les élèves restent sécurisés par un travail sur la langue, la grammaire et l'existence d'un manuel.
Toute l'habileté de l'enseignant va consister à réserver – comme l'on dit en cuisine – les différentes petites constructions narratives faites autour d'un visuel ou d'une information fournie par la méthode, et à coordonner ces éléments entre eux par un fil conducteur et un lieu-thème commun, dessiné progressivement.

En l'absence de manuel établissant une progression lexicale et grammaticale pour telle ou telle simulation globale, de nombreux enseignants se débrouillent avec les moyens du bord. Jean-Jacques Gatein assure avoir greffé L'IMMEUBLE sur *Espaces* et *Grand Large*

(Hachette) ou *À bientôt* (Klett), LE VILLAGE sur *Archipel* (Didier) sans problèmes véritables.

Une enseignante du lycée bilingue de Varsovie explique, quant à elle, consacrer sur les vingt heures hebdomadaires accordées au français :
– six heures à *Sans Frontières* (CLÉ International),
– six heures à *Avec plaisir* (Hachette),
– huit heures au VILLAGE.
La programmation devient d'ailleurs très vite souple et se fait en fonction des opportunités et du plaisir éprouvé. Dès la deuxième semaine, on ne sait plus qui, de la méthode ou de la simulation, est censée alimenter l'autre tant les emprunts et réemplois – y compris imaginaires – circulent d'une séance à l'autre.

De plus en plus les méthodes intègrent les principes de la Simulation globale. Certains manuels comme *Panorama* (CLÉ International) lui accordent une place significative et d'autres semblent avoir été écrits dans cette optique, comme le livre de Gérard Vigner, *Perspectives* (Hachette), destiné au cours de perfectionnement. L'énoncé de quelques-uns des titres proposés par l'auteur suffisent à démontrer amplement que monter une simulation globale à partir des axes de travail relève d'un jeu d'enfant... ou d'enseignant : « Récits de la vie ordinaire » ; « Petites fabriques de vie » ; « Histoire d'un livre » ; « Parlez-moi d'amour » ; « Une découverte archéologique » ; « Négociations » ; « Élections » ; « Scénario pour une centrale nucléaire » ; « Le procès ».
Comment ne pas penser à traduire ces titres et à les coordonner pour écrire des biographies (de personnages d'île, d'immeuble ou de village), un roman d'amour (activité commune à toutes les simulations globales), la vie d'un village (ancien ou actuel), la vie d'une entreprise, les élections municipales ou présidentielles (dans LE VILLAGE et dans ÎLES), un incident catastrophique qui vient clore certaines simulations globales (LE VILLAGE particulièrement), les minutes d'un procès ? Un tel manuel est d'autant mieux venu qu'il est riche en textes de référence, en indications et conseils – notamment pour ce qui concerne la typologie des discours – en photos, en matrices de production de discours et en propositions de simulation.

En résumé, la greffe sur la méthode est une pratique de plus en plus courante chez les enseignants désireux de réaliser une simulation globale tout en s'en tenant au manuel adopté par l'institution. Telle photographie de paysage figurant dans une méthode devient une fenêtre ouverte par laquelle on saute allègrement ; telle autre de personnage constituera le deuxième maillon quelques heures plus tard ; et ainsi de suite jusqu'à ce que l'univers découvert par ces fenêtres devienne plus pregnant que l'univers de la méthode.
S'il est vraisemblable qu'un tel branchement ne soit pas possible sans le risque d'une déperdition en créativité, il rend toutefois possible ce qui ne l'a jamais été : fournir aux enseignants du matériel linguistique, pédagogique et culturel.

4. CHAQUE ANNÉE, UNE NOUVELLE SIMULATION GLOBALE ?

Une simulation globale reste encore, la plupart du temps, une parenthèse heureuse dans un univers scolaire de grise routine. Mais qu'advient-il l'année suivante ? Même en envisageant la meilleure hypothèse, – l'enseignant conserve sa classe ou celle-ci est reprise par un collègue convaincu par les techniques de simulation – il reste néanmoins impossible de refaire la même simulation globale. Au mieux peut-on envisager de la poursuivre, à la condition que les élèves, une fois l'enthousiasme passé, ne donnent pas des signes de lassitude vis-à-vis d'un univers connu et d'une technique éprouvée.

A. Le choix de l'intégration ou de la marginalisation

De deux choses l'une : soit la simulation globale reste une expérience heureuse mais sans lendemain ; soit elle devient une « technologie » éducative à part entière. Les équipes d'enseignants soucieuses d'intégrer la simulation globale comme un élément stable et récurrent de leur pédagogie doivent prendre en compte plusieurs paramètres :
– les contextes (langue étrangère ou maternelle),
– les publics (enfants, adolescents ou adultes),
– le caractère intensif ou extensif,
– le cadre institutionnel, le pays, la culture locale pour prendre en compte ce qui est acceptable par les autorités éducatives mais aussi par l'apprenant et son entourage,
– le nombre d'années ou le cycle concerné,
– le type de formation : initiale ou continue,
– la composition, la motivation et la compétence de l'équipe d'enseignants en matière de simulation, etc.

À partir de là, il faut se poser les questions :
– Que faire en terme de cycle d'apprentissage sur des périodes de deux à trois ans ?
– Peut-on (ou doit-on) commencer une simulation globale en sachant qu'ensuite il faudra en revenir à des pratiques conventionnelles, parfois totalement à l'opposé des démarches actives et collectives de la simulation globale ?
– A-t-on prévu le « retour sur terre » des élèves ?
– A-t-on préparé les enseignants qui accueilleront dans leurs classes ces « extra-terrestres » venus d'une autre planète pédagogique ?

Et des réponses existent ! Il s'agit en effet de concevoir des « progressions » en créativité sur plusieurs années (un cycle par exemple), comme cela peut se concevoir en matière linguistique, et en accord avec les autres enseignants et dans le cadre d'un projet d'établissement.

Ces objectifs de développement de l'imaginaire mèneront ainsi l'élève du rêve à la réalité, de l'onirisme au pragmatisme, du monde clos qui s'évade du réel (LA CROISIÈRE, ÎLES) au monde clos de la réalité ordinaire (L'IMMEUBLE, L'HÔTEL, L'ENTREPRISE).

► ► ► ■ B. Quelques propositions de curricula

1. Un enchaînement fondé sur une logique narrative :
– 1re année : Une croisière... qui finit sur...
– 2e année : Une île... où se construit...
– 3e année : Un village... où se monte...
– 4e année : Un hôtel, une entreprise, un immeuble, un congrès, un cirque, etc.

2. Une structure en mosaïque :
– 1re année : La partie haute et historique d'un VILLAGE, la vieille ville.
– 2e année : La partie basse où se construit un quartier moderne, un IMMEUBLE (résidence ou H.L.M.).
– 3e année : La zone industrielle où se construit une ENTREPRISE.
– 4e année : La partie résidentielle où s'ouvre un HÔTEL.
– 5e année : La partie administrative où se tient le PALAIS DE JUSTICE.

On peut imaginer, sur le début de ce schéma, une rivalité entre deux parties de village, comme celle décrite par Jean Giono dans *Le Chant du Monde*. La première année est consacrée à la partie ancienne, la deuxième à la partie moderne et à la confrontation des deux « cultures ».

3. Un parcours du rêve à la réalité :
– 1re année : ÎLES, simulation plus orientée vers l'imaginaire et l'onirisme.
– 2e année : LE VILLAGE, simulation plus orientée vers des considérations romanesques, poétiques et esthétiques.
– 3e année : IMMEUBLE, simulation plus ancrée dans des questions de civilisation et dans des problèmes contemporains.

4. Un éveil à la citoyenneté et au monde du travail : du rural au mythique en passant par l'urbain :
– 1re année : LE VILLAGE : mettre l'accent sur le sens civique et l'approche du « contrat social ».
– 2e année : l'IMMEUBLE : mettre l'accent sur les règles de la vie communautaire, les aspects interculturels de l'espace urbain.
– 3e année : ÎLES : mettre l'accent sur les langages spécialisés par le biais du pastiche grâce au caractère pluridisciplinaire du lieu-thème.

De nombreuses possibilités s'offrent donc aux enseignants désireux d'organiser des cycles de simulations globales, surtout dans la mesure où cela revient à spécialiser et orienter celles-ci à l'intérieur d'une progression en créativité ou en activités d'éveil.

C. L'expérimentation de l'IUFM de Sélestat

pp. 167 175 176

L'expérimentation menée à l'École Normale de Sélestat en Alsace depuis 1981, puis à l'Institut Universitaire de Formation des Maîtres autour de Rémy Stoeckle, concerne des élèves de classes de cours moyen à la 5e, classes comportant une forte proportion d'enfants en situation de français langue seconde (milieu dialectal alsacien). Rémy Stoeckle rapporte : « *Lorsque les enfants de langue maternelle autre que le français ont vécu, entre le CM et la 5e, deux ou trois expériences de simulation globale, à raison d'une séance de deux heures par semaine sur cinq ou six mois, l'on constate moins de gêne, moins d'inhibitions, moins de blocages, des prises de parole moins hésitantes, mieux assurées, plus confiantes pour des temps de parole plus développés et plus efficaces : débit, ton, volume de voix, gestes et attitudes mieux adaptés au message ou à l'auditeur, fluidité et expressivité permettant de mieux capter et retenir l'attention* »[65].
L'utilisation de la simulation globale comme un outil d'éveil à part entière, inséré à un dispositif pédagogique, développe ainsi chez les élèves des aptitudes en expression écrite et orale et, au-delà, une véritable compétence en créativité. Très souvent, en langue maternelle, les expérimentations se font avec un objectif de libération de l'expression, de facilitation du passage de l'école au collège. Pourtant l'on sent bien que l'on peut être plus ambitieux et construire une « identité remarquable » des simulations globales à l'intérieur d'une progression destinée à développer une véritable compétence créative.

5. LA SIMULATION GLOBALE ET LES PROJETS D'ENSEIGNEMENT INTERDISCIPLINAIRE

p. 82

Pour peu qu'un enseignant et ses collègues en acceptent l'idée, une simulation globale peut donner lieu à de vastes projets d'enseignement interdisciplinaire. De nombreux témoignages nous sont parvenus ces dernières années, tant dans le domaine de la langue étrangère que dans celui de la langue maternelle. Rémy Stoeckle écrit :

65. STOECKLE Rémy, « La Méthodologie des simulations globales en classe de collège », *Le Français aujourd'hui*, n° 90.

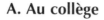

A. Au collège

« Dès le début de l'expérimentation en collège, il est apparu qu'une simulation globale requérait des pratiques interdisciplinaires et ne pouvait être l'affaire du seul professeur de français.
D'une part, parce que la "reconstruction du monde" passe par des "savoir-faire" spécifiques : savoir faire une carte, un plan, une monographie, une fiche de botanique ; savoir définir un climat, une structure judiciaire, politique ou économique... L'enseignant qui mène la simulation (le professeur de français, en général) est amené à solliciter le concours d'autres disciplines (géographie, sciences naturelles, instruction civique, technologie notamment) pour la mise en place de "compétences" qui trouveront leur réinvestissement dans la simulation. D'autre part, du fait que certaines situations ne peuvent être vécues uniquement par la langue orale ou écrite, mais appellent des réponses et des activités d'ordre corporel ou manuel ou esthétique ou sensoriel. Une même situation est alors prise en charge lors d'une séance commune, ou lors de séances qui se suivent, ou lors de séances dispersées à l'intérieur d'une même semaine, par exemple par les professeurs de français, d'EPS et de musique (naufrage, arrivée sur l'île de nuit, présence cachée menaçante ou mystérieuse...) ou par les professeurs de français et d'arts plastiques (découverte de la faune et de la flore de l'île...). Au fil des semaines, telle situation met à contribution le corps, la main et la parole, telle autre circonstance met en jeu la matière sonore, les moyens plastiques et la langue écrite. Au fil des semaines, en fonction de nécessités en rapport avec l'univers à construire et à animer, des activités d'expression, de communication, de création, de fabrication... appartenant à différents domaines trouvent naturellement place dans ce cadre de vie simulé et participent au projet collectif, parfois conjointement et de façon imbriquée, dans tous les cas en étroite interférence.
Par cette dimension de "tremplin pour l'interdisciplinarité", la simulation globale peut intéresser tous les professeurs de collège qu'ils soient ou non confrontés au problème du "français langue seconde". »[66]

Colette Boehm, enseignante au collège Otfried de Wissembourg, a expérimenté une simulation à visée interdisciplinaire avec deux collègues. Elle relève :
« La simulation globale [...] permet une interdisciplinarité effective et fructueuse, parce qu'elle fait appel à tous les langages : verbal, plastique et gestuel. On peut envisager un travail interdisciplinaire à plusieurs niveaux :
– intervention ponctuelle d'un professeur d'EPS, de Sciences naturelles ou de géographie ;
– création d'ateliers fonctionnant parallèlement ;
– mise en place de séquences de deux ou trois heures, animées par plusieurs professeurs présents en même temps dans le même espace ; moins de cloisonnement entre les matières. »

Elle a fixé des objectifs à moyen terme à leur action :

1. Acquisition d'une aisance verbale, plastique et corporelle.

2. Meilleure maîtrise des différents langages : verbal, plastique, gestuel.
– Français : pratique effective de la langue, redécouverte et mise en pratique du langage écrit et oral.
– Arts Plastiques : donner à l'élève une réelle possibilité d'expression artistique.
– Éducation Physique et Sportive : redonner au corps une dimension créative, imaginative.
3. Développement des fonctions d'analyse, de réflexion, d'autocritique et d'auto-évaluation.

---

66. STOECKLE Rémy, « La Méthodologie des simulations globales en classe de collège », *Le Français aujourd'hui*, n° 90.

▶ ▶ ▶ ■

B. À l'école primaire

De 1983 à 1985, Emmanuel Capdepont, quant à lui, expérimente LE VILLAGE en langue espagnole dans une école élémentaire du Chili. Un CE 1, trois CE 2 et un CM 1 sont alors concernés par l'expérience, chaque classe menant son propre village en parallèle. L'expérience d'interdisciplinarité se déroule au niveau de :

1. La mobilisation des aptitudes communes à deux ou plusieurs disciplines : aptitude à la synthèse ou à l'analyse, par exemple. On travaille à rechercher les points communs des disciplines pour que l'apprenant exerce des aptitudes identiques sur des objets, lieux, discours disciplinaires différents.

2. La convergence de différentes disciplines pour réaliser un projet qui déborde le cadre d'une seule discipline. Histoire, géographie, musique, mathématiques, sciences naturelles, etc., sont alors invitées à œuvrer dans la perspective du village en train de s'élaborer. Il ne s'agit donc pas d'association épisodique, mais de participation au projet collectif.
C'est l'occasion pour les enseignants de « différencier la pédagogie » et de focaliser les efforts sur un lieu-thème empêchant la volatilité des résultats obtenus puisque chaque pierre ou presque de la construction – qu'elle soit droite ou mal posée – figure dans l'édifice final.

De nombreux exemples de travail interdisciplinaire sont fournis dans le bilan de l'expérience[67]. Nous n'en retiendrons ici que trois :

1. L'éducation physique
La discipline de l'éducation physique développe, sur le lieu-thème du village, quantité de jeux ou productions venant s'intégrer comme autant de pièces du puzzle final. Par exemple :
– des jeux d'obstacles, symboliques du futur village ; des parcours, recherches d'emplacements ;
– des exercices de relaxation, de respiration, des jeux de Kim, débouchant sur des <u>rêves éveillés dirigés</u> (RED) ;
– des exercices corporels visant à améliorer sa perception de l'espace ou sa perception sensitive et, au-delà, visant à découvrir des espaces, tels des explorateurs, avançant dans des territoires vierges ou choisissant un campement pour construire le village ;
– le jeu de l'aveugle voyant ou de la chasse au trésor, etc.

p. 116

2. Les mathématiques
Les mathématiques sont allées systématiquement ancrer leurs exemples dans l'aire du village. De la sorte, des concepts, notions, modes de calcul ou de raisonnement ont trouvé un objet concret et une finalité :
– calculs de superficie, de centre, centre de gravité, angles, pourcentages, proportions (règle de trois), etc. ;
– notions de « plus petit », « plus grand », hauteur, largeur, profondeur ; formes hexagonales, triangulaires, pyramidales, circulaires, etc. ;
– problématisation, hypothèses, solutions ;
– abscisses, ordonnées, axe orthonormé, etc.

3. L'éducation civique
Une telle discipline ne peut que tirer profit à s'ancrer dans un réel imaginé par des enfants. De la même manière que certains villages français ont décidé de créer des conseils municipaux d'enfants, non seulement pour prendre en compte éventuellement

---

67. *Cf.* CAPDEPONT Emmanuel, « Une simulation globale dans un projet d'enseignement disciplinaire », *Le Français dans le monde*, nov.-déc. 1989, n° 229, pp. 54-57.

leurs souhaits mais aussi pour les initier à la vie de citoyen, l'enseignement de l'éducation civique au travers d'une participation à une simulation globale peut aider les enfants à comprendre, de l'intérieur, des concepts et des modes de fonctionnement liés à la gestion d'une municipalité rurale. C'est ainsi qu'ont pu être abordés les points suivants :
– la place du village dans une région et dans un pays (commune, département, région) ;
– la notion de frontières, limites territoriales ;
– le découpage administratif et politique ;
– les notions d'État, de Nation, de territoire, de patrie ;
– les notions de composition, immigration, migration de population, etc.

La simulation globale possède un caractère pluri- et interdisciplinaire. La langue ne sert pas qu'à manifester des habiletés communicatives mais elle peut servir à acquérir des savoirs. Il y a là une optique d'avenir puisque la tendance générale est de sortir l'apprentissage de son carcan touristico-mondain. Grâce à l'apprentissage d'une langue, on peut espérer acquérir autre chose que la langue elle-même. C'est là tout le succès des *mini-courses* pratiqués aux États-Unis où l'on ne donne jamais un cours de langue étrangère mais un cours de cuisine en français ou un cours de pratique du téléphone en espagnol, etc. La simulation globale semble permettre naturellement ce type d'association : langue et savoirs.

6. INTENSIF OU EXTENSIF

À première vue, les simulations globales se prêtent mieux à des situations d'enseignement intensif qu'extensif : on y gagne en général en motivation, en impact, en force de réalisation.
Francis Debyser reconnaît lui-même que « *les simulations globales trouvent un idéal dans des enseignements intensifs ou au moins dans des enseignements où il y a quand même un minimum d'heures, de façon à avoir les moyens temporels et les moyens d'un investissement fort du groupe-classe qui se perdrait s'il était trop dilué dans des petites séquences perlées une fois ou deux par semaine. Il est assez significatif de ce point de vue qu'une simulation comme L'IMMEUBLE ait été beaucoup utilisée en Bulgarie où on fait une année zéro d'imprégnation du français à raison de 15 heures par semaine et où il serait mortel pour les élèves de ne travailler que sur des manuels de français langue étrangère* »[68].

En réalité, une très grande diversité d'utilisation se rencontre entre les deux pôles, intensif et extensif :

▶ ▶ ▶ ■ A. La simulation intensive

La notion d'intensif recouvre, quand on parle de simulation globale, plusieurs réalités :

1. La simulation se déroule sur un ou plusieurs week-ends. Il s'agit essentiellement de simulations globales sur objectifs spécifiques. Elles prennent alors souvent la forme d'un stage en résidentiel et s'adressent à des publics d'adultes en formation continue professionnelle. Par exemple :
– des ambassadeurs auxquels leur ministère de tutelle aura proposé un stage sur le « français comme langue diplomatique » ;
– des hommes politiques auxquels leur parti ou leur Parlement aura proposé un stage sur le français de la négociation ;
– des chefs d'entreprise ou des cadres qui souhaiteront se former au français des affaires ;

---

68. DEBYSER Francis, entretien accordé à Francis Yaiche le 14 janvier 1991.

– des professionnels de l'hôtellerie et du tourisme à qui leur Chambre des métiers proposera un perfectionnement en français professionnel ;

– des médecins et personnels hospitaliers qu'on voudra préparer à une rencontre avec leurs homologues français ou à un congrès de médecine se déroulant en français ;

– des enseignants d'Alliances Françaises, Instituts, Centres Culturels, Départements de français d'Universités à qui le Bureau de Coopération Linguistique et Éducative proposera une formation sur les simulations globales.

2. La simulation se déroule sur une semaine pleine de trente à trente-cinq heures d'enseignement. Elle s'adresse encore à des publics d'adultes en formation professionnelle.

Dans ces deux cas, l'objectif n'est pas l'amélioration de la correction ou de la performance linguistique mais l'aisance et la fluidité dans la communication, la réactivation du vocabulaire passif, de l'acquisition d'un vocabulaire technique nouveau et d'une compétence de communication spécifique.

3. La simulation se déroule sur une période continue de cent à cent cinquante heures d'enseignement. C'est cette utilisation massive et intensive que prône Mireille Darot : « *Il faudrait pouvoir "bloquer tout le monde", comme dans les stages en résidentiel, l'absentéisme des cours du soir en extensif étant tout à fait dommageable à une entreprise de ce type* . »[69]

C'est une possibilité rare et luxueuse. Mais il est vrai que le regroupement d'un nombre élevé d'heures d'enseignement est un facteur de réussite et que l'absentéisme est toujours dommageable à une action de formation. Pourtant, la fiction du lieu-thème d'une simulation légitime d'éventuelles absences ; elles peuvent même devenir, dans certains cas, des incidents à exploiter sur le plan dramatique. On peut ainsi s'absenter pour quelque temps de chez soi (de L'IMMEUBLE ou du VILLAGE) pour quantité de raisons (vacances, mission, invitation, séjour impromptu à l'étranger, etc.). On peut ne pas venir à son travail (de L'HÔTEL, de L'ENTREPRISE ou de L'HÔPITAL). On peut s'éloigner d'une EXPÉDITION ou disparaître quelque temps de L'ÎLE (mission de reconnaissance, fausse route, etc.). On peut s'absenter et revenir ou même ne plus jamais revenir (déménagement, disparition, licenciement, etc.).

4. La simulation se poursuit sur trois cents à six cents heures sur une année scolaire, soit un total de dix à vingt heures hebdomadaires pendant toute l'année. C'est ce qui se met en place notamment dans certaines sections bilingues, par exemple au lycée bilingue de Varsovie. La simulation globale offre alors la possibilité de varier un apprentissage extrêmement lourd et fatiguant pour les apprenants, en introduisant une activité ludique et motivante dont le caractère fédérateur permettra également d'englober les langages spécialisés de toutes les disciplines.

☐ *Avantage de cette option*

La formule de l'intensif offre l'avantage de plonger les apprenants dans un bain linguistique et imaginaire, d'économiser les temps de relance dus à l'inertie de toute « machine » pédagogique.

☐ *Inconvénient de cette option*

Elle comporte aussi l'inconvénient de ne pas pouvoir toujours compter sur le travail fait en dehors de l'école (travail accompli grâce à la motivation) et qui augmente son capital-heures : dans cette hypothèse sept semaines de deux heures ne font pas quatorze heures de travail mais quatorze plus dix, vingt ou trente heures...

---

69. DAROT Mireille, « Les Techniques de simulations et l'enseignement du FLE à des publics spécialisés », *Le Français dans le Monde*, n° spécial août-sept. 1990 : *Publics spécifiques et communications spécialisées*, pp. 128-129.

B. La simulation extensive

Elle se développe à raison d'une à trois séquences de quarante-cinq minutes par semaine. Au mieux totalisera-t-on quatre-vingts à cent heures sur une année. Il est alors difficile – mais non impossible – d'installer une fiction, car le caractère fractionné de l'emploi du temps brise l'imaginaire des élèves. Pourtant, c'est peut-être le cas d'utilisation de la simulation globale le plus courant. Il concerne essentiellement le public des écoles, des collèges et des centres d'apprentissage du français langue étrangère. Il convient donc que l'enseignant conserve une mémoire « tendue » des propositions faites par les élèves, qu'il archive avec soin les productions et consacre l'une des séquences à l'invention et l'autre à l'apprentissage linguistique.

C. Des utilisations mixtes

Entre l'intensif et l'extensif, toutes les modalités sont envisageables :

– l'utilisation qui consiste à consacrer sur une année une quarantaine d'heures à la simulation globale en complément du manuel à raison d'une, deux ou trois périodes hebdomadaires ;

– l'utilisation qui consiste à rejeter en fin de cursus la simulation globale, de façon à ne pas rompre sans cesse le plaisir de l'invention par des séances consacrées à l'apprentissage et à la correction. Cette option offre l'avantage de faire vivre intensément et en intensif une simulation qui permettra de mettre en jeu et de fixer, en situation, toutes les connaissances apprises précédemment : « *Il est sans doute préférable de placer en fin de cursus une simulation globale destinée à un public spécialisé. Il semble difficile en effet, sans démotiver les apprenants, de couper le rythme de la simulation par des séances de correction et d'apprentissage des formes nécessaires à une réalisation linguistique élémentaire. De plus, placée ainsi en fin de cursus, la réalisation de la simulation globale offrira de multiples occasions aux apprenants d'auto-évaluer leurs compétences .* »[70]

B

DES SIMULATIONS GLOBALES PARTICULIÈRES

7. UNE SIMULATION GLOBALE GRAMMATICALE

Il était une fois une enseignante de français langue étrangère du Tessin, Mireille Venturelli, qui aimait les simulations globales. Mais comment faire ce que l'on aime quand les exigences définies par les objectifs généraux du programme de FLE à la Scuola Media (l'équivalent du collège français) sont aussi drastiques ?

« *L'objectif prioritaire est le développement des compétences communicatives [...] mais il est nécessaire de promouvoir des processus d'apprentissage faisant aussi recours à des éléments de grammaire et de syntaxe explicites* »[71], dit la voix grave du programme.

Est-ce cette voix de l'autorité qui est à l'origine de l'idée ? Nul ne le sait. Toujours est-il

---

70. *Ibid.*
71. VENTURELLI Mireille, *op. cit.*, p. 5.

Exemple de carte de l'ÎLE GRAMMATICALE

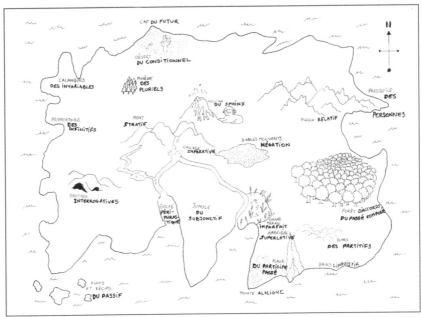

Exemples d'épreuves

Dans la forêt d'accords

Retrouvez la règle énoncée, dans le désordre, à partir des exemples donnés.

Le participe passé employé avec l'auxiliaire /
avec le sujet du verbe /
en genre et en nombre /
s'accorde /
avoir /
en genre et en nombre /
Il ne s'accorde jamais /
être /
Le participe passé employé avec l'auxiliaire /
s'accorde /
avec le complément d'objet direct /
avec le sujet du verbe /
si celui-ci est placé avant le verbe.

▷ *Exemples :*
– *Les heures que vous avez vécues sont terminées.*
– *La fortune vous a souri car vous avez échoué sur l'île de l'Espérance.*
– *Vous avez dormi deux jours et vous voilà tous éveillés.*

Dans la jungle du subjonctif

A. Remplissez cette grille en mettant les verbes suivants à la personne du subjonctif présent indiquée entre parenthèses.

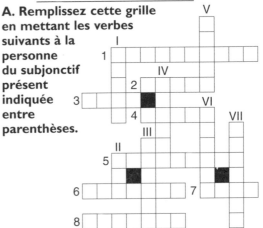

Horizontalement
1. renvoyer (nous)
2. aboyer (il)
3. avoir (tu)
4. aimer (tu)
5. agir (nous)
6. venir (tu)
7. être (il)
8. aller (elles)

Verticalement
I. rayer (tu)
II. avoir (je)
III. venir (on)
IV. boire (tu)
V. suivre (je)
VI. être (nous)
VII. cesser (vous)

B. Édictez des règles de vie communes pour votre séjour dans l'île.

que peu après sa découverte de la simulation globale, Mireille Venturelli adapte ÎLES pour en faire une simulation globale grammaticale.

L'idée est simple et efficace. Il suffit de supposer que sur le territoire de l'île se tient un Sphinx (l'enseignant) qui n'autorise la progression des naufragés qu'à condition que ceux-ci résolvent des énigmes... grammaticales et surmontent des épreuves grammaticales liées aux <u>particularités du relief</u> : *le désert du conditionnel, le massif relatif, le mont stratif,* etc. (Doc. 40, p. 162). La réussite aux <u>épreuves</u> conditionne la prise de possession des différentes parties grammaticales du territoire et de ses ressources indispensables à la survie du groupe sur l'île.

Doc. 40

L'enseignant-sphinx, en préparant ainsi des exercices et en aidant les élèves à découvrir la formulation de certaines règles de grammaire et d'orthographe, reste ainsi dans son rôle, satisfait aux exigences du programme... pour son plus grand plaisir et celui de ses élèves. Pour confectionner les énigmes et les épreuves, on pourra se reporter aux nombreux jeux et exercices contenus dans *L'orthographe de A à Z*[72].

Les phases du canevas d'invention peuvent donner lieu à <u>des énigmes</u> de ce genre :

• Première phase : établissement des identités fictives
Le réveil des naufragés
Les énigmes portent sur :
– la formation du passé composé nécessaire aux récits de vie.
Les épreuves permettent de parfaire sa connaissance du système interrogatif en posant au Sphinx des questions sous diverses formes ou en s'interrogeant mutuellement.

• Deuxième phase : établisssement du lieu et du milieu
Découverte de l'île et installation des naufragés
C'est l'occasion d'aventures et d'embûches... grammaticales sur :
– l'utilisation du présent, la place et l'accord des adjectifs pour confectionner les fiches sur la faune et la flore ;
– l'emploi de l'infinitif pour confectionner des fiches bricolage ou des recettes de cuisine ;
– les démonstratifs, l'accord du participe passé, l'impératif, la négation et la double négation.

• Troisième phase : donner de l'épaisseur par des traces écrites
Établissement des lois et des règles
Les énigmes portent sur :
– l'emploi et la formation du subjonctif présent nécessaire à l'écriture de certaines règles communes : « *Il faut que...* » ;
– l'utilisation du futur nécessaire à l'écriture de la Charte : « *Nul ne pourra...* » ;
– l'utilisation de l'impératif pour écrire des « commandements » ou des lois.

• Quatrième phase : donner de l'épaisseur par des interactions
Les jeux de rôle sont l'occasion de résoudre les énigmes de la mécanique de l'emploi :
– du conditionnel dans le système : « si + imparfait + conditionnel » ;
– de la négation, voire de la double négation.

• Cinquième phase : intervention d'incidents et d'événements
Certains documents pourront être découverts déchirés : il faudra alors reconstituer l'ensemble à partir d'une enquête grammaticale et lexicale ; d'autres pourront avoir été écrits de façon énigmatique, lacunaire ou fautive et il faudra alors réparer les erreurs.
Les douze travaux d'Hercule peuvent alors devenir les douze exercices de grammaire du Sphinx !

À Goufrantale, nom donné au territoire de l'île par Mireille Venturelli et qui signifie « goût pour le français langue étrangère »,
– tous les moments de la vie sont des occasions d'activer un aspect particulier de la grammaire française ;

72. BERTHELIN Colette, YAICHE Francis, *L'Orthographe de A à Z*, Coll. Exerçons-nous, Hachette, 1990.

– la grammaire ressemble à *Fort Boyard* ou à *La Nuit des Héros* : il y a beaucoup d'énigmes et de pièges ; on évolue en plein safari ou rallye télévisé ;
– l'enseignant n'est plus interdit de rôle : il peut entrer dans le jeu tout en conservant son extériorité ;
– la grammaire, ce n'est pas forcément facile... mais ça peut rapporter gros !

Ce qui s'est imaginé pour la grammaire peut se concevoir pour l'orthographe ou pour la conjugaison ; ce qui s'est imaginé pour une île peut bien sûr s'appliquer à d'autres simulations globales – *LE VILLAGE d'orthographe, L'IMMEUBLE de la conjugaison, L'HÔTEL de la concordance des temps,* etc. – en inventant des personnages démiurgiques comme le devin du village, le vieux sage de l'hôtel, la voyante de l'immeuble, le savant de l'entreprise, etc.

8. LA SIMULATION GLOBALE POUR GRANDS DÉBUTANTS

En 1974, déjà, Francis Debyser répondait, à ceux qui lui présentaient l'impossibilité de mener une simulation avec des débutants, qu'il est nécessaire de concevoir des simulations qui donnent à l'élève une compétence minimale, ce qui implique un nombre important d'exercices de répétition.
Jusque dans les années 1980, de nombreux retours d'expériences ont fait état de succès, mais toujours avec des niveaux avancés, intermédiaires ou avec des faux débutants. La simulation globale était alors considérée comme un bon outil de perfectionnement – et sur le principe il y avait assez peu de contestations – mais en aucun cas comme étant un outil d'apprentissage pour débutants complets.
L'idée d'une expérience de simulation globale pour « grands débutants » avait donc fait son chemin depuis longtemps lorsque Jean-Marc Caré proposa, en 1990, à Simonne Lieutaud de prendre en charge l'un des cours de l'Alliance Française de Paris.

▶ ▶ ▶ ■   ## A. L'exemple du village

Le projet est donc lancé, avec la collaboration d'équipes de stagiaires et de chargés d'études du BELC[73]. Cela aboutit au montage d'un <u>VILLAGE</u> sur une durée de quatre semaines (quatre heures par jour sur cinq jours, soit au total quatre-vingts heures), complétées par un séjour dans un village de Touraine comptabilisé pour l'évaluation comme correspondant à une vingtaine d'heures « d'apprentissage ».
La classe de l'Alliance Française était composée de douze volontaires, représentant dix nationalités différentes. On décida de coupler cette classe avec une classe-témoin utilisant *Sans Frontières* (CLÉ International) pour fonder l'évaluation sur une comparaison.

Le canevas d'invention se développe en trois phases :

• Première phase : établisssement du lieu et du milieu (25 heures)
Description du paysage du village à partir du <u>carré de 64 cases</u> et de la programmation d'un lexique de la géographie et de la couleur.
Cette phase se clôt par un tour de « *J'aime/je n'aime pas* » assorti d'une expansion éventuelle en « *parce que* ».

• Deuxième phase : établissement des identités fictives (25 heures)
– Écriture de cartes d'identité fictives et de <u>mini-biographies</u> à partir de textes à trous.

---

73. Pour les stagiaires : M. Panther, T. Inoué, A.-M. Jonchier, L. Guimbretière, R. Bollinger, A. Hénault, P. Bekc, J. Salgo ; pour les chargés d'études : M. Troutot, M.-J. Capelle, G. Zarate, J.-C. Mothe ; citons également la participation de M. Jannot, M. Liberman et les habitants de Varennes-sur-Loire.

– Recherche d'éléments dans des documents authentiques.

Cette phase se clôt par une présentation orale des uns aux autres à partir d'embrayeurs de discours proposés.

• Troisième phase : donner de l'épaisseur par des interactions (30 heures)

Jeux de rôle à propos de tranches de vie villageoises : salutations, demandes de renseignements, reproches, dire de faire, etc.

☐ *Déroulement d'une séance type*

Compte tenu de la fatigue causée par les quatre heures d'attention soutenue, il est préférable d'alterner des phases d'expression et des phases de réflexion, et de découper les heures en petites séquences de dix à quinze minutes. Par exemple :

– échauffement de réactivation lexicale des notions vues la veille ;

– exercices faits debout dans « l'espace communicatif » ;

– manipulation et apprentissage faits à la table de « l'espace cognitif » ;

– utilisation et réemploi pour fixer certaines formes ;

– phase d'invention pour avancer dans le canevas d'invention ;

– phase (finale en général) de jeux de rôle reprenant les décisions prises dans la phase d'invention (par exemple, le recrutement de l'instituteur du village, la tournée du facteur, etc.).

Ajoutons à cela que cinq minutes sont consacrées quotidiennement à la discrimination auditive, le travail de correction phonétique se faisant bien sûr dans « l'espace du cognitif ».

▶ ▶ ▶ ■ B. Les leçons de l'expérience

L'évaluation de l'expérience conduit aujourd'hui à faire plusieurs observations :

– Tout d'abord une étudiante anglaise, totalement perdue entre fiction et réalité, refusa de poursuivre l'expérience, préférant rejoindre un cours classique ; un départ est toujours un échec patent. Par contre, une étudiante chinoise, non alphabétisée en caractères latins, s'alphabétisa toute seule, avec l'aide toutefois d'un étudiant autrichien.

– Au bout de trois semaines de cours, on organisa la confrontation avec un village réel, Varennes-sur-Loire, où l'on rencontra le restaurateur, où le facteur de fiction fit la connaissance du facteur de la réalité. « *Cette épreuve du réel constitua un véritable déclencheur* », se rappelle Inès Alonzo, l'animatrice de ce week-end, requise pour son expérience en matière d'animation de « *simulations d'hôtels de papier dans des hôtels de pierre* »[74]. Tous parlèrent beaucoup et le fait d'appartenir à des nationalités différentes fut au fond facilitant puisque chacun se voyait contraint de passer par le français pour communiquer.

– L'évaluation comparée entre le groupe-test et le groupe-témoin fut préparée conjointement avec l'enseignante de l'Alliance Française et comporta essentiellement des tests de rétention lexicale, des exercices écrits et des jeux de rôle. Les résultats à l'oral et à l'écrit étaient quasi-équivalents dans les deux groupes, à ceci près que les meilleures notes à l'écrit avaient été obtenues par deux étudiantes japonaises du groupe témoin et que la meilleure note à l'oral avait été obtenue par un étudiant argentin du groupe-Village, étudiant… qui, avait obtenu aussi la plus mauvaise note à l'écrit !

---

74. DE ALONZO Inès-M., ROIG Nina Rosaw, « Vivre le français entre fantaisie et réalité », *Le Français dans le Monde*, n° 225, mai-juin 1989.

C. Les limites de l'évaluation

L'évaluation d'une telle expérience est toujours délicate du fait des effets potentiels venant troubler les résultats :
– effet dit de « bison futé » ou « effet d'annonce anticipée » ;
– effet « Pygmalion » décrit par Rosenthal et Jacobson[75] (les résultats sont influencés par le regard de l'enseignant sur les capacités des élèves) ;
– effet « Hawthorn » (le groupe est sur-motivé par le fait d'avoir été choisi pour mener une expérience, il veut bien faire et les résultats sont améliorés).

Il convient aussi de distinguer, au moment de l'évaluation, ce qui revient à l'apprentissage programmé de ce qui concerne les acquisitions de formes ou de lexique non programmables et dues essentiellement à l'originalité de l'invention dans un groupe par rapport à un autre. Comment maîtriser donc tout ce matériau linguistique important afin de le comptabiliser dans l'évaluation ?

Louis Porcher lançait déjà un avertissement sur ce thème : « *L'évaluation doit viser clairement les compétences de transfert et en deux sens :*
a) Prendre conscience enfin (et apprendre à le faire) que, mesurer une capacité dans son degré d'atteinte, ce n'est pas mesurer seulement ce qu'on a voulu viser (l'objectif), mais bel et bien mesurer ce qui a été effectivement acquis (même si ce n'était pas dans l'objectif).
[...]
b) Mesurer la capacité qu'a l'apprenant de dépasser ce qu'on lui a appris, c'est-à-dire de ne pas l'appliquer mais de l'adapter à des problèmes complètement inconnus (comme c'est le cas dans la communication réelle, non simulée) . »[76]

Dans les classes à manuels, la part faite aux acquisitions non programmées est faible ; tout au plus est-elle considérée comme un parasite et n'est pas évaluée puisque n'est évalué que ce qui est dans le manuel.
Dans les simulations globales la part de l'acquisition est à peu près égale à celle de l'apprentissage et l'expérience de l'Alliance Française l'a bien mis en évidence : l'auto-dictionnaire comportait au bout du compte autant de mots de vocabulaire non programmés que de mots programmés. L'interrogation finale des animateurs étant alors de savoir comment faire pour ne pas perdre ces bases dues à l'acquisition et comment au final en évaluer l'importance. On le sait, dès l'instant où quelqu'un a besoin d'un mot pour s'exprimer, l'acquisition est bien plus forte que si ce mot est dans un manuel et qu'il faut absolument l'apprendre parce qu'il est dans le manuel. Il y a dans ce vivier l'émergence de tout un vocabulaire disponible très chargé qu'il convient de traiter avec une considération égale au vocabulaire thématique imposé ou proposé.

D. Les fruits d'une telle expérience

L'expérimentation de l'Alliance Française de Paris a finalement eu le mérite de révéler ce que l'on savait déjà par intuitions, impressions ou témoignages :

1. Que la simulation globale n'est pas une méthode pire qu'une autre : à preuve, les résultats plus qu'honorables qui la situent dans une moyenne tout à fait convenable si l'on tient compte de l'effet Hawthorn.

2. Que l'on ne sait pas évaluer la totalité des supposés bénéfices et impacts d'une simulation globale (comment étalonner les évaluations sur les comportements ?).

75. ROSENTHAL Robert, JACOBSON Lenore, *Pygmalion à l'école*, Casterman, 1971.
76. PORCHER Louis, « L'Évaluation des apprentissages en langue étrangère », *Études de Linguistique Appliquée,* n° 80, Didier Érudition, oct.-déc. 1990, p. 30.

3. Qu'il serait peut-être souhaitable, pour lui donner une crédibilité, de mettre en place des grilles complexes, avec indicateurs fiables, mesurant la quantité et la qualité des productions linguistiques et non linguistiques (créatives, communicatives, etc.)... mais avec le risque qu'à entrer dans cette logique les simulations globales ne soient plus ce qu'elles sont.

9. LA SIMULATION GLOBALE EN LANGUE MATERNELLE

A. Le rapport langue / savoir

Beaucoup de discours sur les simulations globales tendent à faire la distinction entre, d'un côté la langue maternelle et le perfectionnement en langue étrangère, et de l'autre côté, l'initiation à une langue étrangère.
Qu'est-ce qu'une simulation globale peut donc apporter de particulier en matière de langue maternelle dès lors que celle-ci est apprise dès l'école maternelle et est possédée – sinon maîtrisée – à l'école primaire ?

À l'école maternelle et au cours préparatoire, la langue est le véhicule d'une vaste leçon de choses servant à nommer, à décrire, et à apprendre le monde. La langue a des objectifs dénotatifs. Mais dès le cours élémentaire, l'apprentissage de la langue se distingue des savoirs disciplinaires que l'on sépare. On y enseigne la géographie, l'histoire, les sciences naturelles, la musique comme si le français appris en cours de français était suffisant pour accéder à ces discours spécifiques. Or il n'en est rien dans la plupart des cas, et les enfants qui ne bénéficient pas alors d'un environnement socio-culturel susceptible de pallier les manques en langue, connaissent souvent un échec car ils passent alors brutalement d'un discours neutre et grammaticalisé à l'excès, à la nécessité de maîtriser un discours qui fonctionne différemment.
Une telle situation se rencontre également dans le cadre des enseignements bilingues quand les élèves doivent passer d'une compétence générale en langue à une compétence spécialisée. L'élève ayant suivi jusqu'alors des cours de français langue étrangère, et se retrouvant brusquement dans un cours d'histoire-géographie dispensé en français, est souvent perdu car il n'y a pas eu de pont entre la compétence générale et la compétence spécifique.

La simulation globale réalise quasi naturellement le lien entre ces deux univers et s'avère plus intéressante que les activités d'éveil car elle développe une langue axée sur l'imaginaire. Elle impose une contiguïté et une continuité de l'appréhension du monde alors que dans les activités d'éveil ou dans la plupart des méthodes, on passe de la rue à l'anniversaire de Jean, de l'anniversaire de Jean à la boutique de Catherine, et ainsi de suite, sans lien, d'une façon atomisée. Utilisée en simulation, la langue se met au service des savoirs – savoirs disciplinaires comme savoirs communicatifs.

C'est ce qu'ont bien compris les enseignants qui travaillent en Alsace autour de Rémy Stoeckle et qui ont recours chaque année, depuis 1981, à une simulation globale en langue maternelle dans des centaines de classes d'écoles primaires de l'Académie de Strasbourg. Pour ces enseignants, la simulation globale a un caractère pluridisciplinaire, répond aux exigences des instructions officielles et dispose d'une très grande variété de situations de production langagières à l'écrit comme à l'oral du fait qu'on travaille sur des cosmologies complètes.

p. 156

B. Vers une déscolarisation des activités

Dans une simulation globale, chaque activité n'est pas présentée systématiquement comme une activité scolaire en vue d'une évaluation mais participe pleinement au développement de l'invention. Ainsi un élève n'écrit pas un texte dans le seul but de recevoir

une note mais pour participer au développement de la fiction. Sa production écrite sera, de la sorte, une avancée dans l'invention sanctionnée par le regard du groupe. Ici, le rôle de la lecture à voix haute est à relever : lecture artificielle ordinairement, surtout quand les élèves travaillent sur le même texte, mais qui joue là un rôle d'information essentiel dans la mesure où chaque lettre est différente.

Dans cette optique, il n'est pas rare de constater qu'un élève fera un effort de correction s'il sait que sa lettre sera mise dans une enveloppe, distribuée par un « facteur » et lue par un « pair ». Cette lecture critique est alors plus proche de la sanction du réel que la sanction-évaluation donnée par un enseignant qui ne trouve pas d'équivalent dans le jeu de rôle de la réalité.

La simulation globale opère, de fait, une déscolarisation des activités. Cela peut réjouir en partie les autorités éducatives qui prêchent parfois pour ce passage par l'épreuve du réel avec l'introduction des médias dans la classe, par exemple. Il en est de même avec l'apprentissage des langues étrangères. C'est un domaine qui se déscolarise de plus en plus – par le recours aux stages linguistiques, séjours à l'étranger, instruments d'auto-apprentissage, etc. –, il conviendrait donc de le déscolariser de droit, tout en restant à l'intérieur de l'école, de façon à ce que celle-ci puisse accomplir encore sa part éducative. L'équilibre reste à trouver pour favoriser un apprentissage et un enseignement qui ne seraient pas obligatoirement soumis aux rites ordinaires de l'évaluation scolaire, mais qui en passeraient par l'épreuve du réel pour le seul bénéfice de la relation de l'élève à la langue apprise et non pour le bénéfice d'une carrière scolaire où la langue apparaît comme une simple matière.

Dans une simulation globale, en langue maternelle comme en langue étrangère, il existe également de nombreux moments où l'on ne parle pas pour faire avancer la fiction mais en lui étant au contraire extérieur, pour la gérer, la réguler, l'analyser, la commenter. Cette méta-communication de l'invention, cette nécessité de gérer la fiction crée des occasions authentiques de s'exprimer au moins aussi nombreuses et variées que celles fournies par un manuel et pourtant en marge des compétences scolaires demandées. Cette valeur ajoutée qu'apportent les simulations globales – tant dans les activités que dans le type de communication – ne peut qu'être prise en compte.

L'ÉVALUATION

10. L'ÉVALUATION DES PRODUCTIONS

▶ ▶ ▶ ■ A. Évaluer : une mission impossible ?

Pour certains enseignants il n'est pas possible d'évaluer les productions d'une simulation globale avec les outils classiques du fait de la complexité des activités et, selon eux, ces outils restent à construire. Pour d'autres, il n'y a aucune différence de fond entre l'évaluation d'activités de simulation globale et celles faites dans d'autres cadres. F. Debyser, quant à lui, pense que : « *Si l'enseignant ne met pas en veilleuse sa fonction d'expert en langue, il peut évaluer. Quand on dit aux élèves de décrire une chambre, c'est un certain nombre de verbes et c'est tout le système des répétitions. Il y a, dans les productions d'élèves, la*

possibilité de tester des acquis dans la maîtrise du système des propositions. Les enjeux communicatifs, toute cette gamme de jeux de rôle qu'on met dans les simulations, qui vont de la simple présentation, la prise de contact, les échanges, les rencontres, les formules de politesse à des jeux de rôle argumentatifs, ce sont les étapes d'une progression communicative »[77].

Tout est question de contrat de classe passé avec un apprenant qui doit savoir quand, comment, pourquoi et sur quels types d'exercices et de capacités l'on va évaluer ses productions. À partir du moment où l'enseignant a clarifié les conditions de l'évaluation – la sienne ou celle du groupe ou du voisin – évaluer dans le cadre d'une simulation globale ne pose pas plus de problèmes que d'évaluer dans un cadre habituel à l'enseignant.

B. Pour une évaluation fonctionnelle et pragmatique

Contrairement à ce que l'on pourrait croire, les élèves ont envie d'être corrigés, évalués et de comparer leurs résultats à ceux des autres. Et cela, plus que jamais sans doute. C'est ce que souligne Louis Porcher quand il écrit :

« Les nouveaux apprenants sont pressés en un autre sens : ils souhaitent confronter le plus tôt possible leur savoir-faire avec la réalité même d'une communication dans une langue étrangère. Dès le début de l'apprentissage, ils veulent pouvoir tester leurs capacités justement parce que les langues sont désormais vécues comme des techniques et non comme des savoirs. Il faut donc très tôt mettre les élèves en situation d'évaluation concrète (qui n'a rien à voir, absolument rien, avec l'évaluation académique), de préférence évidemment avec des locuteurs natifs. La demande d'évaluation par les élèves, en ce sens-là, est confirmée par tous les enseignants de langue : c'est un phénomène nouveau et très significatif : si elle est académique, l'évaluation est fuie (comme cela a toujours été le cas), si elle est fonctionnelle et pragmatique, elle est réclamée. Ce qui est le plus neuf est probablement ceci : pouvoir se tester même quand on en est au niveau presque zéro, se lancer d'emblée, précisément pour intérioriser les capacités possédées et celles qu'il faut acquérir. Le parallèle avec la natation et la conduite automobile est à cet égard frappant et systématique.

On veut apprendre à conduire et non pas apprendre la mécanique, apprendre à nager et non apprendre l'anatomie du corps en mouvement dans l'eau. L'enseignement a, pour le moins, tendance à opérer les choix inverses et la didactique a formidablement amplifié ce décalage et cette inadéquation : elle continue de moudre l'idée que c'est en apprenant la mécanique qu'on apprend à conduire, l'anatomie qu'on apprend à nager. Pour apprendre à conduire (et non la mécanique), il faut vite se mettre au volant, dès le début, ne pas attendre de maîtriser intellectuellement tous les paramètres pour se lancer. C'est un apprentissage corporel, postural, gestuel, comme la pratique d'une langue, et pour le mener à bien il est nécessaire de se lancer dès le début dans ce mouvement »[78].

« Se jeter à l'eau », « se mettre dans le bain » sont des expressions fréquemment utilisées pour parler de la nécessité de faire faire l'épreuve du réel aux apprenants d'une langue étrangère. Et il ne fait pas de doute qu'un nageur n'apprendra jamais à nager hors de l'eau, aussi parfait soit son mouvement à l'extérieur de la piscine.

C. Des stratégies de motivation et d'évaluation

En matière d'évaluation, des stratégies très différentes peuvent co-exister : de la plus sage à la plus inattendue et peut-être iconoclaste.

▶ *Des productions écrites notées comme des rédactions*

La plupart des enseignants se servent des productions d'élèves comme de devoirs traditionnels : la lettre de vacances, une fiche zoologique ou une biographie deviennent des

---

77. DEBYSER Francis, entretien accordé à Francis Yaiche le 14 janvier 1991.
78. PORCHER Louis, « L'Évaluation des apprentissages en langue étrangère », *op. cit.*, p. 17.

rédactions notées suivant les critères en cours. Est-il pour autant regrettable que des activités créatives finissent comme des devoirs où l'orthographe sera un des éléments déterminants de l'évaluation ? Peut-être pas, si une telle attitude relève d'un sage pragmatisme qui consiste à se conformer à ce qui est prescrit par les textes officiels et la tradition et à ne pas déstabiliser les élèves en les faisant entrer dans un système inconnu et incompréhensible comme peut l'être parfois la simulation globale.

▶ De la quantité comme critère d'évaluation

Eliodoro Rodori, quant à lui, professeur de français au lycée économique de Bellinzona, en Suisse, a recours à une stratégie *a priori* étonnante mais *a posteriori* payante. Il déclare à ses élèves ne vouloir noter avant tout que la quantité des productions, la qualité de celles-ci étant un critère, certes important, mais secondaire. À la fin du semestre, chaque élève reçoit une note fondée sur la quantité de pages écrites. Inutile de préciser que cette manière de « noter au poids » a choqué au début bon nombre d'élèves, de parents et d'enseignants. Mais très vite, puisqu'il était acquis que l'objectif était d'écrire le plus possible, l'écriture est devenue un défouloir où chaque élève s'est mis à parler librement de ses problèmes personnels. Et c'est ainsi que l'on est passé de la production de textes conventionnels et truffés de fautes à la production de textes personnels où, six mois plus tard, le nombre de fautes avait diminué considérablement.

11. LA CORRECTION DES PRODUCTIONS

Correction des productions et évaluation sont liées. Néanmoins, au prétexte qu'il faut des notes pour permettre à l'élève de se situer, l'évaluation s'efface souvent au bénéfice de la correction.
Le processus de la correction s'organise alors à partir de la contrainte finale : le carnet de notes visé par l'administration et signé par les parents ou l'attestation de stage. En réalité, cette correction conditionne l'investissement des apprenants et ainsi, au lieu d'avoir une évaluation formative, on a une évaluation sommative, sous influence des pressions administratives.

Quand et comment corriger les productions des élèves ? Comment pratiquer la correction pour des niveaux moyens ou avancés compte tenu que la correction immédiate n'a – au dire des praticiens – que peu d'effet sur la production, les élèves continuant à faire les mêmes erreurs ?

▶ ▶ ▶ ■ A. Les grilles de correction

Des grilles de correction fondées sur des référentiels de capacités ont vu le jour ces dernières années et ce n'est pas le lieu ici d'en faire l'inventaire. Rappelons seulement que la meilleure « grille » de correction est celle :

– que l'on crée pour être adaptée aux besoins des apprenants ;

– que l'on fournit à l'élève, avant le devoir, en explicitant les critères d'évaluation : on se centrera un jour sur les temps verbaux, un autre jour sur le lexique ou la syntaxe ou le contenu, ou l'orthographe, etc. ;

– qui ne prétend pas faire corriger toutes les fautes car, comme le relève Krashen, à partir d'un certain moment, des productions écrites biffées à tout va finissent par désespérer les élèves.
Mireille Venturelli, quant à elle, écrit : « *Il faut respecter le droit de parole, comme le droit de se taire et le droit à l'erreur des élèves, mais il faut aussi que leur message soit recevable*

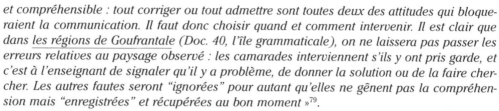

p. 162

et compréhensible : tout corriger ou tout admettre sont toutes deux des attitudes qui bloque-raient la communication. Il faut donc choisir quand et comment intervenir. Il est clair que dans les régions de Goufrantale (Doc. 40, l'île grammaticale), on ne laissera pas passer les erreurs relatives au paysage observé : les camarades interviennent s'ils y ont pris garde, et c'est à l'enseignant de signaler qu'il y a problème, de donner la solution ou de la faire cher-cher. Les autres fautes seront "ignorées" pour autant qu'elles ne gênent pas la compréhen-sion mais "enregistrées" et récupérées au bon moment »[79].

Doc. 41

Mireille Venturelli a donc créé tout un panel de grilles d'évaluation répondant à des objectifs bien cernés (Doc. 41, p. 172).

– qui fait en sorte que les élèves puissent seuls, ou en petits groupes de réflexion, retrouver la règle : le mieux est de souligner les fautes et non pas de les corriger, d'indiquer dans la marge le type de faute : O pour orthographe, S pour syntaxe, L pour lexique, T pour temps, etc., plutôt que de donner la solution.

Jean-Claude Stammbach rend compte de ces modalités : « *Chacun des textes est corrigé par le maître, puis par les élèves, le texte définitif sans faute étant classé dans un dossier spécial [...] Chaque fois que le temps le permet, il est utile de corriger avec quelques élèves en petits groupes : on relit, on raisonne, on corrige. Après la plupart des devoirs d'expres-sion écrite, je demande aux élèves de remplir une grille d'évaluation qui est ensuite exploitée* »[80] (Doc. 42, p. 173).

Il s'agit donc de s'appuyer, toutes les fois où on le peut, sur des corrections croisées ou en petits groupes, manière de responsabiliser les élèves, de les inciter à faire la chasse aux fautes – en organisant éventuellement des « mini-concours », par exemple. Ces pro-cédures de correction complétées d'une évaluation permettent de dégager un tant soit peu l'enseignant du rôle ingrat de père Fouettard.

► ► ► ■

B. Le recours au DELF comme référentiel de correction

De nombreux enseignants ont recours au DELF premier degré pour fonder leurs critères de correction-évaluation des compétences langagières, dans une simulation globale. Très structuré, celui-ci convient à l'exploitation de lieux-thèmes comme l'île, l'immeuble ou le village. Voici quelques idées :

– Unité A1 : On peut faire décrire un environnement naturel, une habitation ou une jour-née de travail.

▷ *Décrire l'île, le village, l'immeuble, une pièce, un objet, etc.*

– Unité A2 : On peut se centrer sur l'expression de sentiments ou d'opinions.

▷ *Donner son avis lors d'un conseil communal, analyser une affiche électorale.*

– Unité A3 : On peut faire travailler la compréhension écrite et la recherche d'informa-tions dans un document authentique écrit.

▷ *Étudier des journaux retrouvés dans les cales d'un bateau, analyser la constitution d'un pays.*

– Unité A4 : On peut activer les temps du passé, du futur ou du conditionnel.

▷ *Les naufragés doivent raconter leur passé, exprimer leur projet, leur désir, etc.*

– Unités A5 et A6 : On peut engager les apprenants sur la voie de spécialisations.

▷ *Sur l'île, chacun prendra une fonction et un domaine de spécialité : l'un sera avo-cat, l'autre mathématicien ou chercheur en sciences humaines, etc.*

---

79. VENTURELLI Mireille, *op. cit.*, p. 23.
80. STAMMBACH Jean-Claude, *Essai d'adaptation de la méthodologie des simulations globales...*, *op. cit.*, pp. 20-21.

PANELS DE GRILLES D'ÉVALUATION

ÉVALUATION DE L'ORAL (DIRECT)/INTERACTION

Consigne : Visite « guidée » : tu emmènes des amis dans les grottes, tu leur montres et leur expliques ce que tu as découvert.
Objectif : Être capable de présenter/montrer/situer dans l'espace.
Savoir grammatical : Expression de lieu.

Présente/démontre			Lieu				Fait bien le guide				Total	Remarques
1	2	3	1	2	3	4	0	1	2	3	10	

ÉVALUATION DE L'ORAL

Consigne : Donne des définitions (indications au sujet de la photo présentée)/utilise les pronoms relatifs.
Objectif : Être capable de décrire/définir.
Savoir grammatical : Pronoms relatifs (simples).

Situation informe +/_		Relatif correct +/–			Richesse originalité intéresse +/_			Prononciation			Total
0	1	0	1	2	0	1	2	1	2	3	16

ÉVALUATION DE L'ORAL (DIRECT)/INTERACTION

Consigne : Pose des questions aux rescapés de l'autre groupe pour savoir à quel « moment » se réfère la photo qu'il te montre.
Objectif : Être capable de poser des questions pour obtenir une information.
Savoir grammatical : Mots et forme(s) interrogative(s).

Bonne ? Pertinente +/_			S'informe (utilise les informations) +/_			Interrogation			Intonation			Total
1	2	3	0	1	2	1	2	3	1	2	3	11

ÉVALUATION DE L'ORAL

Consigne : Raconte ce que tu as fait jusqu'à présent.
Objectif : Être capable de produire un récit oral se situant dans le passé.
Savoir grammatical : Imparfait – passé composé.

Récit +/_ complet +/_ riche				Savoir Utilisation +/_ correcte des temps				Vocabulaire Prononciation				Total	Remarques
0	1	2	3	0	1	2	3	0	1	2	3	9	

ÉVALUATION DE L'ORAL (DIRECT)/INTERACTION

Consigne : Lis le message de Sig-Râgame qui est fâchée et t'accuse. Réponds et défends-toi ! (ce n'est pas de ta faute si…).
Objectif : Être capable de se défendre quand on est accusé à tort.
Savoir grammatical : La négation.
Messages :
A. Il manque des noix de coco dans la réserve ! F. Il faut écouter les autres !
B. Tu es un mauvais pêcheur ! G. Le feu s'est éteint parce que tu rêves !
C. Tu as encore perdu la boussole ! H. Vous n'avez plus d'eau parce que tu as cassé votre récipient.
D. Il fallait t'arrêter avant la nuit ! I. Ton groupe est en retard à cause de toi.
E. Tu veux toujours avoir raison ! J. Ta cabane est sale !

Bonne réplique			Arguments			Négation			Ton +/_ convaincant			Total
1	2	3	0	1	2	1	2	3	0	1	2	10

Document de Mireille Venturelli.

GRILLE D'ÉVALUATION
POUR UN DEVOIR D'EXPRESSION ÉCRITE

Nom et prénom : . . . .

Titre (ou sujet) : . . . .

Je coche avec une croix (X) – Mon copain coche avec un rond (O).
La colonne ?? est à utiliser qand je ne sais pas.
Le maître coche en rouge les cases à « problèmes », c'est-à-dire où mon copain et moi ne sommes pas arrivés à la même conclusion.

Je relis mon texte corrigé et ...	Oui	Non	??
1. J'ai utilisé le dictionnaire.			
2. J'ai utilisé le « Bescherelle ».			
3. J'ai souligné le titre.			
4. Mon travail est propre et soigné, je n'ai pas fait de ratures.			
5. Je n'ai fait que des fautes d'orthographe de mots que je ne connaissais pas.			
6. J'ai su accorder les verbes avec leur sujet.			
7. J'ai bien accordé les noms.			
8. J'ai bien accordé les adjectifs avec les noms.			
9. J'ai ajouté des adjectifs pour préciser ma pensée.			
10. J'ai écrit tous les noms propres avec une majuscule.			
11. J'ai fait la concordance des temps.			
12. Je n'ai fait aucune répétition.			
13. Je n'ai pas fait de fautes de copie en recopiant le sujet.			
14. J'ai pensé à mettre tous les points et les virgules.			
15. J'ai bien lu le sujet.			
16. J'ai varié les mots de liaison (et, alors, puis…).			
17. J'ai pensé à une phrase de conclusion.			
18. En relisant, j'ai trouvé des fautes.			
19. J'ai obtenu la moyenne en orthographe.			
20. J'ai obtenu la moyenne en expression écrite.			
TOTAL des croix (mon évaluation) :			
TOTAL des ronds (opinion de mon copain) :			

Je n'ai pas bien compris pourquoi le maître m'a souligné le(s) mot(s) suivant(s) ; (réécrire si nécessaire la phrase) :

. . . .

. . . .

. . . .

Document de Jean-Claude Stammbach.

▶ ▶ ▶ ■ ## C. L'auto-correction

Chantal Cali, directrice des cours à l'Institut de Vienne en Autriche et co-auteur de la simulation globale LA CONFÉRENCE INTERNATIONALE, suggère que l'on se serve davantage d'enregistrements vidéos (autoscopies) ou audios et que l'on demande aux élèves de s'écouter et de repérer eux-mêmes leurs fautes. « *Il y a là une "manière forte" de faire prendre conscience à l'apprenant de ses fautes,* explique-t-elle, *parce qu'elle est liée à l'écoute de sa propre voix et à la confrontation avec son image ; on arrive ainsi, par une suite d'ajustements, à obtenir l'intégration de la formule corrigée* »[81].

Ce qui se démontre presque chaque fois dans l'auto-correction, c'est que les étudiants sont en mesure de repérer et de corriger leurs erreurs ; mais le problème du réemploi et de l'intégration de la forme ou de la structure juste n'est pas toujours résolu par ce type d'entraînement. Pas de recette miracle, donc !

Pourtant, au cours des multiples séminaires de français langue diplomatique qu'elle a organisés à partir de LA CONFÉRENCE INTERNATIONALE, Chantal Cali a pu remarquer que les participants ont eu l'occasion de réinvestir beaucoup de vocabulaire passif : « *On s'est rendu compte,* explique-t-elle, *que ce qui est important, ce sont les référentiels. Les étudiants ont beaucoup utilisé et habilement réinvesti les traités de la Communauté Européenne, l'État du Monde, le Bilan Économique et Social, le Règlement Intérieur de l'UNESCO, les listes de formules. D'ailleurs, les participants ont signalé au moment de l'évaluation orale avoir énormément apprécié cette dimension et avoir eu le sentiment d'avoir eu accès à toute une partie technique et active qui leur a beaucoup plu* »[82].

▶ ▶ ▶ ■ ## D. La correction ou savoir rester « correct »

La réussite d'un acte de parole, on le sait, n'est pas uniquement déterminée par une formulation grammaticalement correcte ; elle dépend aussi des habiletés communicatives de chacun, de son sens des relations humaines, de son expérience des rapports sociaux, de l'usage qu'il fera de sa voix, de son regard, de ses gestes, de son corps, de l'espace ; toutes choses qui, dans la réalité, sont évaluées en un seul coup d'œil par un interlocuteur et qui viennent confirmer ou infirmer le langage verbal ; toutes choses qui ne sont que très rarement objets de correction ou d'évaluation dans l'ordinaire de la classe. La correction, c'est aussi l'apprentissage de la correction, au sens de politesse et de bonnes convenances. La simulation globale permet d'œuvrer à la régulation des rapports sociaux entre pairs : le savoir-vivre.

▶ L'autorité de l'enseignant

Aujourd'hui un nouveau discours se développe autour du rôle de médiateur-interventionniste. C'est qu'on ne peut plus – et qu'on ne veut plus – laisser dire, faire ou produire n'importe quoi, sous prétexte de liberté. En fait, on constate là le retour en force de l'enseignant s'autorisant l'autorité : autorité linguistique, culturelle, déontologique, gardien du temple des formules polies et des formulations policées.

Jean-Marc Caré déclare : « *On peut dire à un élève en lui expliquant : "Tu vas me redonner un de tes points rouges (bonus) parce que tu as fait ça. C'est aussi ça l'éducation ; ça remplace la punition d'autrefois. C'est le retour en force de la responsabilité de l'enseignant, le retour à l'éthique, on retrouve les modalités devoir, pouvoir, vouloir, savoir... L'enseignant doit être apte à sanctionner la sociabilité, la politesse, le civisme. Dans les simulations globales, on ne gagne rien, on ne perd pas, parce qu'il y a impunité. Dans une simulation globale qui tentera de responsabiliser davantage l'élève, l'enseignant sera le gestionnaire, le banquier des points distribués (bonus/malus). On partira avec des chances égales et à l'arrivée, la vie aura joué et redistribué les cartes..."* »[83].

81. CALI Chantal, entretien accordé à Francis Yaiche le 9 mars 1991.
82. *Ibid.*
83. CARÉ J.-M., entretien accordé à Francis Yaiche le 13 mai 1992.

Beaucoup d'enseignants n'acceptent pas l'idée de récompenser ou de sanctionner des élèves en termes de points de pouvoir, de prestige ou d'argent. Autant cela leur semble possible dans un jeu, autant cela ne leur paraît pas souhaitable dans une logique d'apprentissage, même si la simulation globale ressemble à un jeu de société. « *Jusque-là*, répond Jean-Marc Caré, *l'enseignant l'a fait dans d'autres domaines. Quand il donne une note, il distribue des points après avoir évalué une compétence dans laquelle il a une expertise. Et l'enseignant n'est-il pas aussi un éducateur ayant compétence et expérience dans le domaine des relations humaines ?* [84] »

Ce qui semble certain, c'est que l'apprentissage de la politesse et des bonnes manières est accepté plus volontiers par des adolescents dans le cadre d'un VILLAGE ou d'une ÎLE que dans une classe, en simulation que dans la réalité. Irrespect, violences verbales, agressivité, intolérance sont filtrés par les situations de la simulation et font rarement partie du jeu alors qu'ils sont parfois un mode d'expression utilisé de manière brute en situation scolaire et dans la réalité.

Ainsi l'enseignant est chargé à la fois d'un rôle de médiateur-intermédiaire, garant d'une norme et d'une conformité et d'un rôle de remédiateur remettant les choses et les gens à leur juste place. Cette double exigence le replace alors en position d'assumer une autorité tutélaire et démiurgique qui ressemble à une identité fictive : celle d'un juge de paix, d'un philosophe ou d'un vieux sage, se promenant à la lisière de la simulation globale, à la frontière du village, dans les limbes de l'île, dans les combles de l'immeuble, etc.
Mais de quel lieu parle alors l'enseignant pour asseoir son autorité ? Et qui ou quoi peut lui conférer une légitimité en matière d'expertise existentielle ? Question épineuse, car s'il est aisé d'expertiser une pratique langagière, il est plus difficile d'expertiser un comportement qui devrait être en conformité avec des aspects civilisationnels et de répondre à des exigences de morale, de prestige, de pouvoir, d'argent, etc. Cela demande une formation capable de fournir des cadres, des référentiels, des clés qui permettront de statuer, et de trancher non seulement sur l'éthique mais aussi sur l'esthétique de la vie quotidienne, les deux piliers de la simulation globale.

12. L'ÉVALUATION DES SIMULATIONS GLOBALES

A. Faire un état des lieux

Évaluer une action pédagogique comme la mise en œuvre d'une simulation globale, c'est aussi faire un état des lieux avant l'installation de cette simulation. Sans pour autant dire que le recours à une innovation pédagogique participe toujours d'un constat de faillite des approches ordinairement utilisées, il convient cependant, pour bien situer l'évaluation, de décrire, analyser et évaluer les actions entreprises précédemment. Une forme d'audit en somme !

▶ *L'exemple de l'Alsace : l'état des lieux*

pp. 156 176

Rémy Stoeckle analysait, en novembre 1983, la situation alsacienne en ces termes : « *L'évolution actuelle de la situation linguistique en Alsace est préoccupante : de plus en plus nombreux sont les dialectophones qui se trouvent sans véritable moyen de communication et d'expression. À cheval sur deux ou trois idiomes, ils n'en maîtrisent aucun, n'ayant plus qu'une connaissance passive de l'allemand, ne possédant plus à fond ni intimement le dialecte et ne faisant qu'un usage pénible du français. Différents observateurs – A. Weckman, M. Allheilig, C. Stauffer – caractérisent cette situation d'alinguisme* » [85].

84. *Ibid.*
85. STOECKLE Rémy, Enseignement de la langue française en milieu dialectal : aperçu d'une expérimentation en cours « Le Français en Alsace », in *Actes du Colloque*, Éd. Slatkine, Mulhouse, 1984.

Ce à quoi Jean-Claude Bourguignon fait écho en 1985 : « *L'enfant dialectophone a besoin de l'école pour découvrir et vivre les possibilités qu'offre la langue française avec tous les effets affectifs de ces découvertes et expériences multiples quant à l'investissement du français perçu comme langue vivante dans toutes ses dimensions. Or le modèle pédagogique traditionnel, par le privilège accordé en Alsace comme ailleurs à des activités de type leçon de grammaire ou de vocabulaire, exercices de conjugaison, devoirs de rédaction au détriment d'une véritable pratique, réduit cette exploration aux seules possibilités scolaires : répondre à des questions, faire des exercices, réciter des leçons, réagir de façon plus ou moins conventionnelle à des sollicitations magistrales précises (sujet de rédaction). Avec l'effet suivant : la langue française perçue comme une matière scolaire et comme une matière scolaire plutôt desséchée, la langue française durablement marquée par l'école dans ses aspects les plus revêches. De cette expérience partielle et de cette image déformée du français qu'en milieu dialectal la vie extra-scolaire ne vient ni compléter, ni corriger, de l'attitude à l'égard de la langue qui en découle, procèdent selon nous les difficultés du dialectophone dans l'usage de la langue française* » [86].

À la lecture d'un état des lieux aussi désolant, on comprend mieux le choix adopté par les professeurs alsaciens et l'importance accordée, dans l'évaluation des actions de simulations globales, aux aspects communicatifs de l'approche, au plaisir et à l'enthousiasme des élèves.

▶ ▶ ▶ ■ B. Juger de l'efficacité d'une simulation globale

Comment faire la preuve qu'une simulation globale est efficace ?
À la question : « À quoi voit-on, dans l'enseignement lui-même, c'est-à-dire dans les classes, qu'une amélioration est une amélioration ? », Louis Porcher répond :
« – *Les élèves apprennent plus, en moins de temps ;*
– *ils acquièrent plus de compétences et moins de connaissances inutiles ;*
– *ils acquièrent des compétences plus durables ;*
– *ils sont plus heureux en classe tout en y apprenant autant ;*
– *ils sont plus nombreux, dans chaque classe, à apprendre ;*
– *les enseignants prennent plus de plaisir à l'exercice de leur métier ;*
– *les enseignants ont acquis des compétences techniques sectorielles qu'ils ne possédaient pas encore, et qui sont utilisables positivement dans leur métier.*
Il existe évidemment d'autres critères encore, qui permettraient d'apprécier en quoi une amélioration est une amélioration, mais je m'en tiendrai à ces sept-là, parce que l'interrogation se construit de la même manière dans tous les cas : disposons-nous des instruments capables d'identifier une amélioration comme telle ? »[87].

▶ *L'exemple de l'Alsace : le bilan*

pp. 156 175

L'école est le lieu des transformations ; la classe – et à l'intérieur de la classe une activité comme la simulation globale – engage ce changement. C'est pourquoi il faut partir des observations à prendre en compte pour l'évaluation, même si elles restent difficilement quantifiables et qualifiables.

R. Stoeckle fait un bilan de l'expérience menée : « *Au terme de sept années d'expérimentation dans des classes de 6e, 5e, avec une forte proportion d'enfants de langue maternelle autre que le français, toutes les observations font apparaître les effets de la simulation globale sur l'usage oral du français par ces enfants ainsi que sur leur comportement et leur*

86. BOURGUIGNON Jean-Claude, « Simulations globales et enseignement du français en milieu non francophone », *Annales du CRDP de Strasbourg*, avril-mai 1985, p. 1.
87. PORCHER Louis, « Formation, profession, légitimation », « Des formations en français langue étrangère », *Le Français dans le Monde*, n° spécial, août-sept. 1992.

"savoir-être" dans l'expression orale en français : lorsque les enfants de langue maternelle autre que le français ont vécu, entre le CM et la 5e, deux ou trois expériences de simulation globale, à raison d'une séance de deux heures par semaine sur cinq ou six mois, l'on constate moins de gêne, moins d'inhibitions, moins de blocages, des prises de parole moins hésitantes, mieux assurées, plus confiantes pour des temps de parole plus développés et plus efficaces : débit, ton, volume de voix, gestes et attitudes mieux adaptés au message ou à l'auditeur, fluidité et expressivité permettant de mieux capter et retenir l'attention.
Pour reprendre la formulation d'un professeur de collège engagé dans l'expérimentation : "peu à peu, les enfants se sentent bien dans leur peau aussi quand ils parlent français" »[88].

Et le plus important réside peut-être dans les quelques lignes qui suivent, dans ce commentaire qui acte le changement de regard que l'élève porte sur la relation enseignant-enseigné, sur lui-même et son travail : l'élève ne travaille plus par obligation et pour faire hypothétiquement plaisir à un enseignant mais pour lui et les autres, pour son plaisir, celui du groupe et de l'enseignant. Un saut qualitatif a été accompli vers la maturité d'une relation dans le travail (scolaire).

« D'un autre point de vue, la simulation constitue un puissant facteur de changement : dans le statut accordé aux textes produits par les élèves. On n'écrit pas pour le seul professeur, mais pour la classe entière et pour le grand projet collectif dans lequel elle est engagée. On n'écrit pas pour faire la seule preuve d'une compétence textuelle, mais pour participer par l'écriture à la construction et à l'animation d'un monde inventé »[89].

En résumé, ce qui a changé donc, c'est :
– un état d'esprit et une définition de la relation à l'école ;
– le rapport à l'enseignant et au travail ; ceux-ci n'évoquent plus la souffrance et l'ennui mais le plaisir ;
– le rapport aux autres élèves: la solidarité se développe car on se sent appartenir à un groupe qui a construit une histoire commune.
L'évaluation de la simulation globale doit donc également se mesurer à ces différentes aunes.

C. Utiliser des instruments d'évaluation

En gros, trois méthodes peuvent être utilisées pour évaluer le degré d'adhésion et l'indice de satisfaction des participants à une simulation globale : le questionnaire d'évaluation finale, le débat par Gammes Philipps 6/6 et le Panel de Recherche d'Idées en Groupe. Ces trois méthodes peuvent être employées isolément ou au contraire constituer un dispositif d'évaluation fonctionnant à court, moyen et long terme :

▶ *Le questionnaire d'évaluation finale*

Si l'on observe les questionnaires d'évaluation généralement utilisés en fin de simulation globale (Doc. 43, p. 178), on s'aperçoit qu'ils sont le plus souvent articulés en quatre grandes rubriques :

1. l'évaluation des différentes activités proposées lors de la simulation globale ;

2. le matériel complémentaire mis à la disposition des apprenants ;

3. les « bénéfices » que le « consommateur » peut retirer du séminaire dans les domaines de l'expression et de la compréhension écrite et orale ;

---

88. STOECKLE Rémy, « La Méthodologie des simulations globales en classe de collège », Fiche technique, p. 9.
89. *Ibid.*

LA CONFÉRENCE INTERNATIONALE

ÉVALUATION DU SÉMINAIRE
14-18 septembre 1992

A. Comment jugez-vous les activités proposées au cours de cette conférence simulée ?

	Très positif	Positif	Médiocre	Mauvais
Choix du thème de la conférence	38 %	62 %		
Choix d'une ONG	62 %	38 %		
Conférence de presse	77 %	23 %		
Élection du président	55 %	36 %	9 %	
Élaboration de règles de procédure	38 %	46 %	15 %	
Rédaction de discours d'ouverture	83 %	17 %		
Ouverture de la conférence	42 %	58 %		
Plénière : discours	33 %	58 %	8 %	
Rédaction du mémorandum	67 %	25 %	8 %	
Discours de clôture	55 %	36 %	9 %	
Travail en autoscopie	64 %	9 %	27 %	
Exercices linguistiques sur support papier	92 %	8 %		
Travail d'écoute sur cassettes audio	56 %	22 %	22 %	
Visionnement de cassettes vidéo	33 %	50 %	17 %	

Merci de commenter si vous le souhaitez : . . . .
. . . .

B. Comment jugez-vous le matériel mis à votre disposition ?

	Très positif	Positif	Peu adapté	Inadéquat
Les dossiers de presse thématiques	64 %	36 %		
Les documents audio	88 %	13 %		
Les documents vidéo	62 %	54 %	8 %	
Les référentiels (dictionnaires, doc...)	73 %	27 %		

Auriez-vous souhaité autre chose ? Si oui, merci de préciser : . . . .
. . . .

C. Comment jugez-vous les apports du séminaire ?

	Très positif	Positif	Médiocre	Mauvais
Compréhension orale	46 %	46 %	8 %	
Expression orale	77 %	23 %		
Compréhension écrite	15 %	77 %	8 %	
Expression écrite	46 %	38 %	15 %	

Merci de commenter si vous le souhaitez : . . . .
. . . .

D. Comment jugez-vous le séminaire ?

	Très positif	Positif	Peu adapté	Inadéquat
Sa forme : conférence simulée	85 %	15 %		
Sa durée	38 %	62 %		
Son opportunité pour vos activités	31 %	69 %		

Merci de commenter votre appréciation : . . . .
. . . .

Facultatif :
Nom et prénom : . . . .
Employeur : . . . .
Vos études en français : . . . .
Avez-vous déjà participé à des séminaires interactifs ? (Merci de préciser.) . . . .

Nous vous remercions de bien vouloir nous remettre cette évaluation à la fin du séminaire.

Chantal Cali – Mireille Cheval – Antoinette Zabardi

4. le jugement porté par l'apprenant sur la nature (simulation) et la forme du séminaire (durée).

☐ *Valeur et limites de l'outil*

– Ce questionnaire, très axé sur les productions, ne fait état que de préoccupations « professionnelles » – « *Avez-vous amélioré votre performance et avez-vous adhéré aux propositions que nous vous avons faites ?* » – sans se soucier de l'axe des relations humaines – « *Avez-vous amélioré votre type de communication et avez-vous le sentiment d'avoir progressé dans votre intégration dans le groupe ?* »

– Le questionnaire étant à remettre à la fin du séminaire, il fonctionne comme un sondage établissant une photographie à chaud des « sentiments », représentations, voire émotions sur un moment fort, vécu dans des circonstances particulières.

– Le bilan méthodologique traduit et synthétise des opinions elles-mêmes exprimées avec des chiffres et l'on sait qu'un tel commentaire peut parfois – et en toute innocence – faire taire les difficultés sous-jacentes.

– On obtient des réponses individuelles, chiffrées et laconiques. La finesse et la complexité des réponses n'est guère possible et le débat de groupe est inexistant. Chacun peut ignorer les réponses des autres et ces réponses ne sont pas susceptibles d'être infléchies par le débat.

▶ *Le débat de groupe par Gammes Philipps 6/6*

Faire débattre constitue une activité communicative intéressante surtout si on l'assortit d'une technique de travail en groupe. Un vrai débat de fond peut s'instaurer et chacun peut former son jugement à partir des perceptions des uns et des autres.

p. 137

☐ *Valeur et limites de l'outil*

– Le débat se fait en présence de l'enseignant et les apprenants peuvent ne pas se sentir totalement libres de donner leur opinion, alors que le questionnaire peut leur garantir l'anonymat.
– Les élèves les plus à l'aise en expression orale peuvent monopoliser la parole et l'enseignant risque de prendre la parole de quelques-uns pour la parole du groupe.

▶ *Le Panel de Recherche d'Idées en Groupe*

p. 113

Le PRIG est une façon originale de procéder et qui permet à chacun de s'exprimer. L'enseignant formule une question permettant de se projeter dans le futur, comme : « *Quand vous parlerez de ce séminaire, quels seront les mots que vous emploierez ?* ». Chaque élève va donc écrire les mots qu'il souhaite retenir comme impressions de ce séminaire, puis souligne et barre les mots avec lesquels il se trouve en accord ou désaccord. Le groupe voit alors s'inscrire au tableau, non seulement des mots mais aussi les coefficients de satisfaction qui s'y rapportent, ce qui permet alors d'engager un débat sur les accords et désaccords.

☐ *Valeur et limites de l'outil*

– Certains élèves sont déroutés par une technique qu'ils ne connaissent pas.

– Certains élèves peuvent avoir l'impression, si le débat oral n'a pas lieu, d'avoir été manipulés par un enseignant souhaitant étouffer d'éventuelles contestations.

Bien d'autres instruments sont possibles mais l'évaluation la plus fiable reste celle qui se donne les moyens de varier ses instruments comme les moments où elle intervient.

13. LA SIMULATION GLOBALE OU LE « DRAME » DE L'INCOMMUNICABILITÉ DU PLAISIR

Les nombreux témoignages d'enseignants ayant pratiqué les simulations globales mentionnent très fréquemment un critère rarement pris en compte lors de l'évaluation des simulations globales : l'enthousiasme, la créativité, le plaisir. Ils insistent sur l'épanouissement de l'individu comme si c'était là sa conquête la plus précieuse.

Rémy Stoeckle cite le témoignage d'un enseignant alsacien : « *Îles, une situation simulée dans laquelle ma classe a vécu plusieurs mois avec un enthousiasme qui n'a jamais faibli. Dès le départ, cela a été l'adhésion totale de la classe, un plaisir renouvelé à chaque étape du canevas, avec des temps forts (le rêve éveillé dirigé, par exemple) remarquables. Sans quitter la classe, nous avons vécu ensemble une merveilleuse aventure au cours de laquelle nous avons bâti notre univers avec une richesse d'expression et d'invention souvent surprenante… À la fin de l'année scolaire, les élèves, interrogés sur les activités qu'ils aimeraient retrouver en 6ᵉ, ont déclaré à l'unanimité : "Îles". Quelle meilleure preuve de leur attachement à cette aventure ? Mon enthousiasme a été au moins égal à celui de mes élèves : quels moments palpitants, voire émouvants, j'ai vécu sur notre île ! Sans doute la classe de l'Île aura-t-elle été la plus vivante que j'aie connue depuis vingt ans* »[90].

Néanmoins, ce plaisir de jouer et d'apprendre est difficilement compris, accepté et transmis.

►►►■ A. Une pédagogie difficilement transmissible

Les commentaires unanimes dissimulent mal la critique du système scolaire. Pourtant, l'un des reproches que l'on pourrait adresser à la simulation globale, c'est que c'est souvent une pédagogie difficilement transmissible :

– **difficilement transmissible de formateurs à enseignants** tant que l'enseignant n'a pas lui-même pratiqué ;

– **difficilement transmissible d'élève à élève :** les autres classes de l'établissement ont l'impression que l'on se livre à des pratiques pédagogiques illicites – avoir du plaisir à l'école continue à faire scandale ! Un élève fraîchement arrivé pourra avoir toutes les peines du monde à entrer dans des activités inconnues et dans un groupe constitué, beaucoup plus soudé et impénétrable qu'une classe ordinaire où l'on a affaire à une somme de solitudes confrontées à la solitude de l'enseignant. L'animateur doit donc prévoir un dispositif «d'insertion culturelle et sociale» pour le nouvel arrivant et accomplir un travail de médiation pour que celui-ci puisse entrer dans cette complexité : il pourra lui proposer un travail simple mais utile et déterminant pour la communauté : un blason pour un VILLAGE, une publicité pour un pignon d'immeuble, etc. ;

– **difficilement transmissible d'élèves à parents, à collègues et à responsables de l'institution**, lesquels voient commencer avec une simulation « l'année de tous les dangers » : les élèves vont se déplacer dans la classe, déplacer les tables pour travailler en groupe, ils vont risquer de faire du bruit, ils entretiendront avec l'enseignant une relation plus complice et plus libre, les parents risquent de ne pas comprendre l'utilité de la créativité, etc.

►►►■ B. Une expérience exclusive

Une simulation globale développe souvent une culture locale autarcique qui conduit le groupe à une certaine autosatisfaction. Elle favorise les effets fusionnels de groupe et les élèves, comme les enseignants, peuvent développer une attitude de distinction aristocratique, voire clanique : on a ses références, ses jeux de mots entendus, ses *private-joke* qui, à force de se répéter, frappent les autres d'ostracisme.

Inconsciemment, on risque de construire autour de la simulation globale, un mur

---

90. STOECKLE Rémy, « La Méthodologie des simulations globales en classe de collège », *Le Français dans le monde*, Fiche technique, p. 9.

d'enceinte et d'édifier pierre après pierre, production après production, une citadelle dont le territoire imaginaire s'étendra, laissant les participants prisonniers de leur propre construction.

Les productions (les traces écrites, les représentations théâtrales ou les films) ont d'autant plus de mal à être partagées qu'elles sont un ciment du groupe et qu'une grande partie de leurs fondations repose sur de l'indicible, le « je-ne-sais-quoi » et « le presque-rien » de la relation et du souvenir.

Il y a donc quelque chose de profondément décevant dans cette incapacité à transmettre son plaisir et dans le constat que seules subsistent de cette expérience éclatante quelques traces écrites rassemblées dans un recueil.

C. Une aventure de l'imaginaire

Indubitablement, l'expérience reste très marquante pour les participants au point que beaucoup d'apprenants avouent ne se souvenir des autres que par les identités fictives portées. Preuve que le souvenir est fort et que le groupe n'est pas complètement mort. Jean-Claude Stammbach s'interroge : « *Le plaisir ? Oui, le plaisir de vivre une aventure extraordinaire qui reste à jamais gravée dans les mémoires et les cœurs : il y aura pour nous, l'année Basipode, l'année Landtoria, l'année Taïbény et probablement beaucoup d'autres. Il y aura le souvenir de la petite coiffeuse française ou du cowboy américain, des exikobabas ou des soleils de bronze...*

Vivre cette extraordinaire aventure sur l'île, c'est devenir un personnage, se placer dans des situations et vivre dans un monde à reconstruire, une "île-prétexte", où l'enfant décide de ce qui est possible et de ce qui est interdit, où tout se réalise, si les insulaires l'ont décidé.

C'est aussi quelquefois pouvoir trouver un moment, un "lieu" où l'enfant puisse exprimer des conflits intérieurs, des doutes, des angoisses, des rivalités, des déceptions, des besoins, des pulsions : le lien entre la fiction et la réalité semblent quelquefois évident, même s'il n'est pas question pour le maître de tenter d'analyser les réactions émotionnelles de l'élève, liées par exemple à une vie affective perturbée.

Vivre cette situation, c'est encore permettre à notre enfant citadin, qui ne vit guère le contact avec la nature ou les enchantements dus aux changements de saison, de trouver quelques morceaux de ciel bleu. C'est proposer un autre imaginaire que celui qu'alimentent les médias et la publicité, c'est l'imaginaire de l'évasion et de la liberté que chacun puise au fond de lui-même.

C'est enfin jouer comme si c'était vrai, même si on sait que ce n'est pas "pour de vrai". Si on ne peut pas le faire vraiment, on se l'imagine. On s'enflamme, on se passionne...»[91].

Au-delà donc de la pédagogie de l'apprentissage, la simulation globale est à sa manière une aventure de l'imaginaire qui dépasse largement le cadre d'une technologie éducative au service de l'apprentissage d'une langue étrangère. Dans la mesure où « rien de ce qui est humain ne lui est étranger », le succès de la simulation globale vient de ce qu'elle est une expérience de vie :

– où les élèves vont pouvoir expérimenter à peu de frais des situations de vie qu'ils seront susceptibles de connaître dans la réalité ;

– où les élèves vont pouvoir vivre une expérience de groupe qui n'existe finalement que très rarement dans les autres approches de classe, hormis peut-être dans les activités parascolaires de type voyage organisé à l'étranger, randonnée, camp, etc.

Dans une simulation globale, on reste physiquement entre quatre murs mais les esprits s'évadent et voyagent. Et contrairement à la classe traditionnelle où la solitude et l'individualisme dans l'apprentissage sont de rigueur, on participe là à une aventure de groupe en pratiquant un apprentissage pluriel.

---

91. STAMMBACH Jean-Claude, *op. cit.*, p. 36.

CONCLUSION

▶ *La vie qui palpite*

« Comment se fait-il que certaines méthodologies déclenchent tant d'enthousiasme chez certains collègues alors qu'elles suscitent tant de critiques chez d'autres ? »[92] demande Jean-Claude Stammbach.

Pourquoi les simulations globales rencontrent-elles en effet un aussi vif succès auprès des participants et des enseignants qui les ont expérimentées, alors qu'elles effraient ceux qui n'y ont pas été « initiés » ? En grande partie parce que, au-delà de l'innovation pédagogique qu'elles représentent, élèves comme enseignants ont le sentiment de participer à un véritable échange et de permettre une véritable expression-communication – pour ne pas dire communion – des uns et des autres : le rapport enseignant-enseigné change avec la pratique de la simulation globale et si certains l'appellent de leurs vœux, d'autres ne se sentent ni prêts ni aptes (ou formés) à faire le « grand saut ».

Pour l'élève, la pratique de la simulation globale conduit à la responsabilisation et à une autonomie dans la conduite des activités, choses peu coutumières dans une relation traditionnelle de classe où l'élève dépend étroitement de l'enseignant. Pour l'enseignant, la pratique de la simulation globale permet de sortir d'une routine, de varier les activités et les rôles, d'être un Maître Jacques actif, devant œuvrer sur tous les fronts.

F. Debyser note à ce propos : « *On sait depuis longtemps que le professeur de langue doit être un Maître Jacques aux talents multiples tout en gardant un professionnalisme, voire un charisme suffisant pour que le groupe-classe trouve en lui non seulement une personne-ressource fiable mais un (re)père. Avec les simulations globales, il lui faudra "seulement" en faire un peu plus puisqu'il sera non seulement maître de jeu et chef de projet mais encore, suivant les moments, spécialiste de la communication, animateur théâtral et de jeux de rôle, moniteur d'atelier d'écriture, archiviste, correcteur et bien d'autres choses encore ; et il restera un professeur de langue dont la tâche est d'améliorer les compétences expressives et communicatives des élèves bien sûr, mais aussi les compétences linguistiques nécessaires à cet effet* »[93].

Dans une classe où l'on pratique une simulation globale, ce qui frappe l'observateur, c'est que les apprenants ne sont pas figés, passifs. Quelque chose d'inhabituel est en train de se passer : une activité de ruche règne. On y bouge parce que l'on agit – et non parce que l'on s'agite. On échange des informations, on consulte son voisin ou l'enseignant, on écrit sans cesse – on prend beaucoup de notes et on copie ou recopie – on rit ou l'on est ému, on communique. C'est la vie qui passe, bat et palpite. C'est la vie qui entre dans l'école et qui fait oublier les quatre murs où l'on se sent parfois enfermés.

▶ *L'ouverture à l'autre et au monde*

Nul doute que, pour un observateur inattentif, ce bourdonnement ressemble parfois à un chahut et nul doute que cela peut en effrayer certains : administration craintive, inspection tatillonne, parents épris d'ordre, enseignants débordés, élèves fragiles... Avec une telle pratique les relations traditionnelles maître-élève sont bouleversées et cela touche également la conception de l'apprentissage. Chaque apprenant, suivant ses aptitudes, ses dons, ses envies, ses choix, développe ses capacités dans le cadre de savoirs pas toujours conformes aux programmes et à leur orthodoxie. La grande variété d'exercices à l'écrit comme à l'oral permet à chacun de se reconnaître dans le projet global de la classe, de travailler à son rythme. Un rappeur peut composer un hymne national du village, un

---

92. STAMMBACH Jean-Claude, *Essai d'adaptation de la méthodologie des simulations globales au cycle de consolidation et d'approfondissement en milieu non dialectophone*. Mémoire de CAFIMF, 1991, p. 1.

93. DEBYSER Francis, « Les Simulations globales », *Éducation et pédagogie*, mai-juin 1991, n° 10.

apprenti-tagueur des banlieues peut taguer l'immeuble ou l'entreprise. L'un réussira dans la rédaction, l'autre dans la mise en page et l'illustration du guide touristique ; un troisième aura le don de la mise en scène, du conte ou du récit. La diversité des activités au service de l'hétérogénéité des publics ne contribue pas, contrairement à ce que l'on pourrait croire, à un éclatement du groupe et du couple enseignement-apprentissage. Bien au contraire, la simulation globale est un réservoir d'activités différentes qui permet à chacun de trouver sa place, son mode d'expression privilégié et, *in fine*, de gérer les différences d'implication. Le respect, par l'enseignant, des différences chez les apprenants, engage au bout du compte ces derniers à considérer avec respect les activités de leurs voisins – activités nécessaires à leur propre expression en tant qu'éléments du puzzle final. Il conduit aussi chacun à s'intéresser à des modes d'expression jusqu'alors repoussés, à progresser dans leur compréhension, voire à les investir.

Travail individuel ou travail de groupe, chacun a un travail à faire et est responsabilisé dans la conduite de son projet. Ce travail peut s'accomplir dans ou hors la classe, le contrôle s'effectuant avant tout au moment de la présentation, de la mise en commun et du choix de la production devant figurer dans « le grand cahier ». Plus que la liberté, c'est la responsabilité qui est élue. Et cette responsabilité passe par la prise de conscience de ses possibilités, par la prise de conscience aussi de l'altérité, cet autre que je peux aider ou que je peux consulter. Il n'y a plus de « Ne copie pas ! », mais une relation d'aide qui est instaurée dans la classe. L'organisation différenciée des activités d'expression écrite et orale aide les élèves à acquérir une autonomie dans leur travail, ce qui n'est pas toujours bien perçu non plus par l'enseignant qui sent (ou croit) que l'élève lui échappe. Pourtant il est clair qu'une telle pratique permet d'exercer un suivi particulier de chaque élève, de concevoir un programme individualisé et adapté au lieu de tailler la même cotte pour tout le monde.

La simulation globale oblige donc à réviser la conception égalitariste et héliocentrique de l'enseignement. Elle oblige également à faire tomber les murs de ce lieu de féodalité qu'est l'école pour s'ouvrir au monde par la puissance de l'imaginaire ou par l'organisation d'un réseau de simulations.

▶ *Le pari de l'adaptabilité*

Les simulations globales, bien qu'installées depuis près de vingt ans dans le paysage pédagogique de l'enseignement des langues étrangères, ne sont pas des produits finis :
– d'une part, parce que chaque canevas d'invention constitue une matière brute que l'enseignant doit dégrossir et polir pour lui donner une forme pédagogique adaptée aux nécessités pédagogiques qu'il rencontre ;
– d'autre part, parce que le corpus des simulations globales s'enrichit chaque année, de nouveaux lieux-thèmes et de propositions d'évolution de tel ou tel canevas.

Une simulation globale est une œuvre ouverte sur laquelle il est loisible de broder parce que son motif est lui-même en cours de construction. Elle ne se présente pas comme un objet fini, ficelé, prêt à pédagogiser. Elle laisse la place au génie du bricoleur qui s'emparera d'elle. Dans une ère de grande consommation et de consommation impulsive, ne pas être « prêt à l'emploi » peut apparaître comme un défaut rédhibitoire pour l'enseignant-consommateur qui veut pouvoir ouvrir la porte de sa classe, son cartable et son livre avec la sécurité de ne rien avoir à préparer.
De ce point de vue, les simulations globales ont cet inconvénient majeur d'avoir été conçues de façon artisanale pour les élèves en se fondant sur l'expertise et le savoir-faire des enseignants et en formant l'hypothèse qu'ils auraient le désir et la disponibilité de réunir eux-mêmes les différents matériaux et de réaliser les différents dosages. Ce qui n'est évidemment pas toujours le cas !

Il faut d'ailleurs rendre cette justice aux simulations globales qu'elles n'ont jamais prétendu jouer dans la cour des « grandes méthodes » de l'ère industrielle du marché des langues étrangères. Elles ne sont pas taillées pour affronter la concurrence ! Aussi bien dans leur fond – un canevas d'invention qui ressemble à un catalogue non prescriptif de propositions d'activités – que dans leur forme non figée, les simulations globales ressemblent à des piles de notes qu'un ami vous confierait en disant : « Regarde ce que tu peux faire avec ça. Tu me diras si c'est intéressant. Si c'est bon, utilise-le et fais-le passer à quelqu'un d'autre. Sinon... ».

Un prosélytisme non dogmatique en somme, en toute modestie et douceur.

▶ *L'avenir des simulations globales*

Les simulations globales ont vingt ans et l'intérêt que les enseignants leur portent ne s'essouffle pas. Les années 1990 auront été des années de réorientation : simulations globales sur objectifs spécifiques, édition, centrale des cas, programmes informatiques, mise en réseau de lieux-thèmes, jumelage de villages, vidéo-correspondance, etc.

Ce qui frappe un observateur visitant une classe d'école primaire pratiquant une simulation globale, c'est la concentration des élèves, concentration qui renvoie à la brocante les discours pédagogiques affirmant la nécessité de changer d'activités en primaire toutes les vingt ou trente minutes. En fait, une telle conception de la classe ne vaut que si l'on propose des activités sans lien véritable les unes avec les autres, sans projet existentiel fort. Comment s'intéresser en effet plus d'une demi-heure au coq, puis plus d'une demi-heure à l'âne, s'il n'existe pas de lien du coq à l'âne, si l'un et l'autre ne s'inscrivent pas dans un « récit » de vie ?

La simulation globale lutte contre cette propension de la modernité pédagogique à consommer des exercices et des jeux que l'on enchaîne sans jamais les chaîner, dans la mesure où cela forme des zébulons incapables de s'installer pour faire œuvre de longue haleine. Les simulations globales permettent, quant à elles, de s'installer dans la durée, même dans les cas où l'enseignant ne dispose que de séquences de quarante-cinq minutes. En fait, quand l'apprenant a choisi ou accepté son activité, il est motivé et le temps passe alors très vite. Il manque même bien souvent et l'élève emporte alors son travail à la maison pour le terminer.

L'apprentissage des langues étrangères connaît de telles difficultés aujourd'hui qu'il convient, si l'on souhaite avoir une chance de le conserver à l'intérieur de l'institution scolaire, de le déscolariser. *La Société sans école* d'Ivan Illich est en passe de se réaliser sous nos yeux pour certaines disciplines et notamment pour l'apprentissage des langues étrangères. Mais ce n'est pas de la manière joyeuse et libératrice dont rêvait le philosophe.

Les simulations globales sont des techniques qui autorisent et favorisent cette conception nécessaire de la déscolarisation de l'apprentissage des langues à l'intérieur de l'école. Pour peu qu'on veuille les considérer sérieusement et ne pas les reléguer au rang de gadget pédagogique de façon à les marginaliser, les simulations globales peuvent apparaître, dans les années à venir, comme l'une des grandes techniques de groupe capables de résoudre la quadrature du cercle de l'apprentissage des langues étrangères : déscolariser l'enseignement-apprentissage tout en restant dans le cadre de l'école.

Apprendre une langue étrangère, c'est apprendre une langue vivante. Il est donc nécessaire de vivre cette langue et non pas de l'apprendre de façon mécanique.

Les simulations globales ne sont pas un raffinement supplémentaire de concepteurs de méthodes. C'est une forme de pédagogie alternative qui rompt avec le confortable cours magistral des années 1960-1970, une pédagogie qui a à voir avec les utopies des années 1960 et avec les pédagogies nouvelles de Freinet, Steiner, Decroly ou Montessori (et avant encore avec la philosophie rousseauiste de l'*Émile*).

Ces théories et pratiques, longtemps marginalisées par le combat que leur livraient les instances officielles de l'Éducation nationale, sont aujourd'hui redécouvertes, particulièrement pour affronter le choc provoqué par le passage de l'enseignement d'élite à l'enseignement de masse du début des années 1970.

La simulation globale permet de mettre en commun dons et aptitudes de chacun pour le bien et l'épanouissement du groupe. Elle mobilise des énergies sur des réalisations concrètes : brochure, film vidéo, pièce de théâtre, construction de maquettes, voyage, échange, etc.

Elle restaure un climat de confiance joyeuse entre les enseignants et les élèves, redonnent à ceux-ci le goût d'apprendre. C'est une expérience de vie en communauté, de contrat social dont le bon déroulement passe par l'acceptation des couples moi/l'autre, écoute/autocensure.

Dans une simulation globale on ne peut pas s'éviter : l'existence de l'autre compte car chacun crée en fonction de l'autre. Si l'on veut être créatif soi-même et acteur de sa propre vie, il faut parler, noter, écouter, retenir ce que l'autre dit car chaque personne est susceptible d'être un puissant stimulus à sa créativité personnelle.

La simulation globale permet et oblige une écoute globale et intégrale de l'autre, de son expression dans ce qu'elle a de plus imaginaire et fantasmagorique. Elle permet de réaliser un projet collectif en le soustrayant aux dures lois de la réalité quotidienne pour le projeter dans un ailleurs où peuvent régner d'autres codes sociaux et moraux, où peuvent habiter l'humour et l'utopie. Rêver la réalité ensemble permet une sorte de délocalisation de l'imaginaire des individus (au même titre peut-être que la littérature) tout en simulant un état de réalité dont les bornes et les frontières sont définies par le groupe lui-même.

Une simulation globale est une expérience riche sur le plan affectif et relationnel. Les projets et les actes des individus se font dans le cadre d'un projet collectif qui les soutient, qui leur donne force et cohérence et leur permet, mieux qu'une démarche individuelle, de réussir.

LISTE
DES ENTRETIENS RÉALISÉS

Accordés par	à	date	thème	durée
J.-M. Caré	A. Busnel	17/07/1990	Inventer et apprendre	60'
E. Capdepont	F. Yaiche	14/01/1991	Les simulations globales	90'
F. Debyser	F. Yaiche	10/02/1991	LA CONFÉRENCE INTERNATIONALE	90'
C. Cali, M. Cheval, E. Rey	F. Yaiche	09/03/1991	LA CONFÉRENCE INTERNATIONALE	90'
J.-M. Caré	F. Yaiche	13/05/1992	Les simulations globales et LE VILLAGE	120'
M. Bouygue, M. Bourdeau, J.-M. Caré, J.-J. Gatein	F. Yaiche	24/05/1992	Les simulations globales et LE VILLAGE	480'
E. Capdepont	F. Yaiche	18/12/1990	LE VILLAGE et L'HÔTEL	120'
P. Faugères	F. Yaiche	10/07/1992	Les simulations globales	90'

N.B.   Tous ces enregistrements sont disponibles au BELC-CIEP, 1, avenue Léon-Journault, 92311 SÈVRES Cedex.

BIBLIOGRAPHIE

■ OUVRAGES

ABDALLAH-PRETCEILLE M. : « Vers une pédagogie interculturelle » dans *Homme et Société*, n° 12. Paris, INRP, 1986.

AGARD J. : *L'Art de la simulation*. Paris, Dunod, 1968.

AGARD J., ALTERER J. : *Les Méthodes de simulation*. Paris, Dunod.

AJAME P. : *Trois Cents (300) héros et personnages du roman français d'Atala à Zazie*. Paris, Balland, 1981.

ANCELIN-SCHUTZENBERGER A. : *Le Jeu de rôle*. Paris, ESF/EME, 1981.

ARTHUS H. : *Le Village, test d'activité créatrice*. Paris, Dufour, 1971.

BAUDRILLARD J. : *Simulacres et simulations*. Paris, Galilée, 1981.

BEAUDOT A. : « La Créativité à l'école » dans *L'Éducateur*. Paris, PUF, 1974.

BENS J. : *La Bibliothèque oulipienne*. Paris, Slatkine, 1981.

BERTRAND Y. : « Simulation et enseignement des langues » dans *Praxis* n° 2. 1974. pp. 181-189.

BOOCOCK S., SCHILD E.-O. : *Simulation Games in Learning*. London, Beverly Hill/Sage publications, 1968.

BOURDEAU M., BOUYGUE M., GATEIN J.-J. : *Le Congrès médical, simulation globale sur objectifs spécifiques*. Paris, CIEP-BELC, 1992.

BRIL J. : *Le Masque ou le père ambigu*. Paris, Payot, 1983.

BROOK D. : *Perspectives or Academic Gaming and Simulation 5*. Londres, Kogan Page, 1980.

CAILLOIS R. : *Les Jeux et les hommes, le masque et le vertige*. Paris, Gallimard, 1958.

CALI C., CHEVAL M., ZABARDI A. : *La Conférence internationale et ses variantes*. Paris, Hachette-F.L.E., collection CIEP Simulations globales, 1995.

CALI C. : *Le Français des conférences internationales : analyse de discours et construction d'une simulation globale fonctionnelle*. Mémoire de DEA. Paris III-Sorbonne Nouvelle, 1992 (sous la direction de Mme le Professeur Sophie Moirand).

CALVINO I. : *Le Château des destins croisés*. Paris, Seuil, 1976.

CARÉ J.-M., DEBYSER F. : *Jeu, langage et créativité*. Paris, Hachette-F.L.E., 1978.

CARÉ J.-M., DUBOS J.-L., IRLANDE J. : « Mesdames et messieurs, bonsoir » dans *Simulation d'un journal télévisé*. BELC, 1979.

CARÉ J.-M. : *Îles, une simulation globale de Jean-Marc Caré, Francis Debyser, Christian Estrade*. Paris, BELC, 1980 (multigraphié).

CARÉ J.-M., BARREIRO C.-M. : *Le Cirque, une simulation globale*. Paris, BELC, 1983 (multigraphié, 227 p.).

CARÉ J.-M., DEBYSER F. : *Simulations globales*. Paris, BELC, 1984 (multigraphié) – nouvelle édition CIEP, 1995.

CARÉ J.-M., BARREIRO C.-M : Le Cirque. Paris, Hachette, 1986.

CARÉ J.-M. (avec la participation de BOELLINGER R., GUIMBRETIÈRE L., INOUE T., JON-CHIER A.-M.) : *Le Projet. Inventer et apprendre. Expérimentation d'une simulation globale pour débutants : le Village*. Paris, BELC, 1990 (multigraphié, 40 p.).

CROOKALL D., MARTIN A. : « "Participant and computer roles" in *simulations* » dans *Simulation/games for learning*, vol. 15, n° 2. 1985.

DE BONO E. : *La Pensée latérale*. Paris, Stock, 1972.

DEBYSER F., ESTRADE C. : *Le Tarot des mille et un contes*. Paris, l'École, 1977 (une boîte avec un livret de 30 p. + 80 cartes).

DEBYSER F. : *L'Immeuble, roman simulation en 66 exercices*. Paris, BELC, 1980 (multigraphié, 30 p.).

DEBYSER F. : *Les Lettres de Paulette et Victor*. Paris, BELC, 1980 (multigraphié, 75 p.).

DEBYSER F. : *Cartes noires : Inventer et élucider des énigmes policières*. Paris, BELC, 1983 (multigraphié, 39 p.).

DEBYSER F., YAICHE F. : *L'Immeuble*. Paris, Hachette, 1986.

FAVRET C., GUIDECOQ J.-P., RAVENEAU J.-P. (avec la collaboration de DECHELETTE M.) : *L'Entreprise*, projet de stage annuel du BELC 1991-1992. Paris, BELC, 1991 (multigraphié, 2 vol.).

FREUD S. : *La Création littéraire et le rêve éveillé*. 1908.

GALISSON R., COSTE D. : article « simulation » dans *Dictionnaire de didactique des langues*. Paris, Hachette, collection F, 1976. p. 502.

HUIZINGA J. : *Homo ludens, essai sur la fonction sociale du jeu*. Paris, Gallimard, 1951.

JONES J. : *Simulations. A Handbook for Teachers*. London, Kogan Page, 1980.

JONES K. : *Management Games*. Bedford, 1980.

JONES K. : *Nine Graded Simulations*. München, Éd. Max Hueber Verlag, 1984.

JONES K. : *Simulations in Language Teaching*. Cambridge u.a., Cambridge University Press, 1982.

JONES K. : « Spotting a good simulation in Modern English Teacher » dans Col. 7, n° 1. 1st., septembre 1979.

JONES K. : *Space Crash (Rock Island Transport, Oute [world Trade, Is God there ?])*. Bedford, Management Games LTD, 1980.

JONES K., EDELHOFF C., MEINHOLD M., BAKLEY C. : *Simulationen im Fremdsprachenunterricht*. Handbuch Forum Sprache Hueber, Éd. Max Hueber Verlag.

JONES L. : *Eight Simulations*. Cambridge, Cambridge University Press, 1982.

KERR J. : « Games and Simulations in English language teaching » *in Games Simulations and Role playing*. Londres, British Council, 1977. 1991.

MAIDMENT R., BRONSTEIN RUSSEL H. : *Simulation Games (Design and Implementation)*. Londres, éd. Charles E. Merrill ; Columbus, Ohio, 1973.

MAUCO G. : « Psychanalyse et éducation » dans la partie « L'enfant et l'avenir » de l'*Encyclopédie générale de l'Homme*, tome 4. Paris, Aubier Montaigne, 1970.

MAUSS M. : *Manuel d'ethnographie*. Paris, Payot, 1947, rééd. 1968.

MEAD G.-H. : *L'Esprit, le soi et la société*. Paris, PUF, 1963.

MORENO J.-L. : *Psychothérapie de groupe et psychodrame*. Paris, PUF, 1965.

OSBORN A. : *L'Imagination constructive*. Paris, Dunod, 1959.

OULIPO : *La Bibliothèque oulipienne*. 2 volumes. Paris, Ramsay, 1987.

OULIPO : *Ouvroir de littérature potentielle*. Paris, Gallimard, 1973.

PEREC G. : *La Vie mode d'emploi*. Paris, Hachette, 1978, 660 p.

PEREC G. : *Je me souviens*. Paris, Hachette, 1978.

PUREN C. : *Histoire des méthodologies de l'enseignement des langues*. Paris, Nathan, Clé International, 1988.

QUEAU P. : *Éloge de la simulation*. Paris, INA, coll. Milieux, Champ Vallon, 1993.

RAFFINOT J.-P., YAICHE F. : *Le Hussard sur le toit*. Paris, Pédagogie Moderne. Bordas, 1980 (Lectoguide 2).

RODARI G. : *Grammatica della fantasia, introduzione all'arte d'inventare storie*. Turin, Einandi, 1973.

STAMMBACH J.-C. : *Essai d'adaptation de la méthodologie des simulations globales au cycle de consolidation et d'approfondissement en milieu non dialectophone*. Strasbourg, mémoire de CAFIMF, 1991.

TANSEY P.-J., UNWIN D. : *Simulation and Gaming in Education*. Londres, Methven Educational LTD, 1969.

TAYLOR J.-L., WALFORD R. : *Les Jeux de simulation à l'école*. Paris, Casterman, 1976.

VENTURELLI M. : *Les Chemins de Goufrantale, simulation globale grammaticale*. Dipartimento Istruzione e Cultura, Ufficio Insegnamento Medio, Bellinzona, août 1992.

WINNICOTT D. W. : *La Créativité et ses origines. Jeu et réalité*. Paris, Gallimard, 1971.

WINNICOTT D. W. : *Jeu et réalité, l'espace potentiel*. Paris, Gallimard, 1971, rééd. 1975 (NRF).

YAICHE F. : *Vendredi ou la vie sauvage de Michel Tournier*. Paris, Bordas, collection Pédagogie Moderne, 1981 (Lectoguide 1).

YAICHE F. : *Grilles et Méthodes de Recherche d'Idées*. Paris, BELC, 1986.

YAICHE F. : *Photos Expressions*. Paris, BELC-CIEP, 1990.

■ **ARTICLES**

ALONZO DE I. M., ROIG N. R. W. : « Vivre le français entre fantaisie et réalité » dans *Le Français dans le monde* n° 225, mai-juin 1989.

ANTHOBELC 3 : « Pédagogie, formation, français langue étrangère ». Spécial stage dans les *Travaux du stage BELC 1980, quatre simulations globales : le cirque, le village, l'autocar, rencontres*, tome 2. Paris, BELC, janvier 1981 (multigraphié).

ARROYO F., BARRO S. : « Simuler : lire, produire autrement » dans *Le Français dans le monde*, n° 227. Août-sept. 1989. pp. 51-53.

BENAMOU M. : « La règle et la contrainte » dans *Pratiques* n° 39. Oct. 1983.

BERTRAND Y. : « Quelques problèmes psychologiques du jeu de rôle » dans *Rollenspied und Simulation im Fremdsprachenunterricht*. München, Goethe Institut, British Council, 1977. pp. 11-22 (Werkstatt-Gespräche).

BOURGUIGNON J.-C. : « Simulations globales et enseignement du français en milieu non francophone » dans les *Annales du CRDP*. Strasbourg, avril 1985.

CAPDEPONT E. : « Le Village : simuler le réel » dans *Le Français dans le monde*. Nov.-déc. 1989. pp. 54-57.

CENTOMO I. et A. : « Inventer un village » dans *Langues et savoirs – Matériaux pour un apprentissage bilingue à l'école primaire de la Vallée d'Aoste*. Supplément à l'École Valdotaine n° 14, 2 vol., collection Outils. 1992. pp. 29-38 et pp. 5-21.

CARÉ J.-M. : « La Simulation globale : entre réel et imaginaire » dans *Triangle* 2. Goethe Institut/British Council/AUPELF, 1982. pp. 170-182.

CARÉ J.-M. : « A comme aménager l'espace » dans *Le Français dans le monde* n° 159. Fév.-mars 1981. pp. 65-66.

CARÉ J.-M., LINKS G. : « L'Espace de la classe » dans *Anthobelc* n° 4. Paris, BELC, 1983.

CARÉ J.-M. : « Jeux de rôle : jeux drôles ou drôles de jeux » dans *Le Français dans le monde* n° 176. Avril 1983. pp. 38-42.

CARÉ J.-M. : « Des matrices pour des jeux de rôle » dans *Le Français dans le monde* n° 176. Avril 1983. pp. 75-78.

CARÉ J.-M. : « Approche communicative : un second souffle ? » dans *Le Français dans le monde* n° 226. Juillet 1989. pp. 50-54.

CHARRIÈRE P. : « Le Procès de Montaigne » dans *Le Français dans le monde* n° 203. Août-sept. 1986.

CHERRYHOLMES C.-H. : « Some current research on the effectiveness of educational simulations » dans *American Behavioral Scientist*, vol. 10, n° 2. pp. 4-7.

CUNNINGSWORTH A., HORNER D. : « The role of simulations in the developpment of communication strategies » dans *System*, vol. 13, n° 3. pp. 211-218.

CUNNINGSWORTH A. : « Detached exposition of simulation in general and language learning" ». 1985.

DAROT M. : « Les Techniques de simulation et l'enseignement du FLE à des publics spécialisés » dans *Le Français dans le monde*, n° spécial, août-sept. 1990.

DEBYSER F. : « La Mort du manuel ou le déclin de l'illusion méthodologique » dans *Le Français dans le monde* n° 100. 1973.

DEBYSER F. : « Simulation et réalité dans l'enseignement des langues vivantes » dans *Le Français dans le monde* n° 104-106. 1974. pp. 6-10 et pp. 16-19.

DEBYSER F. : « Dramatisation, simulation, jeux de rôle, changer d'estrade » dans *Le Français dans le monde* n° 123. pp. 24-27.

DEBYSER F. : « Recherches au BELC sur la simulation et la créativité ». München, Goethe Institut/British Council, 1977. pp. 91-94 (Werkstatt-Gespräche).

DEBYSER F. : « Jeux et communication ». Paris, BELC, 1984 (multigraphié).

DEBYSER F. : « Production de textes et matrices narratives » dans *Pratiques* n° 50. Juin 1986.

DEBYSER F., LAITENBERGER H. : « Le Crocodile et le moulin à vent, un milliard de jeux de créativité » dans *Le Français dans le monde* n° 123. Août-sept. 1976.

DEBYSER F. : « Les Simulations globales » dans *Éducation et Pédagogies* n° 10. Mai-juin 1991.

DUFEU B. : « Le Jeu de rôle, repères pour une pratique » dans *Le Français dans le monde* n° 176. Avril 1983. pp. 43-44.

FONTAINE J.-C. : « Le Jeu de rôle et la simulation dans l'enseignement des langues étrangères » dans *Estudios de Linguistica Applicada* n° 1. 1981.

GORDON R. : « Dynamique de la personnalité et stéréotypie » dans *Bulletin international des sciences sociales*, vol. 6, n° 3. Paris, UNESCO, 1954.

HOLEC H. : « Jeux de rôle et simulations dans l'apprentissage de la compétence de communication : degrés d'authenticité communicative. Intégration pédagogique ». München, Goethe-Institut,/ British Council, 1977. pp. 55-68 (Werkstatt-Gespräche).

JANNOT M. : « Le Village, didacticiels ». Paris, BELC, 1991 (multigraphié).

LAVANDERA BRAVO M.-A. : « Si on jouait à la famille Dubois » dans *Le Français dans le monde* n° 244. Oct. 1991.

MORGENSTERN D. : « Simulation, interactive fiction and language learnings » dans *Aspects of the MIT Project*. Bulletin de l'ACLA, 1988.

PORCHER L. : « L'Évaluation des apprentissages en langue étrangère » dans *Études de Linguistique Appliquée* n° 80. Didier Érudition, Oct.-déc. 1990.

PORCHER L. : « Quelques remarques sociologiques pour une formation des enseignants », dans *Le Français dans le monde*, n° spécial fév.-mars 1991.

PORCHER L. : « Formation, profession, légitimation » dans *Le Français dans le monde* n° spécial août-sept. 1992.

PREAU J.-J. : « La Classe : mises en scène » dans *Anthobelc*, vol. 2, n° 3. Paris, BELC, 1982.

PUREN C. : « Innovation et variation en didactique des langues » dans *Le Français dans le monde* n° 244. Oct. 1991.

SERAFINI D. : « L'Hôtel : une simulation fonctionnelle » dans *Le Français dans le monde* n° 228. Oct. 1989.

SHIRTS R.-G. : « Some suggestions on where and when to use simulation games » dans *Catalogue S4*, simile II. P.O. Box 910, Del Mar, Californie 92014.

SPACCINI J. : « Gérez vous-même une société » dans *Le Français dans le monde* n° 237. Nov.-déc. 1990.

STOECKLE R. : « Enseignement de la langue française en milieu dialectal : aperçu d'une expérimentation en cours "Le Français en Alsace" » dans *Actes du Colloque*. Éd. Slatkine, Mulhouse, 1984.

STOECKLE R. : « La Méthodologie des simulations globales en classe de collège » dans *Le Français aujourd'hui,* n° 90. Fiche technique, p. 9.

YAICHE F. : « Le Jeu de masques dans la formation de l'enseignant » dans *Bari : Lectures* 20, Maschere, éd. del Sud, 1987.

YAICHE F. : « Saint-Briac-sur-Leipzig, simulations en réseau » dans *Le Français dans le monde* n° 263. Fév.-mars 1994.

YAICHE F. : « Les Simulations globales : principes et domaines d'application » dans *Der Fremdsprachliche Unterricht*. Fév. 1994 . pp. 39-42.

YAICHE F. : « Les Simulations globales ou l'autonomie retrouvée » dans *Babylonia, revue pour l'enseignement et l'apprentissage des langues,* n° 2. Fondation langues et cultures, Comano, Suisse, 1994. pp. 52-58.

YAICHE F. : « Simulations globales généralistes et/ou fonctionnelles » dans *Bulletin de l'ASDIFLE*. Déc. 1993.

YAICHE F. : « Les Simulations globales » dans *Réseau, le magazine des professeurs de français au Mexique*. Hiver 1993-1994. pp. 9-12.

YAICHE F. : « Innovations méthodologiques en formation des enseignants » dans *Französisch heute* n° 3. Sept. 1994. pp. 354-359.

YAICHE F. : « Les théories psychologiques du jeu : les simulations globales » dans *Langues modernes*, « les jeux », n° 2. 1994.

Imprimé en France par I.M.E. - 25110 Baume-les-Dames
Dépôt légal n° 6385-06/1996
Collection n° 25 - Edition n° 01
15/5025/0